教会教を越えて

ハウレット宣教師が北海道で見つけたもの

フロイド・ハウレット◉著
大倉一郎◉訳

BEYOND CHURCHIANITY

Insights from Japan for a World-Changing Christianity

Tr. by OKURA Ichiro

Published by

"Kyokai-kyo wo Koete"

Japanese Publication Support Committee

教会教を越えて　目次

装丁　熊谷博人
挿画　スーザン・ハウレット
「パンとバラ（Bread and Roses）」

日本語版まえがき

二〇〇三年に英語で出版されたフロイド・ハウレットの『BEYOND CHURCHIANITY』が日本語で出版されることは大きな喜びです。翻訳して下さった大倉先生をはじめ多くの人々の協力があったことを心から感謝します。

私はカナダで一九六九年に、日本に来るための宣教師オリエンテーションでフロイドとドリーンと初めて会い、その時から彼らの働きに深い魅力を感じていました。日本で初めてのクリスマスにフロイドとドリーンに誘われて私はまだ東京に住んでいたのに彼らが働いていた北海道の北部にある名寄まで行って、道北センターの働きを知るようになり、またフロイドと一緒にオホーツク海に面する小さな興部伝道所でクリスマス礼拝を経験しました。この時から彼らの働きに憧れて札幌の北星学園大学で英語を教えている間も何回も名寄に行き道北センターの様々な働きに参加しました。

一九七五年、フロイドとドリーンが一年間の本国活動の間、道北センターで働きませんかと私と圭子に声をかけてくれました。私はずっと地方で働きたいという気持ちがありましたから二人で喜んで名寄に飛んで行き、結果的には二〇一八年まで働き続けました。フロイドとドリーンの道北センターでの働きはとても幅広いものでした。農村センターとしてあちこちの農場訪問をし、三愛精神（神を愛し、人を愛し、土を愛する）に基づいて年に二回農民が集まる三愛塾を行い、道北地区の小さな教会の礼拝に協力をし、また家庭集会を行い、道北センター英語学園を開いて子どもから大人まで英会話を教え、若者の奉仕活動の可能性を広げ、平和活動も大切にし、また精神障がい者の社会復帰を目指す現在の社会福祉法人である道北センター福祉会の種を蒔きました。

この働きを通して私が一番学んだことは教会がこのままで正しい、そして人が来るのを待っていればいいという姿勢ではいけないということでした。イエスは何よりも出かけて人と出会い、人と分かち合うことをしたと思います。教会も地域社会に於いて分かち合うこともあれば学ぶこともあり、地域社会の課題を学び続けることによって、また他の宗教とも関係を持つことによってこそ私たちはイエスの福音の意味、また私たちに求められている働きを知ることができると思います。

最近ヨハネによる福音書の中でイエスが弟子たちと別れて十字架につけられる前に語った言葉が心によく浮かびます。「言っておきたいことは、まだたくさんあるが、今、あなたがたには理解できない」（一六章一二節）。キリスト教が歴史的にどれだけの過ちを犯したかと思うと、私たちは今でも教会として全てのことが分かっていると思ってはいけないのです。この本がその事を知るために、また私たちが今置かれている状況の中で神のみ心に適う道を求めるために参考になればとても嬉しいです。

ロバート・ウィットマー
カナダ合同教会宣教師
農村伝道神学校校長

原著まえがき

フロイド・ハウレットはある記憶を本にした。彼の日本宣教の経験がその記憶を形作った。彼の経験とは、二十一世紀の変化に向かって教会に挑戦したことだった。実践的経験と学問的論争から生まれる解放の神学の成長を見つめ、フロイドは、わたしたちが預言者的伝統を堅持しながら、わたしたちの理解範囲を広くするようにと勇気づける。

わたしは、彼がキリスト教だけでなく、他の宗教的伝統について本書に一章を含めてくれたことを喜んでいる。わたしは、全地球規模となった世界は多様な宗教における預言者的な声を求めていると信じる。超教派的キリスト教の声だけでは、もはや十分ではない。全地球規模の課題、平和、環境問題、経済的正義、ＨＩＶ／ＡＩＤＳ、貿易などをめぐって、人々に聴いてもらうためである。世界教会会議（ＷＣＣ）と、その各地の協力者は素晴らしい仕事をしている。

カナダにおいて、カイロス（ＫＡＩＲＯＳ）によって行われた超教派的な社会正義は核心をなすものである。それは、様々な神学の教会が、公共の教育と正義についてどのように一緒に働けるのかという一つのモデルを教会に与えた。

すでに、カナダのような多文化国家における異宗教間の協力活動は、霊性の領域から社会倫理に飛躍していく先端にある。宗教者平和会議のような全地球規模の組織と各地の支部は、説得力のある公共性をもった証言で、多様な宗教の伝統が一致するように努力している。わたしは「宗教と共通善」と称される異宗教間の協力活動に関わってきた。それは、世界の宗教的伝統は共通の社会倫理を分かち持っているという前提に基づいている。人々は平和、調和、尊敬、包括性、異なる生き方の特性を、広く多様性を持つ神学にとって倫理的な緊急課題であると理解した。

さらに難しいことは、政府やその他の公共機関が、多宗教間の協力活動に何とも無知なことである。たった一つの宗教共同体が願っているものにも及ばない。多宗教間の協力活動は、取り扱いに慎重さを要し、とても骨の折れる仕事であり、細やかな配慮をすることだ。多くの宗教におけるキリスト教についての経験、とりわけ、先住民族、ユダヤ教、イスラムの経験は、否定的なものだった。いやむしろ極端に抑圧的だった。キリスト教徒は自分たちが強いたダメージに気づかなくてはならない。わたしたちが本当に受け入れられ、対等な相手としての信頼を得るには時間がかかるだろう。そのことは、真実の平和と正義のための闘いによるのだ。

他方で、キリスト教内部で解放的神学をさらに促進することは、避けられない、そして時間をかける価値のある取り組みである。わたしたちが必要としているのは、個人の霊的な健やかさを保つ神学が、公共的な証言を勇気づけることを伴っていることだ。伸張している「ファンダメンタリズム」に直面して、この課題は緊急になっている。もしも、わたしたちが世界でどのようなインパクトでもつくり出すつもりであれば、さらに緊急である。わたしたちはキリストに現された神の愛の神学を必要とする。その神学は、聖なるものを他の諸伝統に見いだす経験であり、そのための道を確固として肯定し、受け入れるのである。

わたしたちには個人の変革の物語が必要だ。神学と実践の両面で見直しに導く物語である。フロイドは情熱と正直さをもって彼の話を語る。彼は、わたしたちが自分自身の物語を思い起こして語るように、わたしたちに挑戦する。わたしたちが、信じるに足り、心に響き、変革を呼び起こすような信仰を系統立てて考える見方で物語るように挑戦する。こうして、信仰はただ個々人の慰めと励ましに終わらないで、世界のために罪を贖う活動にわたしたちを押し出すのである。

わたしがフロイドの話を読むのを楽しんだのと同じくらいに、わたしは自分自身の人生をふり返って書いてみた。わたしは地球のために神が持たれる夢に従って働くのが自分の信仰なのだと理解している。

牧師　ビル・フィップス
カナダ合同教会元議長

序章

「教会教（CHURCHIANITY）」という言葉はほとんどの辞書に載っていない。そのことをわたしは十分に心得ている。しかし、わたしにとって、この言葉で簡潔に要約していることがある。わたしの人生が、疑似的キリスト教を中心に据えた教会から、本物のキリスト教を分離する挑戦だったことだ。疑似的キリスト教はイエスの教えと生涯から遠く隔たっている。『教会教を越えて』というタイトルの根拠を、わたしはオランダの神学者J・C・ホーケンダイクの言葉から得た。彼はキリスト教について教会中心に考える宣教者に挑戦した。それは、キリスト教がまっとうな道から外れて、間違った中心の周りをまわっているからだと言う。彼の言うまっとうな選択肢とは、世界と神の国とを我々の宣教の神学の中心に置くことだ。これと同様の二者択一は、日本とカナダの教会の両方で働いたわたし自身の経験だった。

ローマ皇帝コンスタンティヌスの時代から、教会が国家に歩調をあわせてきた時、教会は「土台を離れて」きた。つまり、正義、平和、愛という中心的命題から離れたのだと、わたしは確信している。それらこそイエスの教えと模範とのすべてにとって中心をなすものなのだ。その中心に立ちもどるための試みが宗教改革の時代になされた。しかし、もっとも中心となる部分に対する試みは達成されなかった。再びトップダウンのやり方に終わって、教会は、一種の、それまでとは違うが他のタイプの権威主義の教会になった。この本でわたしは日本の教会を注意深く検証する。しかし、そこに数少ない例外はあっても、間違いなくカナダ、アメリカ合衆国、ヨーロッパ、さらに世界中の諸教会も同じ罠にはまっている。それは、教会自身の幸福を中心にするという罠だ。世界と、教会もその一部である諸共同体との必要よりも、それを中心にしている。

世界の諸教会は西洋教会のイメージをしばしば鏡としていたので、日本の教会も西洋教会からの協力者と大きな違いはなかった。しかし、ドリーンとわたしが、一九五一年に日本に行き、最北の島である北海道の名寄市に赴任した時、わたしたちは、新しいタイプの教会共同体をめざして働く機会を得た。その教会共同体は、過去に教会の陥った落とし穴の幾つかをひょっとしたら避けたのかもしれない。わたしたちは日本最北の島に暮らしたというだけでなく、その北部の辺境地域にいたのである。この地域では、キリスト者の幾つかの孤立した集団はあったが、教会は数少なかった。ここには革新的な活動ができる機会があった。さらに教会を築きあげるために過去の伝統から解放される機会があった。若い日本人教職者たちや信徒たちと共に働きながら、わたしたちは、これまでと違う信仰共同体を築きあげるための試みをした。共同体の外に目を向ける共同体、つまり教会自身の存在に内向きにならない共同体の試みである。

この本は、日本におけるわたしたちの人生の物語であり、同労者たちと共に担った働きの物語である。わたしたちは、闘い、成功、失敗を分かち合った。何よりもこの特別な地域で協力して働くことに努めた。色々なやり方で、「教会教からキリスト教」への変革を試みた挑戦は、カナダでも、日本でも、わたしの先達であった人々の挑戦でもあった。世界中の教会の新しい道を見いだそうとする探求の志が、ドリーンとわたしを日本に行って奉仕することに導く動機だった。第二次世界大戦時に敵と見なしていた人々と和解する役を担う者として身をもって献身するためだった。わたしたちの日本への「宣教」を開始するのに、わたしたちは多くの「宣教師」の取り組み方を意識して考えてみた。宣教師たちは、非キリスト教徒を「改宗させること」という発想をたずさえて海外渡航した。そして母国の教会や教派のイメージで教会を建てる。わたしたちにとって幸運だったことは、わたしたちを支援したカナダ合同教会は、そのような期待を持たなかったことだ。合同教会は、平和の橋を架けるという目標を掲げてわたしたちを日本に送った。そして、戦後の新たな宣教の中に日本の教会が存続するのを支援することを目ざした。

わたしたちの理想は、グループやチームとして働くことだった。二人とも、カナダでそのような経験を持っていたので、「一匹狼」の活動は、けっして効果的ではないという点を深く心にとめていた。その理由から、わたしたちの役割は、単純に物事を伝授する働き手の役割とは見ないで、「聴く人」であり「学ぶ人」であることだと見た。わたしは、日本人の協働者、男性たちも、女性たちも、お互いに協力して作ったヴィジョンと合意で判断し決定する機会を歓迎した。この協力の一つの実例が北海道北部での共同体形成だった。そこで日本基督教団の諸教会を三つの伝道圏に編成した。異なるタイプの教会を伝道圏に編成する刷新計画は、日本人教職者と信徒のチームが推進した。わたしたちはこのチームの中の対等な参加者だった。

第一章は、日本で一九五一年にカナダ合同教会の援助のもとで奉仕するようにドリーンとわたしを動機づけた影響や人々について述べる。焦点は「なぜ」日本に行くのかという点である。第二章は、戦後の東京での新しい友人たちとの出会いと新たな環境への適応について述べる。そこでわたしたちは二年間を費やして日本語を学び、最初の子どもデニスが生まれた。

続く幾つかの章は北海道サーガ（年代記）と呼んでもいいだろう。北海道は日本最北の広大な島である。そこはわたしたちの仕事の主要な場であった。それらの章は、わたしたちの家庭、教会、地域社会での個人的な活動を描いている。さらに、日本人協働者たち、友人たちの人生の物語を詳しく述べる。それらの人々は今までと違う教会のために一緒に働いたのである。

一九五一年から一九八一年までの年月は、日本の社会的大変貌と政治的大変動の時代だった。わたしたちは幸いにも、カナダで過ごした四回に及ぶ一年間の本国活動を除けば、その時代の大半を日本で過ごした。第七章は、日本のその時代の社会的、政治的な課題の幾つかに関わるわたしたち自身の働きについて詳しく述べる。

第八章は、カナダと日本の双方において、亡き妻ドリーンがその生涯と働きを通じて行ったユニークで献身的な働きと貢献に対する敬意を献げている。第九章では、日本で生まれ育ったわたしたちの子どもたちが、その生い立ちへの影響、その後カナダで選んでいる仕事について語る。

残る数章で、わたしは日本での生活と仕事、カナダでの研究が、どのようにわたしの神学的理解と信仰的展望を変えたのか語る。わたしは、とりわけ世界各地に生まれた「解放の神学」を考察する。そして、わたし自身の信仰の旅のなかで体験した宗教間対話の場について考察する。さらに、わたしの職務の方向性に深く影響したカナダ都市トレーニングプログラムへの参加について詳しく述べる。このプログラムはわたしに聖書的展望と現代社会の課題を、社会学に関連づけて考察するという全体的な見方をする新しい道を開いた。

わたしは本書『教会教を越えて』を、わたしの信仰の旅の意味を表現しようと探求する章で終わる。わたしの現在の信仰の姿勢を詳しく述べ、新しい方向を検討する。その新たな方向をわたしは今なお探求し続けている。

ハウレット家――ヒルダ、フロイド、モーリス、ラルフ、ウェスレー

ハウレット家――ドリーン、フロイド、ウェスレー、ヒルダ

第一章　信仰の旅の長い歩み

わたしの信仰の旅は母のひざの上で始まった。それは、母の信仰が父の信仰よりも強い影響を与えたからだ。母のヒルダは冒険的な精神を持っていた。彼女は、どうしても看護師になりたかった。カナダで看護師としての訓練を受けるための学位資格を得られないと分かると、フィラデルフィアで看護師学校に入学することを選んだ。故郷からはかなり遠かった。彼女はアフリカで看護宣教師になることを夢みたが、そうしないでウェスレーと結婚した。彼は農民で、ウェストモントローズの二教室だけの学校で、彼女と共に成長した。彼女の夢は後にわたしの夢の一部になった。それは海外宣教の資格を得て奉仕するということである。

わたしの父ウェスレーは開拓者というべき人だった。彼はウェストモントローズ地区でグェルフのオンタリオ農業大学に入学した最初の人だった。彼はウェストモントローズで農業を促進するために学んだことを活用した。父親から受け継いだ農地を良く手入れし、土に対する愛情をもっていた。化学肥料をほとんど使わず、使ってもほんのわずかだった。有機肥料で土を生き返らせ、よく考えた輪作をした。どんな殺虫剤もほとんど使わなかった。わたしは、父から、土に対する愛情、農業を向上しようという関心、地方生活の仕方を学んだ。

母が温かく外向的な一方、父は愛情を表現するのが下手だったようだ。わたしは、父がわたしや二人の兄弟をほめたという記憶がない。しかし、父が来客にわたしたちのやり遂げたことを話しているのを、たまたま偶然に耳にしたことはあった。母も父もウェストモントローズ合同教会の信徒リーダーとして活動的な人で、とくに日曜学校で活躍した。父は、一時期、日曜学校の校長で、後に成人聖書クラスの教師になった。その仕事は、母の父クレム・ボーマンから受け継いだ。母は人々に対してとても受容的だったのに、父の方は厳しくなりがちだった。彼はとても尊敬されていたエディス・フェアバアンの後任の牧師に対して、もうはっきりとは思い出せないが、何かの理由でとても批判的だった。教会への忠実さから父は礼拝参加をずっと続けた。しかし、礼拝後に牧師と握手をしないまま、教会の裏口からこっそりと外に出たものだった。

父も母も若者たちを喜んで家に招待した。わたしが地区や教区の合同教会青年会に参加するようになってから、週末会議のために大きな農家だったわが家に青年リーダーたちを招いた。これらの会議は、後に拡大して一週間泊まり込みの「冬期学校」になった。冬期学校は、ハミルトン教区の伝統で、毎年、幾つもの教会で開かれ、参加者は民家に宿泊を割り当てられた。学校は、聖書の学び、信仰と日常生活の学び、お楽しみやゲームで組み立てられた。わたしは、高校卒業後まで、幾つかの冬期学校に参加した。通常の参加者は十二名から十五名だったので、母と父は、大きな農家だったわが家に冬期学校を引き受けて開催した。これらの初期からの冬期学校はハウレット家の邸宅や他の家庭でも行われ、それが先駆けになって、ファイブオークス、プレイリー・クリスチャン・トレーニングセンター、その他の滞在型リーダーシップ研修学校ができ、さらに後に国中に広がったのである。母と父は、農場から退いてエローラに引っ越した時に、広い家を買うことにした。それで、冬期学校やそれ以外でも似たような集会を受け入れることができたのである。

母の信仰は、母が亡くなるまでわたしの信仰の旅に強く影響を与え続けた。彼女は会った人たちだれをも包み込むような愛をもって抱きしめた。彼女は、父が亡くなった後、わたしたちと名寄で二年間を共に過ごし、ドリーンとわたしに力を与える源になってくれた。さらに、小さかった子どもたち、デニス、ピーターに祖母の愛を知る機会を与えてくれた。

母は、カナダにもどると、わたしの兄弟のラルフをヒドゥンスプリングスセンターと結び合わせた。ラルフはその設立者となった。そこは精神病とアルコール依存症の人が回復をはかる男性寮だった。母は男性滞在者の「ハウスマザー」になり、そこで、彼女の世話を必要とするグループの人々に愛を分かち、アルコール依存症からの回復に取り組んだ。アイロニーと言うか、生涯を通じて、母はアルコールとその社会での悪影響を大いに嫌悪し、女性キリスト教禁酒連合の会員だった。ところが、アルコール依存症の人々と出会ったとき、それらの人々に彼女の包み込む愛を広げるのをためらわなかった。たとえ、人々が一時やめていた酒をまた飲みだすことが何度かあっても、彼女はためらわなかった。母の愛とそのような受け入れ方、人生の処し方は、わたしに人々を受け入れるということがどういうことか教えてくれた。

母の人々に対する愛は彼女の死を越えてまで広がった。遺言として、彼女は自分の意向を表明し、必要ならば、医学研究のために献体して、どのように用いられても良いと述べていた。彼女には魂が身体にまさってはるかに重要だった。彼女の遺言に従って、遺体は無条件で医科大学に提供された。夫ウェスレーの墓の傍らに埋葬されるという条件さえなかった。彼女の死から数年後、わたしがカナダに帰国した時、モーリス、ラルフ、わたしの三人兄弟は、ウェストモントローズ教会の墓地にある父の墓石にプレートをはめた。プレートは次のように書かれている。

生涯において彼女は心を与えた

その愛を人々は知った
死において彼女は肉体を与えた
その癒しを人々は知った

母の信仰は今もわたしの信仰の中に生き続けている。そして、多くの人々の人生の中に生き続けている。彼女がその長い人生を通じて触れ合った人々の人生の中に……。

エディス・フェアバアン牧師

わたしはある並外れた教職者が着任するまで、かなり典型的な保守的教会の交わりの中で育った。エディス・フェアバアン牧師はイングランドの出身だが、第一次世界大戦の時期、バミューダで牧師を務めた。神学に関して彼はイエスの教えに究極的な優先性を与えた。そのうえで、教会の信条と教理にまさり、さらに逐語的な聖書の読み方をも超えて語り、人々を揺さぶった。第一次世界大戦の結果がフェアバアンに幻滅を与え、彼は強い信念を持った平和主義者になった。彼は、その著『背信のキリスト教（*Apostate Christendom*）』で、銃剣訓練を行うように命じられた兵士たちの話を語っている。その兵士たちはフェアバアンがバミューダの従軍牧師代理だった時にやって来た。

「どうか教えてください」と彼らは言った。「どのように、わたしたちはキリスト教徒であり続けられるのですか？　そして、わたしたち兵士がそうするように命じられたことを行ってまで、どうやって？」

戦争がふたたび勃発した一九三九年、彼は戦争と戦争協力活動を支えた教会に最後まで反対した。彼は、ジェームス・フィンレイ牧師とその他百五十人余りの教職者と信徒たちと協力して、「戦争に反対する証人」という宣言を起草して署名した。その宣言は合同教会による開戦以前の一連の声明を土台にし、「変わらない確信として、戦争はキリストの心に反している」と断言した。フェアバアンは、合同教会がそれら先の声明を生きていないと激しく非難して語った。彼の勇気ある姿勢の結果、彼は裕福な大教会の牧師を投票で辞めさせられ、教職者としての余生を小さな地方での任務に費やすことを余儀なくされた。

戦争中もその後も、わたしはフェアバアンと交流を保っていた。彼の本やニュースレターを熱心に読んだ。それらは、国家の戦争遂行に直面してクリスチャンの責任をどう考えるかということをめぐる考え方と行動について、わたしの考え方や行動にとても深い影響を与えた。フェアバアンの主張は、重要な点を三つ、次のように強調する。イエスの教えを実践すること、イエスの戦争拒否を実践すること、新しい社会秩序を通じて神の国を打ち建てる責任を持つようにとの呼びかけを実践すること、これらの三点である。これらは、わたしがフェアバアンから学んだ忘れ難い学びで、わたしの信仰と行動にいつまでも影響を与えた。それらは、世界平和のために働くとは、新たな経済的・政治的秩序のために働くこと、正義と平和の社会を再建設するために働くことだということも示唆していた。

彼は生前には正当に評価されなかったが、わたしはエディス・フェアバアンを信仰の巨人として見ていた。彼は、その生きた時代の先駆者、ふさわしい名誉を与えられなかった預言者だった。エディス・フェアバアンは、わたしを信仰の長い放浪の旅に出発させて、わたしの生涯を通じていつも影響をもたらし続けた人になった。

合同教会青年会

わたしの十代の時期を通じて、ウェストモントローズ教会の青年会は小規模だったが、とても活動的で、わたしたちは毎週のように金曜日の夕方には教会に集まった。その時代の「合同教会青年会（ＹＰＵ）」は、カナダでもっとも大きな青年組織で、二千六百の支部と、およそ五万六千人のメンバーがいた。光栄なことに、わたしは地区と教区のレベルで、地方組織に参加することができた。これらの活動は、キリスト教信仰と世界的活動の分野についてのわたしの将来への展望を広くするのを助けた。また、人格的成長とリーダーシップ技能のために有意義な訓練の場だった。ＹＰＵの集会は民主的に運営され、リーダーシップの役割にすべてのメンバーが参加することをめざした。メンバーは学習と礼拝のプログラムを準備した。そのプログラムは、キリスト教信仰に必須の事柄、政治と社会の課題、国家の制度と慣習などを含んでいた。それらは合同教会が「宣教」において取り組んでいたような事柄だった。プログラムは教養教育の基礎になることも提供した。それは、わたしにとって大学に進学するための有意義な準備になった。

この時期に、わたしは、エリー湖のライアソンビーチで開かれたＹＰＵの役員リーダーシップキャンプに、三回、参加した。お楽しみやゲームに加えて、わたしは、これらのキャンプで生まれた多くの新しい親密な友情を得た。わたしは何人かの「発題者」から受けた挑戦で鼓舞されたが、わたしがもっとも鮮明に思い出す人たちは、先ずベヴ・オータン牧師である。彼は後にオンタリオ州パリスで「ファイブオークス」教会リーダーシップセンターを設立した。ゴードン・アグニュー博士は、中国西部で歯科医宣教師として奉仕した。それにその他の「帰国宣教師たち」が、わたしの思いが海外宣教師の可能性を考える方向に進んでいくのを促した。

アーノット・オートン博士

アーノット・オートン博士は、わたしのイマヌエル神学校での最初の二年間、旧約学の教授で、わたしの信仰の旅を聖書的に理解するのに意義深い貢献をしてくれた。わたしたちが迷宮のような旧約聖書の諸文書を読み通すうえで、彼自身が旧約の預言者のようだった。彼は情熱を込めてアモス、イザヤ、エレミヤの社会的な教えをつまびらかに語った。強調したのは、預言は旧約聖書で終わりなのではないということだった。彼はわたしたち自身の時代にある不正義と邪悪を告発する預言者になるようにわたしたちを促し、ただ人々に語りかけるだけでなく、正義と共感と愛を基盤にした世界をめざして働くように励ました。アーノット・オートン博士は尊敬する教師というだけでなく、個人的な友人でもあった。

夏期宣教実習

わたし自身の「宣教」は、一九四二年と一九四三年の二回の夏の期間、サスカチュワン州で神学生の夏期実習の働きだった。最初の夏、ノーザンバトルフォードの北のサスカチュワン州イフェリーで過ごした。教会奉仕は、四つの学校の教室を使い、毎週日曜日ごとに二か所で礼拝をし、平日の放課後に子どもたちの集会をした。「移動」は「ミッションホース」のスリックという馬の背に乗って行った。スリックは自分がたどる道筋をわたしよりも知っていた。ある夜、わたしは近道をして帰宅しようと薄暗い野原の小道を越えて農家の畑を通ったときに闇が訪れ、家への道が分からなくなった。スリックは小道をたどって、有刺鉄線の扉までやって来て、わたしを降ろすために立ちどまった。わたしは扉を開閉して、彼にまたがると小道をたどり続けた。

わたしの仕事の興味深い一端は、地域のそれぞれの家族を訪問することだった。これらの訪問の一つは国際関係に及ぶ側面を持っていた。ある日、わたしはヴォン・カメック一家を訪ねた。一家は七年前にドイツからやって来た。それは、第二次世界大戦中だったので、地域のある人々は一家をスパイかもしれないと考えた。真実ではないつまらない憶測だった。一家はヒトラーのナチズムから逃れてカナダに来たのだった。一家には幼い二人の娘たちがいて、エヴァとハンナといった。わたしが訪問した最初の日、二人の娘たちは母親と一緒に、彼女たちだけで自分たちの農場の世話をしていた。彼女の夫は目の手術のために入院していたのだった。彼女は収穫ができるかどうか心配していた。戦争になって以来、人手の足りない農家を助けるために、合同教会宣教部は、夏期実習生が収穫を手助けするため十二日間の援農をすることを許可した。数日後に、わたしが夫のヴォン・カメックさんを病院に訪ねた時、彼はわたしがお手伝いできるだろうと知ってたいへん喜んだ。収穫が始まる時までに、彼は退院して自分で穀類を刈ることができた。わたしはその刈り束を山積みにするのに丸々二週間を費やした。そこにいる間に、わたしたちはドイツや世界大戦について興味深い会話をした。ヴォン・カメック夫妻は二人とも流暢な英語を話した。ヴォン・カメックさんは、「ここカナダでは、わたしたちは自由です。だから、あなたが読んだり、聞いたり、話したりするどんなことも、プロパガンダによって変えられてしまう国に暮らすということなど、想像するのも難しいでしょう」と話してくれた。ヴォン・カメック一家と共にした生活と労働は、その夏のもっとも重要なハイライトだった。夫妻との会話は、わたしに全体主義体制の下に人々が生きるとはどういうことか新しい理解を与えてくれた。

二度の夏期宣教実習の体験は、わたしが自分の信仰について考え続け、広い世界の多様な人々に関わるときに、いっそう明確にわたしの考えを表現できるようになるのを助けてくれた。これは、わたしの後日の海外宣教にとって早くからの準備になった。

ジェームス・フィンレイ牧師

初めの時期にエディス・フェアバアンが与えたわたしの人生と信仰への最初の影響は、ジェームス・フィンレイ牧師との七年間の交流によってさらに深く豊かになった。それはトロントのヴィクトリアカレッジとイマヌエル神学校でのことだった。フィンレイの牧師としての働きは次の言葉でまとめることができる。「時代の課題のためにキリストの心を語ること」。彼にとって、フェアバアン牧師と同様に時代の主要な課題は第二次世界大戦の勃発だった。フィンレイにとり、戦争は「キリストの心に反して」いたので、わたしたちのすべての力をもって抵抗する事柄だった。彼と親しかったフェアバアンは、二人で主要な責任を担って平和宣言の起草と配布に努めた。その平和宣言には、七十五人の教職者とほぼ同数の信徒が署名していた。

フィンレイもまた、フェアバアンのように難局に直面した。カールトンストリート合同教会の一グループが彼をその指導的職務から解雇しようとしたのだ。しかし、フェアバアンのようには解雇されずに彼は嵐を乗り切った。解雇の試練が来たとき、彼は圧倒的な信任票を与えられたのであった。もっとも、彼にまったく同意しない人も少なくなかった。それらの人々もフィンレイが共にした二年間に、彼の信念の強さと職務に対する真摯な温かさに気づくようになった。

これら二人の傑出した人物の断固とした反戦の姿勢は、疑いのないものだった。彼らの姿勢を導きとして、わたしは大学での研究を続け、軍務延期を要求することにした。この軍務延期を続けることができる唯一の道は、わたしが大学構内で行われるカナダ軍将校の訓練に参加することだった。それで、わたしは、しばらくこの件に関して苦しんだ。わたしのクラスメイトの何人かは、軍務に就く署名をして海外に行った。他のクラスメイトは自ら「良心的兵役拒否者」を申告することを選んだ。そして北オンタリオやブリティッシュコロンビアの労働キャンプでの「代替的奉仕」を受け入れた。数人は、ボブ・マックルア博士のフレンド派救急車サービスに参加することを認められた。マックルア博士は有名な中国宣教医師として、中国西部のビルマロードの付近で中国民衆の救急医療を行った。そこでは、人々は日本軍による爆撃を受けていたからだった。

わたしは一九四三年九月の日記に次の文章を記した。「わたしの知るかぎり、戦争はキリストの心に反している。そのことを信じて、わたしは何をするべきなのか？　わたしは奨学金をあきらめるべきか。それはわたしの大学教育を絶ちかねない。自分自身を大学で担ってきた活動から切り離すのか。わたしは、この大学でオンタリオ中の青年たちと一緒に活動する青年前進運動を基盤にしてきたのだ。ただ一週間に数時間の軍事訓練の要求があるからという理由で、それらをあきらめるのか？　それとも文句を言わずに訓練に従うべきなのか？　軍事訓練だけなら戦争に積極的に参加することを意味しないのだから。イエスは何をなさるだろうか？」わたしは軍事訓練に参加した。それによって妥協したのかもしれない。しかし、同時に、わたしは「戦争参加に対する代替的奉仕の生活」とでも名づけるべき姿勢に自分をゆだねた。

フィンレイの信仰は実際的で状況的な神学に立っていた。軍事訓練に参加しながらも、わたしが目ざしたのは、祈りを通じ、交わりをもっていた他のクリスチャンとの対話によって、イエスの精神を見いだすことだった。何が時代の主要な課題なのか、より公正で平和な世界をもたらすために求められている行動は何かということを探した。

もう一つの「時代の課題」として、彼が「キリストの心を求める」ほかにないと感じたことは、真珠湾攻撃によって日本との戦争が勃発してからやって来た。彼はカナダ政府を厳しく批判した。それは政府がブリティッシュコロンビアの日系カナダ人を拘束して、その財産を没収し、家族をバラバラにして、ブリティッシュコロンビアの内陸の収容所に送ったことに対する批判だった。彼は日系人の解放のために働いた。カナダ中の諸教会に呼びかけて日系人家族のスポンサーになり、友情をもって日系人家族を迎え入れるように求めた。残念ながら、最初は応じる教会はほとんどなかったのだが、カールトンストリート合同教会だけがそのアッピールに応えた。

わたしがカールトンストリート合同教会に出席していた時に、フィンレイは日系人の迎え入れについてチャレンジングな説教をした。その説教はわたしの生活に深い影響をもたらし、わたしは、速やかにオガワ一家のために受け入れの段取りをつけた。その一家は、おばあさん、父親、母親、二人の子どもたちで、ウェストモントローズのわが家の農場の家に行くように手配した。そこでは、わたしの母と父が、彼らを歓迎し、農場の仕事を与えた。このあと間もなく、わたしはカールトンストリート合同教会の「学生アシスタント」になった。主な責任は合同教会青年会と青年たちのための土曜ダンスとレクリエーションクラブとの指導だった。カールトンストリート合同教会は青年たちを温かく迎え入れたので、多くの日系カナダ人の青年たちが教会にやって来て、わたしの親しい友だちになった。この交流は、わたしが将来の可能性について真剣に考える理由になった。その可能性とは、大戦が終わった後、二つの敵対した国民の間の平和のために和解の役割を担う者になるということである。

この時期、一九四一年から一九四八年の間、フィンレイやカールトンストリート合同教会の会員たちと一緒に働いたことは、その後のためにわたしの信仰と活動が磨かれる助けとなった。平和と非暴力活動に寄与するのだという確信を強くしたというだけではない。わたしの心にあらゆる差別や搾取に反対する情熱を段々に教え込んでくれた。それは、差別や搾取が残念ながら問題化するところでは、たとえどこであろうと反対を示すという情熱である。

ノースロップ・フライ教授

わたしは、一九四一年から一九四八年まで、合同教会のヴィクトリアカレッジとイマヌエル神学校に学んだ。その間は大いに楽しかった。わたしがヴィクトリアの講義で掘り当てたのは、とりわけ英語と哲学で、それらは魅力的で、わたしの知性を広げるものだった。この上なくドラマチックなほどに際立っていた教授がいた。秀でた教授ノースロップ・フライであった。当時、「ノーリー・フライ」は若いけれども人気があった。わたしはスペンサーとミルトンに関する興味にあふれる彼の講義をとった。講義の最初に彼はこう述べた。「スペンサーの『妖精の女王』とミルトンの『失楽園』は英国文学のもっとも偉大な業績である。シェイクスピアを除けばだが」。この講義は、わたしの知性を幅広い領域の叙事詩と哲学的・宗教的な思想に対して開いたのである。それは、先の二つの偉大な詩によって代表されるような思想である。また、その思想についてのフライの的確な解釈にもわたしの知性は開かれた。

フライの最大のインパクトは、何といっても、学生キリスト者運動の研究グループを通してやって来た。このグループは、詩や神話や聖書の隠喩といったことを彼の研究室で学んだ。八名からなるグループが週ごとの会合をそこで持った。参照付き聖書を用いながら、フライは、わたしたちが、創世記から黙示録まで聖書を通じて繰り返している神話と隠喩を調べて何ごとかを発見するのを助けた。彼は、聖書は文学の言葉で書かれているので、そのストーリーと文章は文字通りに受け取るべきではなく、詩的に、隠喩的に受け取るべきだと理解するのに、わたしたちの助けとなった。わたしたちが理解し始めたのは、創造、降誕、復活の神話的ストーリーが深い意味を持っているのは、詩として読むときであって、事実や教理としてではないことだった。これらのことは、後に、初めて聖書に出会う日本の人々に、わたしが聖書を教えようと試みたときに成果をもたらした。

わたしが感謝をおぼえるのは、ノースロップ・フライがわたしの想像力を自由にするのを助け、わたしが聖書を生きた文書として読むことができるのを助けてくれたことだった。聖書は、どんな世代にも、どんな文化にも、語りかけているのである。わたしは、エディス・フェアバアンとノースロップ・フライは、わたしにとって功績者であったと思っている。彼らは、わたしが開かれた精神をもって日本に行くことを助けてくれたのである。彼らの功績は、わたしが多くの説教者や宣教師が陥る落とし穴から守ってくれたことだ。多くの説教者や宣教師が、キリスト教を神と霊性への「唯一の道」とか「最善の道」と信じている。しかし、二人がわたしに備えてくれたのは、それとは違うあり方だった。日本の仏教者が信仰に関して次のように言っているのを、わたしは喜んで受け入れることができた。「富士の頂に至るには多くの道があります」。

フェアバアンとフライの指導は、わたしが他の信仰のものの見方に参与する備えとなった。同時にわたしの信仰の遺産をいっそう深く理解する備えとなった。これらは、わたしが日本に携えて行った大切な信仰の賜物だった。

ジョージ・アフレック牧師

わたしが教会組織の中で働くか、それとも海外で宣教師として働くか、という疑問や迷いを越える上で、決定的な影響を与えたのは、友人であり恩師であったジョージ・アフレックだったのは確かだった。わたしは、ジョージがイマヌエル神学校を修了したすぐ後で彼を知った。そのとき、彼はリーダーの一人となって、およそ二十人のイマヌエル神学校とヴィクトリアカレッジの学生たちによって、一九三九年二月に新たな信仰と現場支援の活動を始めていた。学生たちは世界と教会に起こっていることを目の当たりにして動揺していた。驚くべき世界の変動に直面して、教会は、その宣教にかなう生き方をすることに失敗していたのだ。宣教とは暗闇の真っただ中にある世界にとって光として存在するということである。教会では、聖職者を志願する者が深刻なほど減少した。日曜学校の会員数は大幅に減少し、教会出席者は少なくなり、宣教師への寄付は五〇パーセント減少した。学生たちは、ただ生ける神の力によってしか、ぐるりと方向を変えることはあり得ないと信じて、青年たちによって始まった「前進運動」を通して活動した。学生たちは彼らのグループを「青年前進運動」と名づけた。

わたしは、今では、当時の神学、あるいは宣教についての世界観に完全に賛成するつもりはない。しかし、青年前進運動は、かなりの影響をわたし自身の人生にも、その運動に触れた多くの青年の人生にも与えたのである。わたしの信仰の旅において、それは、わたしがそれまでの古い宣教の形態を批判し、世界の中で教会が存在する新たな道を探求するのを助けた。

このグループの学生たちは学習と祈りのために定期的に集まった。そして、そのヴィジョンを分かち合うために合同教会の青年たちと夏の若者が集まる教会キャンプに送られた。彼ら学生たちの戦略は、参加者による「友愛グループ」という形態をとり、訓練されたクリスチャンが、教会と地域を再活性化する中心として活動することをめざした。ジョージ・アフレックと彼の同窓生のバート・スコットが最初のチームに含まれていた。彼らは前進運動の活動のために、卒業後の二年間を奉仕することに同意し、諸教会とキャンプを訪れた。わたしがジョージとバートに初めて会ったのは、エリー湖のライアソンビーチ青年リーダーシップキャンプだった。彼らはわたしたちに勇気を与え、挑戦を促すリーダーだった。キャンパーが自分の地域に帰って、彼ら自身の信仰の成長のために友愛グループを始めるように熱心に求めた。さらにもっと効果的な支援と奉仕を、彼ら自身の教会と地域のためにするように求めた。

そのキャンプの数人の参加者は、わたしを含めて、彼らのチャレンジを受けとめ、関心を抱いた青年たちの意見は一致した。彼らはキッチナー・ウォータールーの諸教会とウェストモントローズのわたしの母教会から参加した青年たちだった。わたしたちは毎週キッチナーのトリニティ合同教会に集まった。わたしたちの友愛グループが、そこで一緒に学んだのは、『弟子であること（*Discipleship*）』という本だった。著者は英国のレスリー・ウェザーヘッドで、日々の生活を信仰に結びつけるための本だった。わたしたちの多くにとって、このグループでの数年間は、人生の方向に変化をもたらし、新しい職業につく決心をし、あるいは自分の地域でさらに忠実に奉仕をする道を見つけ出した。

この時期にジョージ・アフレックは、ウェストモントローズのわたしの母教会を数回にわたって訪れた。わたしたちは、わたしが将来について悩んでいることを話題に長い間話した。わたしは、自分が教会で見てきたことで幻滅を感じていたし、フェアバアンの考えに賛成だった。教会は、戦争に反対して立ち上がることに失敗した結果、さらにこの世の基準を受け入れたことで、教会の信念を捨てて背教者になったのだ。わたしから見ると、知っているほとんどの教会は、正義と平和と真の共感という根本的な信念を捨てたのだ。わたしはこれほどの偽善的な組織の中でどうやって働くことができるのだろうか？　しかし、他の組織を見ても、「いったいどこで、わたしはいくらかましな組織を見つけることなどできるのか？」と思った。

この点で、ジョージは、何とかして小さなグループで活動するようにするというヴィジョンをわたしに与えた。わたしたちはそのヴィジョンに従って活動したので、妥協していく教会組織を迂回することができた。そして徐々に影響力を持つグループとして、教会と社会の両方で活動していった。彼は、わたしにカナダ合同教会の牧師になるためにヴィクトリアカレッジに行くように勧めてくれた。

わたしがこのことを選択したのは、三年間を故郷で過ごして、農場で父と母と一緒に働いた後だった。父はわたしに数頭の子豚を与えた。わたしはその子豚を大きく育てて、カレッジの授業料を支払うために売った。わたしは、一九四一年の秋学期にヴィクトリアカレッジに入学すると、キャンパス協同組合の学生寮で暮らした。寮生たちは、生活費と寮運営の仕事と食費の補助を含めて分かち合った。わたしたちは、協同して働く経験によって、英国の「ロッチデール」式協同組合組織の基本的原則をも学んだ。その経験の中に、わたしの後の仕事にとって計り知れない価値を持つようになる準備があったのである。後の仕事とは北海道で農場の青年たちと一緒に活動することだった。

エスターヘイジー牧会区での職務

イマヌエル神学校を卒業した後、わたしは、一九四八年の春に按手礼を受けて、サスカチュワンの三つの教会に牧師として仕えることを約束した。エスターヘイジー、タンタロン、ヘイゼルクリフの各教会である。それはエスターヘイジー牧会区として知られていた。

教会での牧師と信徒の役割は、わたしのカレッジ時代からの関心事だった。わたしは、ほとんどの牧師が教会内で担っていた役割に居心地の悪さを感じていた。この問題が顕著になったのは、卒業写真を撮らなくてはならなくなった時だった。わたしは、写真のために「ローマンカラー」を着けるべきか否か？　他の卒業生全員はそれを着ける予定だったのだが、わたしはこれを問題だと感じて教授のひとりと話し合った。彼は、それが適切だという場合にすればよいのだと、わたしに確信させた。それで、わたしは最終的にカラーを着けることに同意した。エスターヘイジーに着任した時には譲歩して、結婚式と葬儀にはカラーを着けたが、他の時には着けなかった。そのことでさえ、わたしと教区民との間に壁がかなりできたということを次第に感じるようになった。この距離感が存在している限り、信徒は、自分たちの持っている職務が「教職者」とまったく同じく大切なものだと、どうやって心から感じられるだろうか？　エスターヘイジーを離れて日本に行く時、わたしは再びカラーを着けることをやめた。カラーは長年トランクの底にしまわれ、最後には、ごみ袋と一緒に燃やしてしまった。それ以来、わたしはカラーもガウンもけっして身に着けることがなかった。

わたしは、職務を始めるためにエスターヘイジーに一九四八年七月の第一日曜日の前に居ることを期待された。それで、トロントで中古車を買い、カナダ西部に向かった。エスターヘイジーに着いたとき、わたしは郵便局に行き、ヴァーノン・フルークに会った。彼は郵便局長で合同教会の長老だった。合同教会の牧師館の新居に行く道を尋ねた時、わたしは最初の大きな驚きを味わった。九歳くらいの少年がちょうど郵便局の中に入ってきた。フルークは、「ここにいるのはダニー・ベヴァリッジで前任の牧師の息子です。彼の家族はまだ牧師館に住んでいて、この子があなたを案内します」と言った。牧師館に着くと、わたしはダニーの父親のトム、母親のマイエ、赤ん坊だった弟のジョンと会った。これは居心地の悪い状況にもなり得たが、実際にはとても親しみを覚えることになった。わたしは、下宿して牧師家族と一緒に牧師館に住み、彼らが植えた美しい庭の世話をした。トムは、わたしに教会や教区内の人々についてのたくさんの情報を与えてくれた。彼は健康上の理由のために教会を離任していたのだが牧師館に残っていた。しかし、九月までに健康を回復して、レジャイナ近郊の小さな教会に移動できるようになった。わたしたちの友情は長年続き、わたしはカナダに帰国するたびに時間をとるように調整をして、トム、マイエ、子どもたちと一緒に過ごした。

わたしは、サスカチュワンの田舎の牧師はたいへんな長距離を旅しなければならないこと、そして、多くの民族性をもった大いに多様な人々を知らねばならないことを学んだ。そういう人々が互いに遠く孤立した地域に暮らしていた。日曜日ごとに、わたしは三つの教会で奉仕し、朝、午後、そして夕方の礼拝を行った。雨の後など、田舎の道は、「粘土質」の泥に変わってしまい、ほとんど通り抜けられなくなったところもあった。

わたしたちは〔訳注：フロイドはエスターヘイジー着任中の一九四八年一〇月一三日にドリーン・アグニューと結婚していた〕、サスカチュワンでの職務を大いに楽しみ、厚い友情をはぐくんでいたのだが、日本基督教団が、海外教会とその人事部門に、戦後の再建のために助けてほしいと呼びかけていた。わたしたちは、自分たちの働きを、カナダよりも日本の方が必要としているのではないかと感じた。それに、日本に行くことは、わたしたちの心からの願いだったことが実現する機会を与えられることにもなるだろうと考えた。わたしたちが願っていたのは、日本の人々と和解するという働きだった。この頃、カナダ人は日本人を敵だと考えていたのだ。日本で働けば、世界の平和のために働く実際的な道になるだろうし、代替的奉仕の生涯をと願っていたわたしの取り組みを現実のものにするだろう。

日本に行くことについて、わたしたちが、エスターヘイジー牧会区の教会員たちにお願いしたのは、わたしたちをエスターヘイジーの代表として日本の教会と人々に送ると思ってほしいということだった。わたしたちが教会員に約束したのは、エスターヘイジーとの交流を保ち、わたしたちが本国活動でカナダにもどるときには毎回のようにエスターヘイジーを訪れることだった。日本でのわたしたちのすべての年月を通して、わたしたちの心は教会員たちへの感謝でいっぱいだった。エスターヘイジー牧会区というふるさとの教会員たちの愛と支援への感謝の思いだった。

　夏に自分たちの家族を訪問して、たくさんの荷造りを終えた後で、合同教会海外宣教部は、わたしたちを鉄道列車でカナダ横断に送り出した。米国西海岸のサンフランシスコでわたしたちは列車を降りた。そこで、一九五一年九月初旬、わたしたちはノルウェーの貨物船に乗り、太平洋を横断するわたしたちの冒険に満ちた旅が始まった。

第二章　戦後の東京

ノルウェーの貨物船で日本への途上にあった一九五一年九月、わたしたちは台風の中を航海して進んだ。わたしたちは二日間船室に閉じ込められた。夕食のヴァイキング料理はすぐに魅力を失った。わたしたちの同僚の宣教師、エブリンとロイドのグラハム夫妻は、ひどい船酔いで起き上がれなかった。ドリーンとわたしもましだったわけではなかったが、二人で彼らの六か月の赤ちゃんのエイドリアンの世話をした。船が左右に揺れ、上下に翻弄されるにつれ、わたしたちは何度も自問した。「日本基督教団で働くというチャレンジを受け入れたなんて、わたしたちは愚かだったのだろうか？」一九四八年一一月に結婚した後、ドリーンとわたしはサスカチュワンで幸せな三年間の牧師の任を務めた。わたしたちは多くの良き友を得ていたので、その友人たちを背にして去るのはいやだった。教会と地域で働くのは喜びだった。そこでドリーンは「カナダ少女トレーニング〔訳注：略称CGIT。カナダ全土で一一歳から一七歳の少女と若い女性を対象とする教会ベースのプログラム〕」のグループを指導し、わたしは少年アイスホッケーチームの運営を手伝っていた。わたしたちは、「どうして、わたしたちは愛する人たちの中に得ていた安心なポジションを離れてしまったのか。戦後日本でこの生涯の奉仕をささげるため？……」と自問していた。

わたしたちは、もっとまっとうな問いを始めてみた。直面することになるであろうことについてもっと学ぶことになるような問いである。ロイドはすでにアメリカ進駐軍の通訳として終戦直後から日本に住んでいた。彼は空襲で破壊された都市と膨大な数の飢えた家を失ってしまった人々を見てきた。彼は北海道の北の果ての駐屯地まで旅をした。そこで、白人を一度も見たことのない人々に会った。わたしたちは、ほんとうに人々に受け入れられるのだろうか？　すべての北米人を敵として見ていた人々だ。そんな問いを考えてみた。

台風の後で、ロイドはわたしたちに初めての日本語を教えてくれた。「おはよう」と「さよなら」だった。三〇歳で日本語のような難しい言葉を学べると考えたなんて、わたしたちは頭がおかしいのか？　いつか日本人を理解できるようになって、コミュニケーションできるようになるのだろうか？

海での二週間が終わり、わたしたちは横浜港に着き、船に乗り込んできたアーネスト・バットに出迎えられた。彼は戦前からの合同教会宣教師で、戦後の日本にもどった最初の宣教師のひとりだった。彼は、わたしたちをエンジン付きの小舟で岸に連れて行き、そこで、彼の妻のイディスに会った。東京の彼らの家までドライブする途中で、とても小さな紙でできた戸がある家の前に群れをなす人々を見た。わたしたちは、狭い通りにあるたくさんのちっぽけな店に気がついた。バット夫妻は、わたしたちを夫妻の広々とした洋風の家に連れて行った。その家はカナダ合同教会によって夫妻のために建てられ、町の空襲をまぬがれた地域にあった。わたしたちはバット夫妻と二週間を過ごし、その間に、夫妻は戦前と戦後の日本のたくさんの話を語ってくれた。それはわたしたちが新しい生活に適応するためのオリエンテーションになった。

バット夫妻は、わたしたちがプレハブ住宅に引っ越すのを手伝ってくれた。その住宅は、バンクーバーから船で運ばれた家で、戦後すぐにアルフレッドとジーンのストーン夫妻と二人の子どもたちが住んだ。ストーン夫妻もまた、長い経験を持つ戦前からの宣教師で、いまはカナダにもどっていた。わたしたちは、この家に二年間、東京で日本語を学ぶために住んだ。その家は日本人地域の真っただ中にあり、だれも英語を話せなかった。わたしたちが格闘していたのは、日本語習得と、後に知った「カルチャーショック」で、恐れと落胆から快活と期待へと、それらをすべて含んだ感情を経験することだった。

定住

一九五一年九月から一九五三年八月までの東京での二年間、日本語を習得し日本生活のオリエンテーションを受けた期間は、エスターへイジーでの牧会の働きと北海道での新しい課題の幕あいの出来事だった。それは、わたしたちが十分な準備のなかった課題に挑戦するのに、とても価値があった。わたしたちの後に来た宣教師たちの場合、与えられたのは、一か月間のオリエンテーションと準備をカナダで受けて、新しい文化の中で生活することに備えることだった。わたしたちは自分のやり方を見つけなければならなかった。五年後のことだが、最初の本国活動で初めて、わたしたちは、「カルチャーショック」という言葉の説明を聞いた。そのとき、わたしたちは「ああ、わたしたちが通ってきたことは、それだったのか？　わたしたちは、あんな難しい経験は、わたしたちだけに起こったことだったと思っていたよ」と声を上げた。

わたしたちのフラストレーションになった習慣の一つは、家に入る時にいつでも靴をぬぐということだった。どこの教会でも、靴をぬいでから、玄関で用意されたスリッパにはき替えた。いつもきまって、スリッパは小さ過ぎた。そのほかの新しい習慣としては、いつでも、身体中をごしごしこすってきれいにしてから浴槽に入らなければならないことだった。浴槽は湯気がたっている熱い日本式のバスタブだった。もちろん、わたしたちは、箸を使ってどうやって食べるのかを素早く学ばなければならなかった。ほとんどの家庭もレストランも、ナイフやフォーク類を用意していなかった。わたしたちは贈り物をするという習慣にも慣れなくてはならなかった。わたしたちが気づいたのは、友人に贈り物をしたら、すぐにもっとよい贈り物をお返しされるに決まっているのだということだった。時には、わたしたちがある家庭で何かをほめたりすると、その家の人は、わたしたちにそれをプレゼントすると強く言ってきたりする。たとえそれが長く大切にしてきた先祖伝来の家宝であってもそうする。そのほかのフラストレーションは、日本語の学習中、動詞が文の終わりに来ることで、英語のように文の途中ではなかったことだ。

最初、わたしたちは、東京の新しい風景と音と匂いに魅了された。歩いて神社やお寺めぐりをし、小さな商店街を探検した。わたしたちは、「紙芝居のおじさん」の写真を撮った。おじさんは、周りに子どもたちを集めると、大きな絵のカードを使ってストーリーを話し、飴を売った。わたしたちは朝早く「納豆」の行商人の売り声で起きることに慣れた。納豆は発酵させた大豆で、それを売り歩いていた。わたしたちには大好物の朝食の楽しみになった。わたしたちは和食を楽しんだ。おいしい「すき焼き」は牛肉と野菜が炭火のコンロの上に乗った鉄鍋の中で調理されていたが、そのすき焼きをはじめ、それほどおいしいとは思わなかったけれども、スルメに至るまで楽しんだ。わたしたちは東京中を歩き回り、もう戦争終結から六年もたっていたのに、いまだに再建されていない町の存在がみんな分かった。わたしは教会の廃墟を見たことを思い出す。それは入口を除いて何も残っていなかった。土手に沿ってびっしり立っていたのは、家を失った人々の掘っ立て小屋だった。

通りでは、米軍とオーストラリア軍のジープを見た。まだ「占領下の日本」だったからだ。ダグラス・マッカーサー将軍が占領統治を託されていた。情勢の不安はほとんどなかった。大半の人々は、新しい「平和憲法」によってしあわせだと思ったからだ。この憲法は、日本政府がアメリカの指導によって作り上げた憲法だった。憲法が約束したのは、日本はけっして再び戦争を仕掛けることができるような軍隊を再建しないことだった。多くの日本人は、すでにあまりにもたくさん戦争を見てしまっていた。

わたしたちの日本での最初の年が終わる頃、占領統治は解除され、すべての権限が日本政府に移譲された。その布告の日、「解放」を祝うデモ行進があり、少数だが米軍のジープがひっくり返され、燃やされた。しかし、ほとんどの分野で変化は穏やかだった。カナダの友人への手紙で、一九五二年七月、わたしはこんなことを記した。「わたしがいまだに感じているのは、日本にとって最大の内在的な危険は、保守的で民族主義的な要素に存する、ということだ。それは、権力を取りもどそうと試み、共産主義の脅威を利用して、これまで獲得してきた自由を追放しようとしている」。共産主義はけっして真の脅威ではなかった。わたしたち自身がすぐに気がついたのは、共産主義者の多くは、もっとも熱心な平和運動家の中にいたということだった。

言葉の習得

東京に着いた九月の終わり頃、わたしたちは、直ちに長沼日本語学校に入学した。最初の年の間、この学校はバプテスト教会の中にあって、家からジープで三〇分くらいのところだった。わたしたちのクラスは、六名の「あとから来日した人」のグループだった。教会のスペースがなくなったので、すきま風の入る階段の踊り場を教室にしなければならなかった。第一日目から、わたしたちの日本語の先生は、日本語以外話さなかった。わたしたちは、一度は不満を抱いたが、週に一度だけ、いくらか英語を話す校長先生が、クラスにやって来て、わたしたちの質問に答えようとした。わたしたちは日本語のレコードを学校から借りて、正しい発音に取り組んだ。同じレコードを何度も繰り返し聴くことは、退屈だったが、最終的にはそれだけの価値はあった。

日本語学校の第一年日は六月の終わりに終了した。それで、わたしたちは、夏の数か月間、一年でもっとも蒸し暑い時期、東京の我善坊町に残っていた。住んでいた家は、夏のそよ風もほとんどない狭い谷間にあった。日中は暑くて耐え難いものだった。わたしたちは、朝早く起きて最悪の暑さになる前に日本語を勉強した。ドリーンは妊娠していたので、息苦しい暑さがことさらに厳しくこたえた。赤ちゃんは八月の終わりの出産が予定されていた。わたしたちは、東京セブンスデー・アドベンチスト病院での出産を準備していた。その病院にはスタッフにアメリカ人の医師がいた。八月二六日の朝、ドリーンは午前三時頃に陣痛で目を覚まし、ジープに乗って、ほとんど人通りのない通りを病院に向かった。わたしたちは間に合ったが、とても迅速だとは言えなかった。デニスはおよそ一時間後には生まれた。彼は健康だったが、ちょっとやせこけていたドリーンは、暑さのために十分に食べることができなかった。ドリーンが家にもどった時、四日間くらい、イディス・バットがやって来て、デニスを入浴させ世話するのを手伝ってくれた。誕生から二度目の日曜日、わたしたちはデニスを東京ユニオンチャーチに献児式のために連れて行った。新生児の介添えはわたしたちの日本語学校の友人のブラウンリー夫妻、バスコム夫妻、スキルマン夫妻だった。日本語学校の二年目、わたしたち四家族は、一緒にたびたび学ぶ喜びも格闘も分かち合い、そしてそれぞれの子どもたちが発育し成長するのをお互いに見守った。わたしのとても愉快な思い出は、わたしたちのかわいらしい裏庭のバーベキューだ。子どもたちと親たちが一緒だった。それは自由と憩いのオアシスのようだった。そこでは、第二言語に順応する緊張をその時間は忘れられた。

二年目に、日本語学校は、渋谷の真新しいビルに引っ越した。わたしは通学を続けたが、ドリーンはデニスと家にいて、個人教授で日本語を学んだ。しかし、赤ん坊の世話をしながら、家で勉強することはドリーンにとって簡単なことではなかった。彼女は日本語を十分にマスターしたとはとても感じられなかったのに、そのままで独り立ちして引っ越さなければならなかった。三十代は新しい言語を学び始めるのには理想的ではない。わたしは、読み書きを学ぶことができたけれども、書き言葉はとうてい上達しなかった。わたしは、会話を通してコミュニケーションすることにもっぱら努力した。わたしたちは北海道に引っ越してからも、日本語を学ぶことを一週間に数回続けた。日本語を学ぶことは、日本に慣れるうえでわたしたちの最大のハードルだった。

わたしたちには近所に住んでいる隣人に英語を話す人がいなかったのだが、日常生活ではやす子さんにとても助けられた。やす子さんは、言うなれば「遺言によって贈られた」日本人の助け手で、ミッションハウスと一緒に本国活動で不在だったストーン夫妻によってわたしたちに贈られた。やす子さんと彼女の高校生の弟といとこは小さな棟続きの部屋に暮らしていた。彼女の英語は、わたしたちがやっとのことでコミュニケーションするのにも限界はあったが、彼女は配給米や地元の食品を買うほとんどのことができた。同じように食事と家事を手伝ってくれた。このことは、わたしたちに日本語の勉強の時間をさらに与えてくれた。

バット夫妻、アーネストとイディス

アーネストとイディスのバット夫妻は、わたしたちの恩師であり、東京の最初の年の間の生命線だった。バット夫妻は一九二一年に日本に来て、大戦勃発後もしばらく留まった。日本の軍部支配体制の下で、スパイは、バット夫妻が通りを歩くのを尾行し、説教したことをノートにとるために教会の礼拝に出席した。次第にバット夫妻は日本の教会の同僚たちにとって、やっかいな人物になった。同僚たちは、彼らの運動や行動について尋ねられた。生命が段々と危うくなった戦争の真っただ中、バット夫妻はついに一九四二年に退去させられた。

アーニーは、一九四五年に日本に送り返された戦後最初のカナダ人宣教師だった。彼が任命されたのは

LARA──アジア救済公認団体──として知られた超教派の緊急支援団体の主事だった。LARAの目的は、食糧、衣類、薬品、学用品などを、荒廃した日本中の地域に供給することだった。アーニー・バットは、惜しみなくこの課題に彼自身を捧げて、日本中を乗客であふれかえる列車で旅行をした。推定では、一千四百万の人々がこのプログラムの恩恵に与った。『海のレクイエム』というアルフレッド・ストーンの伝記で、著者の新堀邦司は、「(アーニー・バットは)困難な交通事情をおして全国を駆け巡り、超人的な活躍を続ける。あまりの激務にバットは身心ともに磨り減らし、ついには寿命を縮める結果となる」と言っている。

　戦前の東京でのバットの社会活動を描いてみると、アーニー・バットが手助けしたのは、日暮里の愛隣団社会奉仕センターの設立で、日暮里は東京でも貧しい地域だった。わたしたちが東京に着いてすぐ、アーニーは、わたしを説得し、わたしは英会話のクラスを愛隣団で週に一回夜に教えることにした。わたしは、時間がなかったので、愛隣団の活動の他の部分に加わらなかったのだが、このクラスの経験がわたしを助けてくれたのは、教会側と異なる見方で教会の生活と活動を見るということだった。教会は東京都内でも貧しい人々の中にあった。アーニーは旅で多忙で、救援物資を分配し、日本中のたくさんの地域で再建された幼稚園と教会を助けた。それで、それほど彼と会うことはなかった。アーニーの妻のイディスが、初めの頃の数か月間は、わたしたちの頼みの綱だった。イディスがアーニーと再び一緒に住めるようになったのは、大戦が終わってから一九四六年の秋だった。二人はかわいらしい家を建てて、この家がわたしたちのような新人の若手宣教師たちを、日本にやって来た始めの時に迎え入れた。イディスは、わたしたちが我善坊町の新居に落ち着くのを手伝ってくれた。そして、わたしたちにインターミッションサービス必需品ストアやオーストラリア軍の日用品の売店を教えてくれた。そこで、わたしたちは、日本の店では手に入らない西洋スタイルの食品を手に入れた。

わたしは、一九五二年三月二日の朝、イディスの電話に深く動揺した。「アーニーがさっき亡くなったの」と聞こえた。わたしは大急ぎで駆けつけた。わたしは手助けと慰めのために駆けつけた最初の「西洋人」だった。アーニーは数か月前に軽い心臓発作を起こした。それで、彼の忙しい仕事ぶりを少しゆっくり目にしたが、二度目の発作が彼を死に至らせた。わたしたちは盛大な葬儀を東洋英和女学院の講堂で行った。膨大な数の弔問者が参列した。それはあらゆる職業・階層の人々だった。教会と政府の指導者たちから熱烈な賞賛がなされた。それらはみな同様にアーニーが日本国民に与えた惜しみない奉仕への賞賛だった。

イディスは東京で支援の仕事をアーニーの死後数年間にわたって続けた。彼女は、わたしたちが東京にいる間ずっと、わたしたちを支える中心だった。幸いなことに、わたしたちは、彼女がカナダにもどった後も友情を保った。わたしがトロントでイディスを訪ねたのは、一九九六年に一〇一歳で彼女が亡くなる少し前だった。アーニーとイディスの二人は、わたしたちが日本で開始する宣教にインスピレーションを残してくれた。二人の日本の人々に対する献身と明白な愛は、わたしたち自身のお手本だった。二人の持っていた日本の歴史に対する知識と、日本の教会での長い経験は、わたしたちが周囲の状況をもっとよく理解し、その状況で、自分たちの生涯の仕事を見つけるのを助けてくれた。

東京での社会生活

東京でのわたしたちの社会生活には、かなり日本語の限界もあった。時々、わたしたちは、ロイドとエブリンのグラハム夫妻を訪ねた。二人は太平洋横断航海の仲間で、横浜の南にあった逗子の社会活動センターで職務についていた。ロイドは以前に日本語の勉強をしていたので、仕事をしっかり行うことができた。エブリンはそう容易ではなかった。彼女は家で、個人教授によって日本語を学ばねばならなかった。ロイドによる社会活動の訓練は、センターの社会奉仕活動を再組織するうえできわめて重要だった。逗子は港湾都市で広大な米軍基地があった。健康、貧困、買売春は、社会活動の中では一部分だったが、逗子センターはそのために教職者を招いたのだった。わたしたちが出席した初めての日本人教会の礼拝は逗子センターだった。わたしたちが日本に着いて、わずか二、三週間の頃だった。礼拝は、もちろん、すべて日本語だった。何曲かの讃美歌は親しみあるメロディーだったが、歌詞を理解できなかったし、説教も理解できなかった。一体どうやって理解できるのだろうか。礼拝をリードして日本語で説教するなんて、とんでもないことじゃないのか？と自問した。

時々、わたしたちは、持ち寄りの夕食を日本語学校の時からの宣教師の友人たちと一緒にした。日曜日には、わたしたちは東京ユニオンチャーチの英語礼拝にみんなと一緒に出席したこともあった。わたしたちは頻繁にお互いの家庭に集まって、娯楽や親交をもった。第二年目には四家族にみんな赤ちゃんがいた。それが、わたしたちが一緒に保ったもう一つの絆になった。わたしたちは、その中でもあるカップルと親しい友人になった。ウォーリーとヘレンのブラウンリー夫妻だった。その出会いから後、二人は、わたしたちと同様に、日本語学校を終わって北海道に赴任した。夫妻はわたしたちの家族にとってとりわけ大切だった。その後、色々なことについて、わたしたちの子どもたちのために親代わりになってくれた。ブラウンリー夫妻が札幌にいた間、デニスは北海道インターナショナルスクールの中学校二年生を夫妻の家で暮らした。夫妻が後に東京に引っ越した時、その家は宣教師の子どもたちの寮の隣だった。その寮で、デニス、ピーター、スーザンのわたしたちの三人の子どもが暮らした。三人は、数年間、アメリカンスクールインジャパンに在籍した。ブラウンリー夫妻の子どもたちと、わたしたちの子どもたちは仲の良い友だちだった。ウォーリーとヘレンは子どもたちみんなに愛される両親だった。

第三章　北海道の冒険

一九五二年のクリスマス、わたしたちは長年の夢を実現するために北に向かって飛行機に乗っていた。北海道の北部にある小さな町名寄でわたしたちが働く可能性を確かめるためだった。日本基督教団名寄教会の田村喜代治牧師から、彼と名寄教会と協力して働く宣教師のカップルを求める要請が伝道協力委員会にあったのだ。田村牧師は、教会の現場での支援活動を北海道北部全域に広げたいという夢を抱いていた。そこには、クリスチャンはある人数いたけれども、教会は数少なかった。その夢は魅力的に思われた。この地域はかつて派遣された宣教師がいなかったので、過去の伝統に縛られることなく革新的な働きができる可能性があった。満州やサハリン島から祖国に帰還した家族たちが、地域の開拓村をひらいて、それらの多くが社会的支援を必要にしていた。そのための訓練と指導が必要だった。日本の他の地域では、幾つかの訓練と相談のセンターが、すでに成功裡に創設されていた。地域相談センターが北海道北部のために名寄でも求められてきた。これが、わたしたちを待ち受けていた挑戦と冒険だった。

　わたしたちは、先ず、イアンとヴァージニアのマックラウド夫妻、ドンとルースのクラグストン夫妻を訪問した。みんな北海道においてその課題に取り組み始めていた人々だった。イアンはイマヌエル神学校のクラスメイトだった。マックラウド夫妻は札幌の西にある小樽市で十八か月前から働き始めていた。クラグストン夫妻は旭川でちょうど二か月前から過ごしていた。

わたしたちは青草の見える東京から飛び立って、三時間後には二フィートの雪で覆われた夢の国に着陸した。ドリーンが「これが初めてよ。日本でほんとうにくつろぐ感じがするなんて」と叫んだ。イアンは札幌で会うと、わたしたちを小樽の彼らの家に車で連れて行った。一時間くらいだった。マックラウド夫妻は、わたしたちが東京に着いたちょうどその年に小樽に引っ越していた。それで、小樽ですでに教会活動の真っ最中だった。

クリスマス前の数日間、わたしたちは宣教師の生活がどのように忙しくなるのかをちょうど観察することができた。わたしたちが目にしたのは、日本人の訪問客が途切れることなく、マックラウド夫妻の家に来ることだった。多くの人々が贈り物を持ってきた。その贈り物はマックラウド夫妻が、一年の間に地域の人々の心をつかんだことを物語っていた。わたしたちがどきどきしながら目にしたのは、マックラウド夫妻がクリスマスパーティーで四十人くらいの近所の子どもたちを楽しませるところだった。これらの子どもたちの多くはイエスの誕生物語を初めて聞いた。わたしたちはクリスマス・イヴの青年たちのパーティーにも加わった。クリスマスはもっとも喜ばしい日だった。とりわけ、マックラウド夫妻の三人の子どもたちとわたしたちの幼子が、一緒にクリスマスを祝えたことは喜びだった。

クリスマスの次の日、わたしたちは北海道の中央に位置する旭川に行った。クラグストン夫妻を訪ねるためだった。わたしたちが名寄に行くとなると、クラグストン夫妻は英語を話すもっとも身近な隣人になる。そして、夫妻の三人の子どもたちは、デニスの一番身近な西洋人の遊び友だちになるのだ。クラグストン夫妻は旭川で日本基督教団の二つの教会で仕事をしていた。ドンとルースは、最初、宣教師として中国に派遣された。ひとつには、ルースの両親が中国派遣宣教師でルースは中国で大きくなったこともあった。しかし、共産主義者によって、ルースの一家は中国から追放された。そこで日本語のトレーニングのために神戸に派遣され、それから旭川で働くように任命された。クラグストン夫妻は古いすきま風の入る日本風住宅に暮らすことに慣れていた。夫妻を知ったことは、わたしたちには幸運で安心なことだった。それは、名寄に行くことを決めていたにしても、遠すぎないところにカナダ人の友人を持つことになったからだ。

クラグストン夫妻と一緒の間に、わたしは汽車で名寄への日帰り旅行に行った。およそ二時間半の北への旅だった。わたしは、カナダでの本国活動から日本にもどっていたアルフレッド・ストーンと、旭川六条教会の常田二郎牧師と合流し、名寄駅で田村喜代治牧師と会った。彼はわたしたちに名寄教会を見せて、教会役員たちと名寄市長に会うために町をあちこち回った。教会は西洋風の会堂で、およそ四十年前にクリスチャンの製材工場の所有者が建てた。彼は二十世紀の初頭にこの町を開いた初期の住民の一人だった。わたしたちはこの町に魅せられた。およそ二万五千人の人口の町は、低い山々を両側にした谷間にあり、広々とした通りは、本州のたいがいの町とは違って、街区状に造られていた。ただ、通りのほとんどは、まだ未舗装のままだった。教会の人々は、わたしたちが来るのをとても待ちわびていた。快適な家をすでに探していて、それがだめなら、家を建てられる土地を探すと言った。わたしたちは好印象を受けたし、みなさんと一緒に働けるのを楽しみにしていると話した。わたしたちは、日本の最北の町稚内までおよそ一七〇キロメートルに達する地域で奉仕する、日本でもっとも北の宣教師になるのだった。

日本基督教団

わたしたちが宣教師として派遣されていた日本基督教団の成り立ちと、どのように宣教師の働きを決めるのかを大まかに見ておくのは興味深いことだろう。宣教師の仕事は、かなり複雑な協力組織を通じてあらかじめ決められていた。その協力組織は、日本基督教団と海外からの八つの協力教派の代表からなっていた。米国の七つの教派に加えてカナダ合同教会が構成する「日本におけるキリスト教の働きのための合同委員会」だった。この委員会が同様に「内外協力会」を通して日本の教会と一緒に活動した。

日本基督教団は興味深い歴史を持っていた。大戦前に多年にわたって、主要教派の間で合同をめぐる議論が起こったが、それらの計画はついに実らなかった。大戦が勃発したとき、日本の軍部は、キリスト教の諸教会に疑いを抱き、おびただしい数の教派が一緒に活動するようになるため、望まない教派も合併することを命じた。カトリック教会は、ひとつのグループとして残ることを許されたが、すべてのプロテスタント教会は合同を強いられた。全体で、およそ三十の異なるプロテスタントのグループが、一つの教会――日本基督教団――を創設させられた。それまで合同のために働いてきていた幾つかの教会は、合併を歓迎した。その他の諸教会は望まない合同を強いられたことを遺憾に思った。大戦の終結後、政府による制限がなくなったことで、脱退の機会が与えられた。合同を望まなかった幾つかのグループ、つまり、聖公会、バプテスト教会、北海道の長老教会、幾つかの福音派グループは、日本基督教団との結びつきを破棄して、独立した教派にもどった。しかし、日本で一緒に活動した長い歴史を持った諸教会の多くは、合同教会にとどまった。それらの中には、メソジスト教会、大半の長老教会、会衆派教会、ディサイプル教会、さらに幾つかのペンテコステ派教会があった。

わたしたちの活動もまた、七つの米国諸教会の宣教師たちとの密接な協力のうちに行われた。それらの教会で、「日本におけるキリスト教の働きのための合同委員会」を構成し、それは内外協力会の共同組織だった。最初に日本基督教団の各教区は、その教区が宣教師の着任を願っている教会所在地のリストを送り、その時は、十五の教区の中から全部で七十四のリクエストがあった。しかし、牧会活動と呼べる仕事が可能な按手礼を受けた宣教師は十六人だけだった。つまり、日本の教会で直接に働く仕事である。その他の宣教師は教育や社会活動の担当を命じられた。

わたしたちが北海道を優先したのは、熟慮した点があったからだった。それは、北海道が気候や歴史についてカナダと似ているところが多かったことだ。注目すべきことに、北海道北部は、カナダ西部と似ていた。居住地が開かれたのは一八〇〇年代末に過ぎなかった。最初の開拓民が名寄に来たのは一九〇〇年。そこには先住民アイヌの村があった。それで、わたしたちは名寄の町への任職を考えたいと提案した。これは良い選択だったことが証明された。わたしたちは一九八一年まで名寄にとどまり、日本でのわたしたちの宣教師の働きを全うできた。

北海道への大移動

東京から北海道への引っ越し準備の一九五三年の秋は、どきどきする時を過ごした。アルフ・ストーンと名寄教会とが相談して決めたのは、宣教部がわたしたちのために家を建てるということだった。名寄の教会員たちは、町の北の端に三区画の地所を得るべく交渉した。これは遊び場と広い庭の余地を持つことになる土地だった。建築契約は、札幌の建築事務所の後見で地域の建築業者と交わした。この家は名寄で建てられる初めての「洋館」の住宅だったからだ。

見通しとしては、一〇月に家が出来上がっているはずだったが、わたしたちは、八月の終わりには引っ越す準備をした。アルフ・ストーンが勧めてくれたのは、家が完成していなかった場合、車庫の二階ができたら、そこでキャンプができるので、家の中に引っ越しできるまで、建築中の家を監督し提案もできるだろうということだった。車庫は最初に仕上げるという要請だったので、わたしたちは八月の終わりまでに車庫に引っ越しできた。

東京を離れたのは、一九五三年八月二五日、今回は汽車で北に向かう旅だった。小樽でマックラウド夫妻のところに泊まり、デニスとパッツィの最初の誕生日を祝った。名寄に八月二九日に着き、車庫がほんの一部しかできていないのを知った。大きな車庫のドアがまだ届いていなかった。トイレの機器もなかった。わたしたちはたくさんの荷物とトランクを車庫の一方に集めて積み、通りからわたしたちが丸見えになるのを遮った。そして二階を眠る場所にした。わたしたちは調理用の灯油レンジを持っていた。二、三日の間に、屋外トイレを設置し、小さな薪ストーブを据え付けた。水道水は家の地下室のポンプから一つの蛇口につなぎ、さらに排水ホースのあるブリキの流し台につなぎ、そのホースは車庫の裏側に壁を通して排水した。

洗濯は創造的な工夫を必要とした。わたしたちは脱水リンガー付の電気洗濯機を用意した。水は灯油レンジで温めた。わたしたちは大きな金属製の洗い桶を小さなキッチン用の脚立の上に据えた。そして洗い桶をすすぎ用の冷たい水で満たした。ある日、洗濯をしていたとき、デニスが手伝おうとして、脚立の上に立っていた時に、脱水リンガーから出てくる服を引っ張った。突然、冷たい水の桶がデニスの頭の上にひっくり返った。大きな悲鳴が上がった。しかし、デニスは大変な試練のあとでも相変わらず元気だった。ドリーンにとって、車庫で暮らした数か月は心が休まらなかった。彼女が外に出る度に、作業員たちが好奇心で彼女を見つめたからだ。

二年間の日本語学習のおかげで、この頃までに、わたしたちは話題によっては日本語が流暢（りゅうちょう）になった。自分で買い物や複雑ではない会話ならできた。近所の隣人はとても親しみやすく助けになってくれた。わたしたちのもっとも親しくなった隣人は、栗栖一家で、酪農家だった。わたしたちが着いて間もない頃、栗栖さんが玄関の階段前に現れた。彼はわたしたちが住んでいた車庫の二階の「アパートメント」に通じる階段に立っていた。栗栖さんは器に入れた茹でトウモロコシの贈り物を持っていた。

不運にも、建築業者は一〇月の日取りに住宅を完成することができなかったので、一二月五日まで家の中に引っ越すことができなかった。この時までに、雪が大地に積もり、車庫のセメント壁の内側は霜で覆われた。わたしたちが家の中に引っ越した時、キッチンのカウンターとリノリウムの床は、まだ設置されていなかった。それでも何とか引っ越した。

わたしたちの到着から一か月くらいの頃、電報を受け取り、それはわたしの父が亡くなったと告げていた。わたしたちは父が末期の癌だったことを知っていたが、父の葬儀のために帰国するのは不可能だった。日本に渡航するにあたり、いつもはっきり理解していたことは、これは個人的な犠牲の一つであり、わたしたちはそれらに直面しなければならないということだった。わたしたちは記念礼拝の「鋼線式磁気録音機」の録音テープで満足しなければならなかった。テープはわたしの兄弟のモーリスが送ってくれた。名寄教会の役員たちが花束を贈ってくれて、わたしたちの悲しみを分かち合ってくれた。

わたしたちがまだ車庫に住んでいた間に、イアンとヴァージニアのマックラウド夫妻が訪問してくれて、わたしたちのみすぼらしい住宅で一夜を共にした。車庫の二階を「寝室二部屋のアパートメント」として真中からカーテンで仕切って分けた。マックラウド夫妻の訪問は、わたしたちを孤独から救い出し、自分たちの生活状態にユーモアを見つけ出すのを助けた。

わたしたちは、地域に暮らす初めての「外国人家族」だったので、田舎ではもっとも大きな好奇心の対象になった。わたしたちが買い物に町に出ると、子どもたちがまわりに群がり、ジープにつかまり、デニスをもっと見ようとしてどの窓からでものぞき込んだ。デニスはほほ笑んで、幼児語で子どもたちに話しかけた。しかし、両親としてはどきどきしながら注意を払っていた。ほかの場合では、わたしたちが隣町の美深の孤児院を訪問した時、わたしが建物の中でスタッフと会合していた間に、孤児院の子どもたちの大半が、ジープのまわりに集まっていた。ジープにはドリーンとデニスが乗っていて、ドリーンは、ほとんどパニックだった。わたしはもどってきて、道を進んでから停車し、そして、ドリーンが味わったトラウマについてよく話し合った。

新しい家の準備

わたしたちの西洋風の家は大いに注目を集めた。基本的なプランは、ストーン夫妻のためにブリティッシュコロンビアから東京に船で運ばれたプレハブ住宅を手本にした。わたしたちは基本プランに幾つかの改良を加えた。おおよそ二年間にわたり東京で住んでいた経験をもとにしたものだった。北海道の建築家がアドバイスしたのは寄せ棟屋根だった。名寄を有名にした度を越した雪に対応するためだった。わたしたちがこの屋根の価値が分かったのは、大量に降り積もった雪を見た時だった。雪はシャベルで掘ってはねのけるまで、窓をふさぐほど高く積もった。寄せ棟屋根は、広々とした上階の部屋と、十分な貯蔵のスペースをもたらせてくれた。

二月までに、家の内装工事が完了したので、わたしたちは、教会員のために「オープンハウス」をすると決めた。ところが、田村牧師は、わたしたちの新居をとても自慢に思っていたので、町中の人々を招待する張り紙をした。わたしたちにとっては幸いだったのだが、その当日は大嵐で、五十人ほどの人々が姿を現しただけだった。だれもが、地下から二階まで家中のツアーをしたがった。その後、夏に、わたしたちが知ることになったのは、バスに満員の人々が家中を見せてほしいと頼んできたことだった。田舎からやって来たある人々は、それまでベッドを見たことなどない人々で、ベッドに腰掛けたり、弾ませたりして楽しんでいた。わたしたちは、田村牧師が市役所の名寄観光名所リストにわたしたちの家を掲載したと知った時には、それをリストから外すように丁重に掲載をお断りした。

数年後、わたしは床屋さんで散髪していた時に、教会の役員だった若山氏から、わたしたちが名寄の人々にとても良い影響を与えていると言われた。わたしの説教か、あるいは働きが地域でもっている影響のことを聞きたいと思ったのだが、彼がわたしに話したことは、名寄の主婦たちにとって生活の変化があったということだった。主婦たちは、わたしたちのモダンなキッチンを見た後、夫たちをモダンなキッチンを作るまで強く言い続けた。伝統的な日本の住宅の台所は、住宅の裏の方にあり、暗くて不便だった。その時以来、ほとんどすべての新しい住宅は、モダンに建てられ、もっと便利なキッチンになった。

日本の暖房の仕方は、わたしたちの家にはまったく不十分だった。日本の住宅の大半は、リビングルームの真中に小さなストーブを設置して、石炭か薪かおが屑を燃やしていた。リビング以外の部屋はいつも暖房がなされなかった。冬の間、人々は陶磁器製の「湯たんぽ」で補った。眠るための「布団」を温めるためだ。名寄に暮らした間、わたしたちの暖房システムは、幾つかの変革をもたらした。家を建てていた時、わたしたちはバンクーバーから送った石炭暖房を持っていて、取り付けた温水管で家全体を暖めることができた。これは家の暖房には効果的だった。ただ、数少ない経験として、手に入れやすかった瀝青炭が破裂して、家中が煙だらけになったことはあった。

わたしたちが次に決めたのは、おが屑の暖房を試してみることだった。名寄は林業の町だったので、大量の安価なおが屑が余っていた。わたしが聞いていたのは、おが屑がブリティッシュコロンビアでは暖房のために広く使われているということだった。それで、わたしたちの第一回の本国活動だった一九五六〜一九五七年に、バンクーバーに立ち寄って、石炭暖房を提供してくれた会社と話し合った。マネージャーは、会社はおが屑の燃焼器を扱っているので、それをわたしたちの暖房に取りつけることができると言った。この取り付け装置は無料で得られた。船賃は全額を宣教部が支払うことになっていた。おが屑の燃焼器が届いたとき、わたしたちは、それを暖房にしっかり固定し、石炭の大箱と家の床下の空いているスペースをおが屑でいっぱいにした。おが屑は安定した暖気をもたらした。唯一の欠点は、暖房の前の非常に大きなおが屑箱に、一日に二回、バケツを使って、おが屑をじょうごの口のてっぺんから、注ぎ入れてやらなければならないことだった。このずいぶん骨の折れる仕事は、わたしがしばしば家を空けたので、ドリーンの役目になり、彼女はたいへんな思いをした。おまけに、暖房が消えた時には、再び点火するには非凡の才が必要だった。わたしはそのテクニックを身につけたが、ドリーンはそうではなかった。ある時、わたしがいなかった時、ドリーンは泊まっていた宣教師の友人と一緒だった。彼女はおが屑箱を満たしておくのを忘れ、暖房が消えた。それで暖房を燃やそうとして夕時のほとんどを費やした。

最終的に数年の後、ついに、石油暖房が名寄で使えるようになった時、わたしたちは石油暖房を船便で送ってくれるように頼んだ。ミッションボードは、喜んでわたしたちのリクエストに同意した。石油暖房はなおいっそう便利で、自動温度調整器で作動した。唯一の難点は、名寄にはその暖房を保守サービスする資格を持った人がいなかったことだった。これはわたしが自分自身で学んで身につけた技術だった。わたしはとても熟練したので、暖房がまったく動かなくなった時など、クリーニングとトラブル解決ができるようになった。

教会活動

習慣と言語の異なる未知の土地では、仕事を始めることは特別な挑戦だった。わたしたちは大半の西洋風の食品が入手できなかったということもあり、多くの新しい食品を代用することを学んだ。ある日、わたしたちは、一軒の店が、オートミールの缶詰を置いていたのを見つけた。それは嬉しい発見だった。一軒のパン屋があったが、白い食パンとあんこが入った甘いパンだけを売っていて、わたしたちの口には合わなかった。品質の良い鱈と鮭を置いていた店があった。わたしたちが、とりわけおいしく食べたのは、地域の会食で、炭火を囲み、魚と色々な野菜を入れてみんなで食べた土鍋だった。もっとも豪華で、もっともお金のかかるのは、牛肉のすき焼きだった。わたしたちの日毎のメニューが、和風と洋風の料理のミックスになるまでに、長くはかからなかった。

名寄では、ほんとうに英語を話すことができる人はいなかった。親切な石田さんでさえも、わたしたちの日本語の先生になった高校の英語の先生だったとはいえ、英語だけの会話には自信がなかった。彼女は夫を亡くしていた。夫は従軍して戦闘で殺されたのである。彼女は医師である兄弟とその妻と一緒に暮らしていた。名寄高校の英語の主任だった。彼女は、わたしたちの先生であると同時に親しい友人になった。

石田さんは週に数回わたしたちの家にやって来た。日本語の教本からわたしたちにレッスンをするためで、それに英語から日本語にわたしの説教を訳するのを助けてくれた。一九五四年二月、ある事件が起こった。名寄に来て間もない頃で、わたしは名寄教会で説教をすることになった。それは「オープンハウス」と同じ週末だった。石田さんの助けで、わたしは注意深く原稿を準備し、その原稿を読む練習をした。日曜日に説教をしていた時に突然気づいた。原稿の最後のページが無くなっていたのだ。その前日にひとりの訪問客がやって来た時、わたしは説教を机の引き出しに押し込んで、最後のページを見失ったのだ。どうしていいのか、なんとも途方にくれた。原稿なしでは説教を続けられなかった。助けを求めて田村牧師をふりかえった。彼は、あわてることもなく説教の結末にふさわしいと彼が考えたことを語って、わたしが語り残したところをまとめた。

田村牧師は、わたしたちが着任するや否や忙しい予定を考えていた。頻繁に、名寄教会の主日礼拝での説教を依頼された。名寄教会はおよそ六十名の会員がいた。日曜日には朝と夕に教会の礼拝があり、水曜日の夜は聖書研究と祈りの集いがあった。加えて、田村牧師は周辺の幾つかの町で集会をスタートした。彼がわたしに託した主な仕事は、周辺の町村での集会の支援だった。下川は、名寄から東におよそ一五キロメートルの村だが、彼は小さな教会を建て始めていた。一時、その教会は、日本で一番小さな教会と呼ばれた。やがて、わたしは、その建物に最後の釘を打ち込むのを手伝うことになった。教会には椅子もベンチもなかったので、会衆は床の上に座った。会員は七名だけだった。教会が出来上がる少し前に、会合が開かれて、わたしは最初の説教をする名誉を与えられた。その夜、名寄教会からのたくさんの会員が来て、六十名ほどの人々が一緒になって、小さなスペースに集まった。田村牧師とわたしはそこで日曜の夕礼拝を交替で奉仕をした。時々、わたしは八、九名の若者を名寄からジープに乗せて礼拝と賛美のために連れて行った。

田村牧師は、士別町、和寒村、風連村で時々開かれた「家の集会」にも同伴するようにわたしに求めた。やがて、わたしはそれらの集会を自分で担当した。冬の間に数回ほど、わたしは三時間かけて稚内に汽車で行った。稚内は日本の最北端で、教会を再生するために熱意あふれる中年の女性の畑中愛子伝道師が派遣されていた。教会は大戦の間に衰退していた。それでもクリスチャンの熱心な一グループが日曜ごとに集まって盛んな日曜学校を行った。わたしは稚内に行くと、説教をして、時々、聖餐式を司式し洗礼式も執行した。

クリスマスは、田村牧師にとって、地域の子どもたちの集会のために大きな機会となった。わたしがとくに思い出すクリスマスは、朱鞠内の山村での集会だった。この村には、わたしたちが、時々訪問した身体障碍者のクリスチャンがいた。彼に助けてもらい、広いホールを予約し、招待状を送って、村中のすべての子どもたちをクリスマスパーティーに招いた。村の子どもたちの大半が参加したと思う。わたしたちはクリスマスソングのプログラムを行い、クリスマス物語を筋を追って絵にした「紙芝居」を使いながら話した。一人ずつにクリスマスの贈り物もした。これらの地域の幾つかで、わたしたちは、放課後の子ども集会を一月に一度、さらに続けた。

一九五四年五月、わたしたちの家を十分に用いて、週末のリーダーシップ研修を道北地域の青年クリスチャンのために開いた。十六名あまりの青年たちが二泊して、名寄の青年たちがそれぞれの家から通ってきた。ドン・クラグストン宣教師、田村牧師、畑中伝道師の支援によって、科目は、聖書研究の方法、子どもへの教授、礼拝の指導、青年プログラムの企画などが用意された。わたしたちの家で農民福音学校と共に開いたこの研修会は、道北地区のためのカンファレンスセンターを実現する可能性として、わたしたちの最初の経験になった。道北クリスチャンセンターが一九六〇年に建てられた時、その可能性が現実となったのである。

農民福音学校

日本の農民福音学校は、本州では長い歴史を持っていた。その歴史は、さかのぼること一九二七年、賀川豊彦牧師とその他の農村教育の指導者たちの下で始まった。アルフレッド・ストーンは、一九二九年に、初期の頃の賀川の働きを基盤にしながら、新潟で最初の農民福音学校を開いた。その学校の課程は、神学校の課程を縮小した形式にやや似ている。聖書、キリスト教教育、キリスト教信仰に関する科目、同時に、地域社会学のような話題、地域経済学、国家のイデオロギー、他宗教に関する論議などがあった。これらは一週間余り開催された。

北海道の農民福音学校でのわたしたちの最初の試みは、もっと控えめで、一日か二日間の企画だった。アルフ・ストーンは、一九二九年の本州の農民福音学校のリーダーの一人だったが、わたしたちの企画を支援した。

田村牧師とわたしは、農民福音学校の二回のシリーズを一九五四年の一月と三月に企画した。ミーティングはいつも地域の集会場で開いた。第一回目の一日農民福音学校は新しい教会が建てられていた下川村で開いた。この一日学校は、名寄や、名寄から汽車で一時間半かかった中川、教会とのつながりがなかった音威子府村でも次々行われた。これらの企画の宣伝は、どの町にもあった地域農業協同組合を通じて行われた。もっとも遠隔の地域だと、そこには一般の電話サービスがなく、農家は自分で電話回線を設置した。その日ごとに数回定まった時間に、近く予定されている行事のお知らせが行われ、回線がつながったそれぞれの人が「ダイヤルを回す」のを待ち受けた。わたしたちは宣伝のためにこのサービスを使うことができた。

それぞれの学校で、わたしたちは四十名から六十名の農家の人々の参加者を得た。人々が特別に関心を抱いたのは、賀川豊彦の活動を知っていたからだった。実際、賀川の二人の協働者、アルフ・ストーン宣教師と木俣敏(とし)牧師は、疑いもなく人々の興味をかきたてる話し手だったようだ。人々がとりわけ印象を強くしたのは、実際に、アルフが、くだけた話し言葉の日本語で、ユーモラスに人々に話すことができたということだった。彼のメッセージは困難な課題について詳しく述べた。それらは農民たちが大戦後の時代に直面していた課題であった。アルフは、その挑戦に打ち勝っていくのにある種の信仰が必要だと述べた。彼はキリスト教を農民たちに押しつけようとしたのではなかったが、彼自身が耳を傾けて聴きとってきたクリスチャンの大局的な見方を知ってもらおうとした。木俣敏牧師は、地域社会学者であると同時に牧師であったが、彼が語ったのは、日本の地域社会の社会学的基盤に関わることだった。彼は、農民たちが、相互支援的で効果的であり得る共同体を組織できる方向について助言した。わたしはカナダの地域生活に関して話題を提供した。わたし自身の農場生活や農場と地域でのキリスト教の持つ重要性の経験について話をした。三月に行われたシリーズに、わたしたちは、ふたたびアルフ・

ストーンの支援を得た。新しいカナダ人宣教師のドン・オースが一緒だった。オースは、グェルフ農業大学とイマヌエル神学校の卒業生で、最近、北海道の南部にあった帯広に着任していた。

名寄のわたしたちの家でも、農民福音学校を二日間にわたって開いた。教会の女性たちが、麦わら製のマットレス「布団」を用意して、家と車庫の二階に眠るために広げた。わたしたちは毛布も買い入れた。このようにして、二十人の人々が泊りがけで集まることができたし、自宅から通った人々もいた。

これらの学校が、とりわけ助けになると分かったのは、大戦後の農村青年たちについてだった。青年たちは農業の生活に不満を抱くようになって、新しい目的を探していた。アルフ・ストーンの信仰と生活との結びつきについての話は、とくに青年たちの注意を引いた。ひとりの若い農民は、あとから、「わたしは決めました。わたしの全力を福音学校で得た知識を用いて、より明るい農業生活と、もっと良い農村生活を築くことに使います」とわたしに宛てて書いていた。

夏の天幕キャラバン

新たな地域に入っていくユニークな現場支援活動が、米国メソジスト教会の宣教師エヴェン・アダムスによって切り拓かれた。彼は札幌周辺の地域に働いていた。この活動は、大学生の参加が欠かせないもので、夏のキャラバンで、教会のない地域で大きな携帯用テントの集会に人々を受け入れた。一九五四年の夏、わたしたちは、道北の幾つかの地域でこのやり方を受け入れた。最初のキャラバンを組んだのは、東京からの四人の大学生、二人の夏期勤務の神学生、ロイド・グラハム、田村牧師、それにわたしだった。わたしたちは大きなテントを購入して、それをわたしが自分のジープの後ろに引いていくトレーラーで移動させた。わたしたちは五つの町や村に出かけて、それぞれの場所で三、四日の間費やした。それらの地域では、キャラバンは町を訪れる夏のサーカスのようだった。たくさんの人を集めるのは難しくはなかった。午後には子どもたちのために、夕方には青年と大人のためのプログラムをもった。子どもたちのプログラムは、歌、聖書物語、操り人形劇、スライドと映画でできていた。ある村では、四百人から五百人の子どもたちがテントに入って満杯だった。その夕方には、わたしたちはカナダで一般に関心の高いフィルムと、日本語の聖書物語のフィルムを上映した。ある学生は、キリスト教信仰が自分に教えてくれたことについて語って、続けてグループの話し合いをした。

国際基督教大学生の田頭さんは、とりわけ心を動かされる話をした。彼の家族は広島の中心部で暮らしていた。彼のお父さんはそこのメソジスト教会の牧師だった。一九四五年八月六日、原子爆弾が広島に投下されたその日、ちょうど郊外にある学校に着いたその時、彼は驚愕するような爆発音を聞いて、広島の上空を大波のように覆うきのこ雲を見た。彼自身は十分遠くに離れていたので影響はなかった。しかし、安全になった後日、市内に入って、彼は、わが家が破壊され、父も母も何の跡形もなくなってしまったのを目の当たりにした。彼は、途方もない喪失感に覆われ、自分には人生を生きる意味などなくなったと思った。ところが、彼は家の廃墟のなかに父の聖書を見つけた。彼が読んだのは、詩編二三編の言葉だった。「エホバはわが牧者なり。われ乏しきことあらじ」(文語訳)。彼はそのとき気づいた。自分は独りではない。神が共におられる。彼はわたしたちに次のように言った。わたしには物質的に継承する遺産は何もなかった。でも、もっとも素晴らしい贈り物を、両親はすでに与えていてくれていた。クリスチャンの信仰だった。この贈り物をいまは他の人々に渡したいと思っていると。

興部の集会は特別に記憶に残った。興部は東海岸の田舎の地域だった。他の地域だと、カギとなる一、二軒のクリスチャン家族がいたので、時々、わたしたちキャラバン一行を泊めてくれ、宣伝や準備も支援してくれた。

しかし、興部にはクリスチャンのつながりがなかった。それでも、わたしたちは鉄道の駅前の空きスペースにテントを張った。最初の夕方の集会の終わりに、若い学校の教師がわたしたちのところにやって来て、彼女の家族はクリスチャンだと言った。翌日、わたしたちは佐藤農場のお宅を車で訪ねた。そこで、わたしたちは彼女のお母さんと、彼女以外の四人の子どもたちと会った。お母さんは、その喜びを抑えきれなかった。彼女も夫も二人ともクリスチャンで、二十三年前にそこに引っ越してきたと言う。彼女の夫は雄牛に突かれて命を落とした。彼女は自分で子どもたちをクリスチャンとして育てた。自分たちで聖書を読んで讃美歌を歌った。その二十三年間に、彼女と子どもたちが出会った最初のクリスチャンがわたしたちだった。わたしたちは、どうやってキリスト教信仰を絶やさず生き続けられたのだろうかと思った。似たような孤立した状況、他のクリスチャンとの交わりから切り離されたなら、わたしたちならどうすることができるだろうか。佐藤さん一家は、興部で新しいクリスチャングループの核になった。キャラバンから生まれ育ったグループだった。数年の間、田村牧師とわたしは交替で、それぞれ月に一度地域の会館で集会を担当した。佐藤さん一家は、キャラバンに参加していた数名の高校生と一緒に出席した。

二、三年の後、石川直一牧師夫妻が興部に派遣された。佐藤さん一家と二、三名の新メンバーの協力も得て、小さな教会と幼稚園を建てることができた。教会は幼稚園収益の一部を財政的支援として得て、その他は、北海教区開拓伝道基金から援助が来た。幼稚園運営による小教会の財政維持は、日本では広く行われていた方法だった。保護者の大半はクリスチャンではなかったが、教会の幼稚園が提供する道徳的教育を歓迎してくれた。

キャラバンは四年間連続で夏に実施し、合わせて十一の異なる地域を訪れ、それらの幾つかは数回に及んだ。この現場支援活動の働きの結果、二つの新しい教会が設立され、六つの「家の教会」が人々の家庭に形成された。

わたしは毎月、汽車やジープでそれぞれの家の教会を訪問した。これもまた、田村牧師か、新しい日本人教職の一人と交替しながらだった。

テレビの出現以前、初めの頃、人々は群れをなして集まった。ところが、だんだんと好奇心を失いキャラバンは続かなかった。しかし、わたしたちは、青年たちは生きる目的を求めて力を尽くしているのだと感じた。青年たちは、戦争に対する身に迫る幻滅感に直面し、人生の全く新しい意味を探求した。こういう青年たちは、聖書研究のための求道者のグループを作って、しばしば、新しい教会の核になった。ある高校生がいつも考えていたことを語った。彼にとって宗教は「浮かない顔」の人々のためのものだと思っていたが、キャラバン一行の快活さを強く感じて、この一行が見つけたものを自分も見つけ出したいと思ったと言うのだった。

北海道特別開拓伝道計画

わたしたちが北海道に行く少し前、日本基督教団北海教区は、北海道特別開拓伝道計画と呼ばれた伝道の現場支援活動の計画を作り上げた。この計画の一つの目標は、十年以内に北海道の日本基督教団の教会を二倍に増やすことだった。教区は五カ年計画を提案した。教会を願うクリスチャンのグループが、一つの教会を建てる支援を行い、一人の教職を支援する。この現場支援活動の財政の主要な部分は、米国とカナダの海外教会から、「日本におけるキリスト教の働きのための合同委員会」を通して来る。これらの新教会が期待されるのは、五年以内に自給できるようになることだった。この計画の下に、幾つかのクリスチャンのグループは、協力して北海道全域の様々な地域で、教職者の支援と教会設立の基金を得た。

わたしたちが働いていた道北地区では、教会が建てられたのは、下川、和寒、それに興部だった。北海道全体を通じて、開拓伝道計画のもとで、新教会の会員が二十五年以内に二十五名あまりから六十名を超えるくらいに増えた。このことは、わたしたちがしていた働きにかなりの刺激を与えた。だからと言って、最初の八年間が終わるまで、わたしたちは、伝統的な形態でその地域に存在する教会、つまり、周囲の世界にほとんど関係を持たずに存在する教会に対して挑戦を試みたわけではなかった。わたしたちは諸教会に協力して、その教会が伝道として考えたことを行った。それは、もっとクリスチャンの共同体を形成することや新しい教会を建てる働きだった。地域を中心とした教会のプログラムや態勢に向けた働きの機会が実現したのは、一九六〇年の道北クリスチャンセンターの建設の後の時代になった。わたしが中村光夫牧師と共同主事として一緒に働いた時代で、中村牧師は、先駆的な社会活動家だった賀川豊彦の薫陶を受けた人だった。

集乳所から教会へ

これは一つの開拓教会の誕生物語である。その教会は、美しい谷間の奥まった和寒の村、名寄と旭川との間、一時間半余りのところにあった。わたしたちが、名寄に着任した時期よりも四十年くらい前に、南雲さんというクリスチャンの農民がそこにやって来て、荒地から農場を切り拓いた。何年もしないうちに、南雲さんは熊に殺されてしまった。彼の妻は大勢いた子どもたちを育てるために農場に残った。そこには教会はなかったが、子どもたちはクリスチャンとして育った。長男が農場を継ぎ、最後には村長になった。彼の父はその地域で最初の酪農場を設立していたが、その息子は、父からの酪農場を転換して酪農製品産業で成功し、ミルクを加工し村に流通させた。

南雲一家の支援によって、農民福音学校のひとつは和寒で開かれた。この学校は後の三愛塾の前身となった。

およそ四十名の農民夫婦が関心を示して学校に参加した。人々の関心は単に農業に関したプログラムだけでなく、キリスト教の信仰にも同様に示された。翌年の夏、三日間の天幕キャラバンが村に行った。京都からの神学生が和寒にとどまって、夏の数か月間日曜日ごとに礼拝奉仕を担い、地域の家々を訪問した。酪農学園大学の卒業生も行ったことで、その働きはいっそう強められた。卒業生の高橋さんは自らが熱心なクリスチャンだったが、彼は養鶏場を開いて、4Hクラブ（青少年クラブ）のリーダーになった。そのクラブのメンバーの多くが教会にも出席し始めた。神学生が去った後、田村牧師とわたしは、交替で南雲家の家庭集会に行った。集会参加者は十五人ほどに増えて、教会の建設について話し合いを始めた。

南雲さんが一軒の古い集乳所を手に入れた。彼はその所有地の一角の土地を教区に寄付した。それから北海教区常置委員会に申請が行われ、北海道特別開拓伝道計画に加えられることを願い出た。一九五五年四月、新しい教職として鎌谷襄牧師と妻の道子さんが京都から着任した。鎌谷牧師はちょうど同志社大学神学部を卒業したばかりだった。数か月の間、教会が建つまで二人は借家に住んだ。集乳所は教区の所有地に移築され完璧に再建された。礼拝堂は一階で、鎌谷夫妻の住居は二階だった。同じ年の夏、別の天幕キャラバンが和寒を訪れ、日曜日の朝、教会の最初の礼拝が一部を残して落成した教会で開かれた。礼拝堂はまだ壁板を張っていなかった。しかし、わたしたちは囲いのない壁を通して外に広がる丘を見ながら、この小さな群れのために感謝した。イエスの誕生にとって馬小屋はみすぼらしいものではなかった。それなら、集乳所だって小さな教会に変えられるはずだという夢を抱くことができた。

鎌谷夫妻は、五年間、和寒にとどまって教会の職務を指導する奉仕をしただけでなく、地域と青年グループのためにも奉仕した。夫妻の二人の子どもたちは和寒で生まれた。ドリーンとわたしは、しばしば鎌谷一家を訪ねて、とくに親しい友だちになった。和寒を離れた後、鎌谷一家は京都にもどった。そこで彼は最後に同志社大学付属高校の校長になった。和寒のような小さな農村で気づいたことは、北海道特別開拓伝道計画の希望であった五年間での財政的な自立は、非現実的だということだった。毎年、少数でも青年たちは教会に参加した。けれども、高校を卒業するとほとんどが村を出て行った。その結果、和寒に住んでいる教会のメンバーの数は、もともとの十五名を超えては、けっして伸びない様子だった。しかし、数年後に、近くの士別市にあった士別教会に、教職者が着任した。士別と和寒は、大きいほうの町である士別に住む教職者が、二つの教会を牧会的管轄するという形をとった。

集乳所から生まれた教会の物語には、十五年後に起こった興味深い続編があった。十五年後に教会の建物が火事で燃え落ちた。教会の青年グループに参加していたひとりの青年が両親と共に和寒から引っ越した。その彼は高校生の時に家出をした。家出はしてみたものの、彼は途方に暮れてしまった。それで和寒にもどってきて、教会の説教壇の前で焼身自殺しようと決心した。彼は火をつけてみたが、とうとうそこから逃げ出してしまった。教会は焼け落ちてしまい、教会員たちはとても悲しんだが、それにもまして、その若者のことを心配した。教会員たちは彼や彼の家族と連絡をとって、教会は若者の罪を訴えたりしないこと、さらに教会員にできることがあれば、その若者を助けたいと思っていることを、彼らに知ってもらうように努めた。教会員たちは教会の再建を決めた。日本中の諸教会によって再建基金が調達された。教会員たちは以前にもまして美しい教会を再建できた。

アルフレッド・ストーン——恩師にして友人

多くのことで、アルフ・ストーンから受け継ぐ大切な責任を、日本に来た時から、わたしたちは負っているように思われる。アルフとジーン、それに二人の子どものドナルドとロバートが、本国活動で日本を離れた後、一九五一年の九月にわたしたちは日本に到着した。わたしたちは一家が住んでいた宣教師館とアルフが乗っていたジープを受け継いだ。さらに、地域宣教での現場支援のヴィジョンと働きもまた受け継いだ。そのヴィジョンと働きはアルフがもっとも情熱を注いだことだった。わたしたちが、アルフに実際に会ったのは、彼が東京にもどってきた一九五三年の秋だった。彼はジーンと子どもたちを子どもたちの教育を続けるためにカナダに残してきた。わたしたちは東京にいた間に頻繁にアルフと会った。彼がわたしたちと分かち合ったことは、日本再建のヴィジョンであり、地域の人々の間で宣教の現場支援の働きを再び促進するという宿願だった。アルフは、わたしたちが北海道の地域で働くのに関心があると聞いて喜んだ。そして、わたしたちを名寄に任命するのに一役買った。彼は、わたしたちの最初の名寄への旅に同行した。名寄の住宅の建設を計画することや、家を建てた時に監督するのにわたしたちを支援した。一九五四年の秋、アルフは札幌に引っ越した。彼自ら、北海道での地域宣教の働きを引き受けるためだった。さらに、わたしたちや他の新人のカナダ人宣教師たちの北海道での働きの一つの支援となるためだった。彼は名寄のわたしたちを訪ねてわざわざ旅をしてきた。その旅が、ほんの数日後、凶運に見舞われた連絡船洞爺丸に乗船して本州にもどる運命の旅になった。

洞爺丸沈没の悲劇

ドリーンとわたしは、洞爺丸の悲劇に密接に関わっていたので、わたし自身の体験と記憶から思い出して再現してみたい。教団の内外協力会の会議が、一九五四年九月二八日に、東京の西方、軽井沢で開かれるように招集された。教団に関係するすべての宣教師が参加を求められた。ドリーンとわたしと二歳のデニスは、本州に行く予定を立てた。わたしたちは、わたしの母からの言葉を受け取っていた。彼女は日本に来て、しばらくわたしたちと一緒に過ごすつもりだった。母の来日の日が会議のちょうど一週間前だったので、わたしたちは、早めに出かけようと決めた。ドリーンとデニスは、東北地方の弘前でバスコム夫妻のところに滞在するために出かけ、わたしは母に会うために東京に行った。母とわたしは、東京と避暑地の日光で数日を過ごした。それから、わたしは彼女を連れて長野に行った。カナダ人宣教師のケリーズ一家を訪ねるためだった。それは、わたしが軽井沢の会議に行く前だった。

まだ東京にいる間に、北日本をすさまじい台風が襲ったと聞いた。長野に着いた時に、わたしたちは連絡船洞爺丸が沈んだというニュースを知った。その夕方、わたしたちが聞いたのは、カナダ人宣教師ドン・オースは助かったけれども、アルフ・ストーンと、ＹＭＣＡで働いていたディーン・リーパーは命を落としたという知らせだった。母がつけていた日記に、彼女は次のように書いた。

わたしが日本に来なかったなら、フロイドとドリーンは、その同じ連絡船に乗っていたかもしれない。神様は測りがたいことをなさる。アルフは後輩の宣教師みんなの父親のようだった。

会議に参加した後、わたしたちは北海道への帰路についた。海は穏やかで、わたしたちが本州に行った時の函館港のようだった。しかし、あたり一帯は惨憺たる状態だった。大小様々の一ダースを数えるほどの船が、港内に転覆していた。一番大きい船が洞爺丸だった。わたしたちは函館に住むカナダ人宣教師のイサベル・ライスに会い、彼女はわたしたちを家に連れて行った。そこでは、ドン・オースが苦しみの体験からの回復をはかっていた。わたしたちは、ドンをわたしたちと一緒に早めに家に連れて行くつもりだった。しかし、彼はまだ頭の怪我と疲労から回復していなかったので、わたしたちは、数日間とどまって、函館教会の日曜礼拝に出席し、牧師の説教を聴いた。草間信雄牧師は先週日曜日の悲劇についてつまびらかに語った。

草間牧師は、先週の日曜日、アルフに教会での説教を頼んだ。礼拝の後、アルフは彼の黒いガウンを草間牧師のところに置いて連絡船に乗るために出て行った。到着する汽車から洞爺丸にどんどん人々が乗船する間、船は何回か出航を遅らせていた。洞爺丸は巨大な船で、自動車、トラック、鉄道の貨物車などを、下部のデッキにぎゅうぎゅうに積んだ。台風はすでに連絡船の出航前に襲っていた。しかし、嵐の小休止の合間があって、それは台風の目だということが後で分かった。連絡船は港内に入っていた。連絡船が港から去る前に風速一四〇キロメートルの風が船を襲った。船は錨を下ろしていたにもかかわらず、港内に吹きもどされ転覆した。あわせて一〇五五名の人々が命を落とし、一五九名だけが助かった。それは規模ではタイタニック号の沈没に次ぐ悲劇だった。

草間牧師は、礼拝にアルフのガウンを身に着けていたが、エリヤの外套を身に着けたエリシャであるような感じを抱かせた。エリシャは旧約聖書でエリヤの後継者に指名された。エリヤが天に携えあげられた時だった。説教の中で、草間牧師は北海道学芸大学の学生から聞いた話を語った。その学生は洞爺丸の悲劇的結末からの生存者の一人だった。わたしは英訳された説教のコピーを持っている。後にイサベル・ライスから送られてきたものだ。これが草間牧師によって語られたストーリーである。

大学生は、ストーン牧師と同じ洞爺丸に乗っていた。水が船内に突進し始めた時、ストーン牧師は学生たちがライフジャケットを身に着けるのを手伝っていた。船は沈み続けた。学生の一人が自分にライフジャケットを身に着けさせるストーン牧師に尋ねた。「牧師さん、どうして、あなたはライフジャケットを身に着けないのですか？　わたしたちは、とても危険な状態です。船はあっという間に沈みますよ」。ストーン牧師が答えた。「若い人。わたしが日本に来たのは、日本のために死ぬためだ。わたしはもう年だけど、あなたはまだ若い。あなたはもっと生きなくちゃならない。そして日本のために働かなくては。さあ、急いで行きなさい」。それから、ストーン牧師は、自分が使うためにもっていたライフジャケットを、他の学生に与えた。「わたしはきみたちみんなのために祈っているよ」。彼は叫んだ。「きみたちが救い出されるように」。学生たちは沈んでいく船から泳いで離れた。ストーン牧師は彼らのために大声で祈っていた……。これが、日本に遣わされた宣教師の真の勇気ある人ではないのか？　これは、キリスト教が世界的な宗教になった真の力なのではないか？……真に、彼はキリストの精神が受肉した人だった。わたしは、あらためて、わたしのもっとも衷心よりの尊敬をささげ、彼をもっとも偉大な宣教師の一人として敬愛する。彼はその生と死との両方でキリストの言葉を生きた人だった。「その友のために命を捨てる。これよりも大いなる愛はない」。

この言葉は、わたしたちを深く打った。わたしたちの心を大きな悲しみと喪失感でいっぱいにした。アルフの自己犠牲の話は、日本中に広がり、その記憶は今日まで日本で生き続けている。わたしたちは、ドン・オースをわたしたちと一緒に名寄の家に連れていった。切り傷と打撲傷、そしてすべてのトラウマ体験から回復をはかるためだった。ドンは一週間、わたしたちのところに滞在した。その後で、北海道南部の帯広で働くためにもどった。彼はグェルフ農業大学を卒業してから、イマヌエル神学校で牧師になる訓練を受けた。農業教育を受けていたことによって、彼は、のちに、東京の西にある鶴川の農村伝道神学校に赴任した。その農場管理と農業実習の教師として神学生に教えるためだった。農村伝道神学校の前身は、中央農村教化研究所で、アルフは、東京郊外の日野でそれを設立するのを支援した。新しい神学校の本館は、それにふさわしい名前をつけられた。「ストーン記念館」だった。

アルフ・ストーンの生涯とヴィジョン

アルフとわたしは世代が異なっていたが、注目すべき点だったのは、わたしたちが同じ価値観と信仰の視点の数多くを分かち合っていたことだ。アルフが、わたしの北海道での地域宣教と信仰の視点との双方に与えた影響を考えてみると、アルフの生涯の物語の幾ばくかを、わたしが語るのは意味のあることだと思う。幸いにも、わたしはアルフ自身の記憶と彼の生涯の伝記の両方に基づいて、それらを描くことができる。彼の伝記は新堀邦司によって書かれた『海のレクイエム』で、ロブ・ウィットマーによって英語に翻訳された。

アルフは、オンタリオ州西部のハイゲートに近い農園で一九〇二年に生まれた。彼は教養課程と神学をトロントのヴィクトリア大学で学び、そこで農業経済学の科目も履修した。新たに生まれたカナダ合同教会の宣教師として日本に一九二六年に派遣された。二年の間、日本語を学んで、ほどなく、日本語がとても流暢（りゅうちょう）になった。独身の宣教師として五年間過ごした後、合同教会の宣教師で、アルフより一年先に派遣されていたジーン・ギレスピーと結婚した。ジーンは英語の教師と教会幼稚園の園長として働いていた。ふたりは、ペリーサウンドの彼女の母教会で一九三一年に結婚した。ふたりの最初の本国活動の年だった。

アルフが農村伝道を紹介されたのは、先駆的なカナダ人宣教師だったダニエル・ノルマンからで、アルフは、ノルマンと一緒に働くように長野地方に遣わされていた時だった。新堀邦司は「農村伝道はもっとも偉大な遺産としてノルマンがストーンに残した」と述べて、さらにアルフは農民福音学校の卒業生に聖書を贈った時、表紙の内側に「神を愛し、人を愛し、土を愛する」と書き記したと述べている。

アルフとジーンは、一九三二年に一緒に日本にもどると、静岡県浜松市での新しい仕事に任命された。農民福音学校を作り、農村教会の幼稚園を設立するためだった。一九三四年にふたりは長野に引っ越した。そこでアルフは次第にダニエル・ノルマンの仕事を受け継いでいった。ノルマンは七〇代だった。新たに受け継いだ役割によって、アルフは「地方教区」を発展させることに働きを拡大した。彼が「現代的」発展の道筋だと考えていた宣教の働きをさらに重視したものである。アルフの新しいアプローチは、教会に連なる人々の精神的必要に応える宣教活動だけではなく、貧しい地域の物質的必要にも応えることを含んでいた。彼は、鎌を造る小さな鉄工所を拡張するのを支援した。また、野菜組合を作るのを手伝い、製造した缶詰の販売管理のために市場の組織化を手助けし、「友愛基金」という信用組合を支援した。

アルフは、「個人的救済」という神学だけにとどまらず、正義ある社会の創造を求める「社会的福音」にまで宣教の働きを拡大したのだ。彼だけでなく長野教区でアルフに従ったクリスチャンたちは、「社会的福音」の信念を分かち合って活動した。彼らは農村社会全体の効果的で意義ある変革をめざしたのであった。

平和と戦争

アルフとわたしは、平和と戦争に関してよく似た哲学を分かち合っていた。彼の哲学的信念は、三〇年代の日本人の中国侵略の時期に試された。国家総動員法が日本政府によって国会を通過した。すべての宗教団体が国家統制下に置かれた。教会の働き手だった多くの青年たちが軍隊に召集された。外国人は、政府によって疑いをかけられた。宣教師の説教さえも、「非国民的」感情を監視された。アルフは、憲兵が彼についてくるのに気がつくようになり、彼らは数えきれないほど彼に職務質問した。アルフは、公の場で自分が話すことについて非常に注意深くしなければならなかったが、平和について彼のクリスチャンの友人たちには、なお語り続けた。親展扱いでカナダに送った手紙で、彼は次のように書いた。

> これは聖戦ではありません。日本政府はそうであるかのように見せかけています。中国民衆に対して加えられている民族皆殺しは赦しがたいものです。日本の軍国主義と全体主義は、ここ日本の青年たちの未来を奪い、国全体を危うくしています。

アルフの日本での活動は次第に制限されていき、彼と交流のある日本人たちも、警察によって嫌がらせをうける危険に置かれた。農村伝道は不可能になった。彼は、長野での働きを、あきらめなければならなくなり、東京に引っ越した。外国人の活動には制限があったからだった。アルフは、一九四一年三月に日本を去ってカナダに帰った。彼の妻と子どもたちは、先に帰っていた。

戦争中、アルフはオンタリオ州南西のアピン牧会区の牧師として過ごした。カナダでは、彼は日系カナダ人の西海岸からの退去について政府を批判した。そして退去させられた何人かに友情を差しのべた。その人々は、甜菜畑で労働するために近くの町に連れてこられていた。アルフは、戦争に敗れた日本に一九四六年一〇月にもどると、ただちに、戦争によって生じた被害を修復するのに自ら奔走した。日本基督教団と共に働きながら、彼は散り散りになったクリスチャンを集めることを支援した。教会の資産の再回復や再建設、とりわけ、農村部でのその働きを支援した。彼は、農民福音学校の再建を助け、北海道農村伝道委員会を実施することを支援した。実現した彼の夢のひとつは、全国農村教化研究所の設立だった。東京郊外の日野で農村伝道者の訓練をするためだった。アルフは、初代校長となり、農村社会学の科目を教えた。

日本基督教団は一九五四年三月に米国がビキニ環礁で水爆実験を行ったことに対して抗議し、アルフは教団の行動を全面的に支援した。多数の日本人漁師が死の灰を浴びた。日本の大衆は米国の行為にたいへんに激昂した。アルフは、日本で働く他の宣教師と協力して、米国の諸教会に強い抗議の手紙を書いた。こう述べている。

教会は自ら妥協してはなりません。教会は、いつでも邪悪なものに反対して預言者的に語らなければなりません。……わたしたち教団と連帯している宣教師たちは、神がこの公開書簡を用いて、核実験を終わらせ、核兵器の製造が禁止されるように導かれることを心の底から祈ります。

平和、たんに日本だけでなく全世界の平和は、生涯にわたるアルフの情熱の一つになった。彼は、わたしにとって、日本の再軍備に反対する働きの上でのロールモデルだった。わたしは、日本人が平和憲法を擁護し、右翼的な政府の行動に抗議する取り組みに参加した。右翼的政府は、大戦を賛美し、日本の軍事的強化をなそうとしていた。日本政府が「自衛隊」と名づけた軍事基地が、名寄に設立された。わたしが館長を務めていた道北センターは、名寄教会と協力し、地域規模で一年に二回、政府に抗議し、市民の平和教育を実施する行事を組織した。

ハウレットの母と共にした名寄での生活

わたしの父が一九五三年の秋に亡くなった後、わたしたちは母が日本に来て一緒に暮らすように勧めた。ついに母が必要とされていることを確信したのは、もう一人赤ちゃんが生まれると伝えた時だった。母は看護師の訓練を積んでいたことで、計り知れないほどの助けになるだろうということだった。母は、その人生のどんな時も、海外宣教に対する関心を持っていた。合同教会女性宣教師協会の熱心な会員で、海外での教会の働きを入念に学んだ。実際に取り組まれている宣教を直接に見ることができることは、旅を実行する彼女の気持ちを、いっそう強くした。

母が驚き不安に感じたのは、名寄では、わたしたちだけが、彼女とコミュニケーションできる人間だと気づいたことだった。彼女は完全に独りぼっちだったわけではなかったのだが。わたしたちは旭川のクラグストン一家と行ったり来たりした。母は、教会相互交流北海道宣教師協会年会に参加し、わたしたちと一緒に東京への長い旅に出かけて、全日本教団協力宣教師会議にも参加した。彼女は、わたしたちと同伴して、下川、興部、和寒、稚内の諸教会や、道北地区の家庭集会に行くことを喜んだ。名寄教会の礼拝の一つに初めて出席した後で、母は日記に書き残した。

フロイドとわたしは教会に行った。田村牧師が説教した。わたしは理解できなかったけれど、礼拝と交わりの精神を楽しんだ。説教者の話しを理解できない時でも神をいっそう近く感じることができると思う。わたしは、その時間の間中、神に祈り、交わりをもち、とても穏やかで美しく過ごす時となる。素晴らしいことだと分かるのは、神は両方の言葉を理解し、わたしたちがイエス・キリストにあって、みんなが一つであるということだ。

母は、わたしたちの家の料理教室にとって、このうえない助けとなってくれた。彼女は、何人かの学生たちに英語も教えてくれた。わたしのスケジュールは赴任から二年目よりさらに忙しくなり、しばしば泊りがけで出かけなければならなかった。わたしにとって、幸いだったのは、母がドリーンと一緒にいてくれたことだった。とりわけ、出産のときが近づいていたからだった。ドリーンは出産のために札幌に行って、オーストラリア人の女性宣教師で医師のオーミストン先生の世話をうけることになっていた。わたしたちは、オーミストン先生の担当によってカトリック病院で出産する手はずを整えていた。病院は、日本人修道女が運営していたので、わたしたちは、もちろんのこと、出産の手はずに彼女たちの同意を得ていた。修道女たちは、その手はずを日本人の医師には内緒にしていた。いつも出産はその医師が担当するのだった。それが外国人の医師が出産を担当するというのは内緒のことだった。

三月一四日に、わたしたちは札幌に行き、宣教師仲間で北星学園女子高等学校の教師だったミルドレッド・ブラウンの家に泊まった。そこにいる時に、わたしたちは、旭川にもどるルース・クラグストンと彼女の新しい赤ちゃんジョンにさよならを言うために札幌駅に行った。わたしたちは、さよならを言うため汽車に乗り込んだが、汽車の出発を告げるベルを聞いていなかった。わたしたちはみな、間に合うように大急ぎで降りようとしたが、ドリーンがドアにたどり着くまでに汽車はもう動き始めていた。ミルドレッドが汽車に沿って走り、ドリーンの手を掴まえて、ドリーンはジャンプしてとび降りた。このエピソードが、わたしたちの二番目の子の誕生を可能にしたのかもしれない。

同じ日の夜、午前二時に、ドリーンとわたしはタクシーで病院に行った。ミルドレッドは、オーミストン先生を連れて来るためそのまま同じタクシーに乗って行った。ミルドレッドたちは先生の家を見つけるのに苦労し、それから、タクシーは雪の中にはまってしまった。オーミストン先生は出産のために何とか間に合い、三月一七日午前五時に赤ちゃんは生まれた。わたしたちは赤ちゃんをピーターと名づけた。母とわたしは名寄にもどり、一週間後にふたたび札幌に行き、ドリーンとピーターを家に連れて帰った。わたしたちが名寄に着いた時、道路は雪が積もってふさがれていたので、お隣の栗栖さんが、この旅の最後に、わたしたちを彼の幌なしの馬そりで運んでくれた。デニスは弟ができて幸せそうだった。

母はわたしたちとおよそ二十か月間一緒だった。ドリーンも、わたしも、ふたりにとって、母は精神的な力づけを与えてくれた源だった。母はわたしたちが取り組んでいる働きに関心をもち、母を知ろうとやって来た多くの人々の心をかち取った。母は、カナダに帰る友人への一九五五年のクリスマスの手紙で、日本での彼女の活動について次のように書いた。

とても素晴らしかったのは、フロイド、ドリーン、わたしの孫のデニスとピーターと一緒だったことです。わたしはピーターが生まれてからずっと一緒だったので、わたし自身の赤ちゃんのように感じました。彼はとてもかわいい子です。デニスは何ごとも素早い元気いっぱいの活発な子です。わたしは毎日新しい体験と習慣に出会い、素晴らしい年を送りました。その幾つかをあげると、たとえば、床の上に座ったり、少し厚いキルトのようなフトンを敷いて床の上に眠ったり、慣れていない老女には難しいことだと思いましたが、何とかうまくできました。箸を使ってお茶碗からごはんも食べられます。彼らがするように上手にはできませんが、きれいに食べることができました。しかし、このような習慣は、家から出かけたときだけで、家ではカナダと同じように西洋風に生活しています。

日本語の壁は何としたことでしょう。じつにしばしば、わたしはイエスについての素晴らしい福音をだれかに話したいと思いましたが、分かってもらうことができません。それで、わたしが望めることは、フロイドとドリーンに負担をかけないことです。わたしがそうすれば、二人はしたいことができるのです。フロイドの家は田園地帯のちょうどはずれにあります。わたしは畑仕事のやり方の違いを見るのが楽しみです。すべての仕事は手作業です。穀類は小さな手鎌で刈って、乾燥するためのつるし棚に掛けて、乾燥したとき竿で打ちます。わたしたちのお隣の一家族だけは、もっと近代的な農業です。その家族は乳牛と飼料貯蔵用のサイロを持っています。カナダと同じように飼料でいっぱいです。

母の証しは、言葉よりもむしろ彼女の存在と愛と出会った人々との関わりだった。母が名寄を去るまで、わたしが確信したのは、彼女が海外宣教師でありたかった夢が叶ったという思いを持ってくれたことだった。

カナダでの母の奉仕の生活

母がカナダにもどったのは、わたしたちが、最初の本国活動で日本を離れた一九五六年六月だった。短期間の間に、母はエローラの家を売って、ヒドゥンスプリングスセンターに引っ越した。それは精神疾患とアルコール依存症の人々の社会復帰への中間施設だった。わたしの兄弟のラルフがオンタリオ州パリスの近くに設立した。母は男性寮の寮母だった。彼女の一人ひとりの人に対する欠けたところのない受け入れや、愛に満ちた支えは、やって来た人々すべてにとって、癒しをもたらした。これは、母が実現できたカナダでのもう一つの価値あるミッションだった。母は、そこで十年間余り過ごし、その後、母は最後にグェルフの小さな家に「引退」し、一九七一年一月にそこで逝去した。八三歳だった。わたしは、最後の時に彼女と一緒にいられなかったことがいまも残念だ。彼女は自分が死に至る病だと分かっていた。しかし、亡くなる前年にわたしたちはさよならを言ったのだからと強く言い張った。前年とは、わたしたちがカナダにもどっていた時だった。さらに母は、わたしがドリーンと子どもたちを真冬に家のポツンと残して来るべきではないと言い張った。母の自己犠牲の愛は、わたしがけっして忘れてはならない模範になった。

ヒルダ・ハウレット、日本で、ドリーンとフロイドと共に

名寄でのオープンハウス

道北クリスチャンセンター　道北地区の同僚たちと共に

ジープとトレーラー　道端で　夏の天幕キャラバンのテントを積んで

第四章　北海道の挑戦

わたしたちが直面した最初の北海道の挑戦の一つは、名寄の冬に適応することを学ぶことだった。名寄は日本でもっとも寒い町という評判だった。二つの低い山脈に挟まれた谷間に位置し、西側の山脈を越えて吹き寄せるシベリアからの風が、わたしたちの谷間に雪をドッサリと落とした。これは、雪との延々と続く闘いを冬の間ずっともたらし、一一月から三月の終わりまで続くのが常だった。雪は道路に山積みにするので、時には、子どもたちが道路の片側の積み重なった雪の山から、電話線に手が届くほどだった。わたしたちが名寄に行った最初の頃、定期的な除雪体制はなかった。わたしは、地元で作られた除雪用のすきを手に入れてジープの前面に取り付けた。これは手動で上げたり下げたりしなければならなかった。しかし、四輪駆動と四輪すべてのチェーン装着によって、雪を乗り越えて進めない道路は多くはなかった。デニスは二歳くらいの頃から、わたしが道路を除雪している間中、前の座席に乗るのが好きだった。わたしたちが雪の山にぶつかり、その雪が雪けむりになって大波のようにジープを覆ってくるときなど、デニスは顔をほころばせてにこにこ笑った。最大の悩みは春の雪どけにやって来た。ジープは融けていく雪にはまって動きが取れなくなり、抜け出すために雪を掘りかえす時間が必要だった。

秋に雪を見た頃から、ほぼ連日、家から道路までの歩道をはっきりさせるのに朝から晩まで闘いだった。さらに悩みになったのは、家の前の歩道からはね除けた雪の置き場を見つけることだった。もっともよい方法は、巨大なシャベルを使って雪を押し出し、道路の反対側に積み重ねることだった。さらに必要なことは、家の前面の窓を守るのに、屋根から落ちる雪をきれいに取り除いておくことだった。もしも、雪を取り除かなかったら、ほとんど、イグルーのような圧雪ブロックで作るシェルターに住んでいるようになっただろう。

雪には利点もあった。名寄は日本で最高のスキーをすることができるところだった。リフトを備えたスキー場が二か所あり、わが家から車でわずか一〇分間あまりのところにあった。わたしたちはスキー場で余暇を楽しみ、子どもたちは自分で歩けるようになると、あっという間にスキーを学んで、頻繁に学校の友だちと一日スキー遠足に参加した。

まるで、風雪交じりのきびしい冬に備えるためであるかのように、春、夏、秋は、このうえなく美しかった。春にはヤマザクラやツツジが山腹にいっせいに花開き、カタクリやエンレイソウが木の根元の木陰にカーペットを敷き詰めたかのようだった。夏は暖かだが、けっして暑過ぎず、秋は燃え立つような紅葉になって、故郷オンタリオの秋をわたしたちに思い出させた。

忙しいスケジュールのただ中で、わたし自身の趣味は家庭菜園だった。これもまたある種の挑戦というべきものだった。家の裏に広い土地があって、空き地は数年間耕されないまま、そこに雑草がはびこっていた。それらの雑草の間にシバ麦の一種が長い根を網状にはりめぐらせていた。夏の闘いは、このしつこい雑草を化学除草剤など使わずに取り除くことだった。わたしの内なる農夫が、この土地のどこも遊ばせておくことができなかった。それで、すべてを耕すことに手を着けた。わたしたちが赴任した後の最初の夏、わたしに巧みなアイデアがひらめいた。わたしは小型のプラウ（鋤(すき)）をジープの後ろにつないだ。そのプラウはお隣の栗栖家から借りたもので、栗栖さんの息子がプラウを押さえて、その間にわたしはジープを運転して庭を横切って行ったり来たりした。この仕事はとても上手くいった。ただし、方向転換のために、わたしはお隣の農園を幾分か侵食してしまった。お隣さんはジープが踏んだ土は固くなって耕すことができないと苦情を言ってきた。ジープはそこから追いだされるはめになった。それでジープで仕事を仕上げることができなくなった。

次の年の春は、栗栖さんからプラウを借りることができなかっただけでなく、馬と息子さんで耕すこともできなかった。二〜三年の後、手動のトラクターが導入されたとき、わたしは人を雇った。その人が耕作を請け負い、彼の小型のトラクターで農園を完成した。

わたしは、広く多種類の野菜を農園で可能な限り育てようと試してみた。わたしはカナダに手紙を送って種子を頼んだ。それはこの地方では手に入らなかった。たとえば、ビート、パースニップ、ブロッコリー、カリフラワーなどだった。わたしは、さらにラズベリーとキイチゴの一種を和寒で見つけた。それは何年も前にアメリカから輸入されたものだった。わたしはそれらを根づかせて広いベリー畑を作った。さらに、赤いカリンズ、カシス、ルバーブの根を友人の宣教師から手に入れた。

かつて、わたしは、上手く根づいたものをたくさんの日本人や宣教師の友人たちに分配したことがある。畑の産物の多くをわたしたちは瓶詰にした。わたしたちは、東京のインターミッションサービス必需品ストアを通じて、瓶をかなり安く買った。毎夏、わたしたちは、百個あまりの果物と野菜の瓶詰を冬に備えて加工保存した。隣人たちが加工保存に大いに興味を持って、すぐにわたしたちを通して瓶を注文して、自分たちのために加工保存を始めた。二回目の本国活動の後で、わたしたちは大きな冷凍庫を買ってもどった。わたしたちの果物と野菜の保存加工に革命を起こすような大きな冷凍庫だった。これは冷凍食品に対する新しいその地方の大流行になって、冷凍庫が日本でさらに用いられるようになった。

広がるわたしたちの視野

名寄での最初からの五年間を通して、わたしがもっぱら力を注いだのは、田村喜代治牧師を助けて、彼のヴィジョンを実現することだった。それは教会、あるいはクリスチャンの群れを北海道北部の多くの町や村に形成することだった。彼が初めに北部全域にわたって探したのは、クリスチャンが一人でもいる町や村だった。わたしが思い出すのは、歴史的ともいえる二日間の北部地域の旅だった。そこでわたしたちは、クリスチャンのつながりを探しに三つの町を訪れた。わたしたち五人からなる一行は、ジープにギュウギュウ詰めで旅をした。田村さんとわたしに加えて、和寒の若手牧師の鎌谷襄さん、名寄教会の二人の年長者である及川さんと坂本さん、二人とも名寄の町でお菓子屋をしていた。わたしたちが最初に立ち寄ったのは中頓別の町だった。名寄から北東におよそ一時間半のところにあった。つながりを得たクリスチャンは中学校の教師の妻だった。彼女は、わたしたちを小さな「教員住宅」に招き入れてくれた。そして、その家で毎月一回の家庭集会を開くことに同意してくれた。やって来る人はだれでも参加できる集会だった。

中頓別に続いてわたしたちは枝幸に行った。東海岸にあるポツンと離れた漁業の町だった。そこで、わたしたちは村山ご夫妻に迎えられた。ご夫妻は熱心なクリスチャンで、以前はその家でクリスチャンの集会を開いていた。ミセス村山は高校の教師で、ミスター村山は広い森林の所有者であり林業経営者だった。ご夫妻はわたしたちにその家での定期的な集会に参加してほしいと切望した。それから、わたしたちは内陸の歌登の村に行った。ここで、わたしたちはある人に会い、その人のところに留まって一晩を過ごした。その人はお菓子屋の主人で、名寄の坂本さんのお弟子さんだった。名寄にいた頃には名寄教会に出席していた。彼は自分の家で家庭集会を開きたいと願っていた。

この旅行の結果、わたしたちは、定期的に開くのを基本にした家庭集会を三つの町村で開く計画を立てた。日本に働いたほぼ全期間、毎月一回、わたしは、中頓別と枝幸に週末の旅に出かけた。歌登にも頻繁ではないが通った。わたしの旅は汽車の旅だった。枝幸まで二時間半の小旅行で、土曜日の午後に名寄を出発した。その日の夕方に、大勢の高校生とその他の人々が村山さんの家に集まった。讃美歌を歌い、聖書を学び、娯楽を楽しむためだった。わたしは村山さんの家に一泊し、翌日の午後には中頓別に行った。そこでの集会は、間もなく、教員住宅では収まらないほど大きくなった。真坂百合さんは、洋裁学校の経営者だったので、二階の広い教室を提供してくれた。そこで、午後の子ども集会と、夕方にある大人の夕礼拝と聖書の勉強と対話の会ができた。四、五十人の子どもたちが集会に集まり、八人から十人の大人たちが、夕礼拝と聖書の会に集まった。夕方の集会が終わると、わたしは再び汽車に乗って、午前一時に名寄にもどった。わたしはこの規則的な毎月のスケジュールを二十五年間まもり続けた。稚内の平賀牧師は、同じ集会のスケジュールをまもって、毎月一回、わたしとほぼ同じくらいの距離を稚内から旅した。

田中さんという夫に先立たれた方がいて、枝幸町の海辺近くで小さな店を持っていたのだが、彼女は枝幸の家庭集会でわたしが出会った人々の一人だった。平賀牧師が、一緒に田中さんを訪問するようにと、わたしに依頼してきた。彼女が、もっとキリスト教について学びたいという関心を示したからだった。わたしたち二人が汽車で枝幸に着くと、村山さんが、わたしたちを田中さんの家に連れて行くためにタクシーを呼んだ。タクシーがなかなか来ないので、村山さんが再び電話をした。タクシー営業所は、タクシーはすぐに行けないので、バスでも大丈夫かとわたしたちに聞いてきた。そんなことで、わたしたち二人は、大きなディーゼルバスに乗ってものものしく出かけて行った。田中さんは、前の方が小さな店になっている二間の家に暮らしていた。店はその地域に暮らす漁民の必要に応えるものだった。五歳の娘さんが一緒だった。彼女が最初にキリスト教に関心をもったのは、東京の大学に通っていた息子さんからの手紙を受け取った時だった。彼はセブンスデー・アドベンチスト教会に通い始めて、牧師になることを考え始めていた。田中さんは、自分もまたキリスト教という宗教について何かを見いだすべきだと心に決めた。クリスチャンの集会が枝幸で開かれていると聞いて以来、その集会に参加して熱心に聖書を読み始めていた。

たまたま、田中さんが枝幸の集会に出ていたある夕方、泥棒が店に押し入り、一万円のお金を盗み取った。それは彼女のような貧しい女性にはとんでもない損害だった。その損害を補うために、彼女は夜中にカニを獲る漁に加わると決めた。泥棒は後になって逮捕されたが、お金は使い果たされていた。ところが、彼女は恨む様子を見せるどころか、泥棒に聖書を送るように願った。彼により良く生きる道を教えられたらと願ったのだった。彼女は、キリスト教信仰の真髄にあるものをきわめて速やかに会得したのだった。彼女の愛と赦しに立った応答はわたしたちを驚かせた。彼女には、わたしたちが教えることなどほとんどなかった。それは、クリスチャンとして人を赦し、支えるということを、大いに、わたしたちに教えてくれているのではないかと思ったのだ。

新しい教職たちを支えて

北海道特別開拓伝道の援助によって、田村牧師とわたしは、しだいに新任の日本人教職たちと一緒に働くようになった。新任の教職たちは新しい教会の働きを引きつぐ人たちだった。数年のうちに、わたしたちは下川、和寒、中川、興部に教職を得た。それで、わたしの役割は変わって、主として自分が家庭集会を指導することから、新たな神学校卒業者を支援することになった。新任の教職者に対する教団の方策では、卒業後の二年間、聖礼典の執行を認めず、さらに追加の教職試験があった。この方策は、わたしが、新任教職の教会で洗礼式と聖餐式を執行するために呼ばれることを意味した。こういうことが、通常、一年間に四回行われた。三～四人の新任教職を同時に支援するので、それだけでわたしは忙しくなった。くわえて、間もなく、新任教職のそれぞれが、それぞれの近隣の町で家庭集会を始めて、わたしに次から次に集会の支援を依頼してきた。礼拝を共にして、教職たちと一緒に働くことは、まことにありがたいことだった。同時にそれらの教職の家族は全員が本州から北海道にやって来たため、ほとんど外国の地に来たようなものだった。ドリーンとわたしは、しばしば、わたしたちの交友を彼らにも広げて、彼らの孤独な仕事のために励ましを与えた。

興部に派遣された最初の教職は石川直一牧師だった。彼と彼の妻は興部に来て数日後に結婚した。彼らは幼稚園のスペースを備えた教会を建設するのを助けた。石川牧師は幼稚園の園長になり、妻が主任教諭になった。間もなく、石川牧師は紋別市に家庭集会を開いた。そこは、わたしたちが以前に夏のキャラバンを開いたところだった。ほぼ一か月に一回、わたしはそれらの集会に石川牧師と同行した。つぎに、石川牧師は滝上町で集会を開きたいという考えを持っていた。そこは滝の上にある町という意味で、絵のような美しい町だった。しかし、石川牧師は、この町に一人のクリスチャンも知らなかった。

石川牧師はポスターを作った。それを町中に貼りだし、地方紙に広告して、午後に子どもの集会、続いて大人の集会があり、だれでもキリスト教について学べると伝えた。数人の子どもたちが姿を現したが、大人は一人だけだった。その人は羽田さんで、一二キロメートル余りも離れた山の農園からやって来た農民だった。彼は新聞の広告を見て、わたしたちに会うために町までやって来た。目に涙を浮かべながら、この地でクリスチャンの集会が開かれるようにと十六年間も祈り続けてきたと話してくれた。

羽田さんは大阪で日雇い労働者だった。人生に意味を見いだせずにその日暮らしをしていた。稼いだわずかの金も酒に費やした。ある日、彼はたまたまクリスチャンの集会に立ち寄った。そこで彼は「回心」をしたと言った。彼は義務教育を受けていなかったし、文字を読めなかった。しかし、牧師は、クリスチャンは聖書の読み方を知らなくてはならないと彼に言った。彼は小学校に通い始めた。三年生から始めて四年間通い続けて文字を読めるまでになった。その後、彼は家族と一緒に滝上に近い山間部の「開拓農地」に入った。彼と息子たちは山腹の農地を切り拓くために木を伐採した。彼の一家は自力で新しい家を建てた。羽田さんは、「この家はわたしのものではありません。神様のものです。どのようにも、神様の御用のために使ってください」と話した。石川牧師は一か月に一度、滝上に通い続け、いつも羽田さんの家で一夜を過ごした。わたしは石川牧師と一緒にクリスマスの聖餐式を行ったことを思い出す。そこには羽田さんご夫妻と二人の息子さんがいた。傍らには石川牧師とわたしもいた。床の上に座って、低いテーブルのうえにはロウソクが輝いて、かつてわたしが与った中でも、もっとも意味深い主の晩餐を共にした。これは、神聖な秘儀であるとか、入会者に授与された教義上の儀式というのではなかった。しかし、真実な家族愛の祝宴として世界を包むイエスの愛を示していた。

死んでしまった教会

宣教師は時として、その成功談を好んで語り、失敗について語るのは避ける。わたしは中川教会の話をしたいと思う。それはわたしたちの高い望みと共に始まった教会だったが、最後には存続を中止した。一九二二年頃、クリスチャンの一グループが本州から入植して、中川村の近郊に開拓農場を作ろうと決めた。そこはポツンと離れた地域で、現在は汽車で一時間から一時間半かかる。それでも、当時は天塩川によってのみアクセスができた。小さな教会が建てられたのだが、かつて常駐の牧師はいたことがなかった。この話は、初期の会衆派の宣教師ローランドが語っている。彼は一年に一度札幌からやって来た。彼はボートで天塩川を下って旅した。そして一週間余りをそこで滞在した。稚内への鉄道が建設された後で、名寄からの日本人牧師が時々訪れた。

戦後、賀川豊彦が、この農村のクリスチャン開拓民のことを聞いて、教会を建てるのに十分な資金を集めた。しかし、北海道の教会指導部は、村からあまりにも遠い小教会が、自立維持できることはけっしてないと判断して、その代わりに開拓民の地域から五キロメートル離れていた中川村に二階建ての教会を建てた。教会の一階は幼稚園で、そこから収入が補えた。二階は礼拝堂だった。しかし、教会は開拓民の地域からかなり遠く、馬車、あるいは馬そりによって移動するほかなかった。そのために開拓民のクリスチャンのほとんどは、特別な場合しか礼拝に与れなかった。

幼稚園は成功した。それ以来ずっと幼稚園だけが村に残った。望みがあったのは、幼稚園が村の幼児たちのために、何某かの基礎的なクリスチャン教育をそなえることだった。ところが、今まで、一人のクリスチャン教師も見つけられなかった。ただ、唯一のクリスチャンとのつながりは、名寄の牧師がたまに教会を訪れる時だった。

わたしの着任後、田村牧師とわたしは、それぞれが月に一度、中川で夕礼拝を担当した。汽車で一時間から一時間半、六人から八人の群れのために旅するということだった。時にはまったく姿を現す人がなかった。汽車の運行ダイヤのために、わたしたちは午前一時まで名寄にもどることができなかった。何年間か、中川に至るのに直接に行ける道路がなかった。田舎の地域を訪問するために、時々、その地域を歩くことが必要だった。家から家を訪れ、だれかの家で一夜を過ごした。わたしはある農家に泊まったその夜のことを思い出す。明け方、わたしは床の上に山のように積もった雪に気づいた。それは、引き戸の隙間からその床の上に吹き込んだのだった。

日本の教会からの中川での働きに対する財政的な助けで、夏休み中の神学生の三木さんが派遣された。定時の礼拝と、さらに広い範囲の訪問計画を実施するためだった。一年後、神学部を卒業すると、三木さんは、中川に一年間住み教会で奉仕をするために派遣された。彼が去った後、若いカップルの鈴木さんたちが中川に常駐した。教会で奉仕し、さらに中頓別で定時の礼拝を開くためだった。鈴木さんたちは、この仕事がとても孤立していることに気づき、任期を更新することなく二年後に離任した。名寄の牧師とわたしが、以前のスケジュールを継続することをふたたび任せられた。

中川の礼拝は毎年のクリスマスには出席者が多かった。その時には、教会から遠いところに住む家族たちも、とくに礼拝出席に努めた。くわえて、幼稚園の子どもたちとその親たちが礼拝に出席した。五十人を超えるような人々が教会にあふれた。わたしは、中村光夫さんがクリスマス礼拝のために同行した時のクリスマス・イヴを思い出す。わたしたちはキャロルと子どもたちみんなへのプレゼントを用意して愛らしいクリスマスの祝祭を開いた。ところが、夕方にひどい雪が降り始めた。わたしたちが汽車に乗った頃までに、天候は荒れ狂う大吹雪に変わった。蒸気機関車は、しばらくはゆっくりと動いていたが、ついに止まってしまい、雪の壁の狭間に立ち往生した。乗客全員が朝まで待つほかになかった。朝になり除雪車によって助け出された。そうしている間、ドリーンは家で子どもたちと孤立していた。いつも帰宅する午前一時を過ぎたとき、彼女は心配になった。とうとう、午前6時になった。ドリーンは中村知子さんから電話をもらった。汽車は立ち往生していたが、午前中には動けるようになるだろうという情報だった。最終的に午前一一時頃、わたしは、駅から雪の中をとぼとぼ歩いて帰った。子どもたちは帰ってくる途中のわたしを見て叫んだ。「お父さんが帰ってくる」。このとき、ドリーンは安堵の涙を流した。子どもたちが叫んだ。「どうして泣くの？　今日はクリスマスだよ」。

これらの年月を通じて、中川には二人の忠実な信徒がいた。中川の村内に引っ越してきた人たちで、教会を維持する努力をした。ついにその一人が亡くなり、元からのメンバーは一人だけになった。しかし、彼のある行動が、教会の課題にとっては助けとならなかった。彼は教会の隣家との土地境について争ってしまった。教会の敷地に五、六フィートほど越境している隣家の所有地について裁判に訴えた。彼は教会が持ち得る権利があるという立場を強硬に主張した。名寄の日本人牧師が仲介を試みたがうまくいかなかった。彼の行動で、教会は周囲から良くない印象をもたれ、ほとんどだれもが教会に来るのを止めた。ほぼ同じ頃、教会の建物は安上がりの造りだったので傾き始めた。村は改築するか取り壊すかを命じた。それをめぐる協議は、幼稚園を村に譲って、他の場所で再開するということになっていった。教会の建物は取り壊され、所有地は子どもの遊び場として村に貸した。この後、一家族の家でたまに集会を開いたが、それは消極的な試みだった。ついにその集会も止めてしまった。

わたしには疑問が残っている。あれほど長い年月を費やした努力だが、ほんとうに時間をかけるだけの値打ちがあったのか？　時々、わたしがだれも集まらなかった旅を終えて早朝に家に帰った時、ドリーンは言った。「なぜ、あなたは中川を諦めないの？　人々は、あなたをありがたくは思っていないのよ」。しかし、わたしは、努力は無駄ではなかったと感じている。元からの開拓民クリスチャンのために難しい状態の中で、教会は、彼らを支えるためにできることをした。年配の人々はそれに感謝していた。たとえ、第二世代や第三世代のなかで生きた信仰を保つことができなかったとしても、多くの開拓者たちにとってだれかが気にかけてくれたということに大きな意味があった。くわえて、その人々はほとんど会員にならなかったけれども、何人かの若者と、中川の若い数家族はキリスト教信仰に意味を見いだした。何人かの若者は洗礼を受け、じきに仕事を求めて遠くに引っ越した。その人々の数人は、引っ越した地域の教会でつながりをつくったのだ。

三木牧師と鈴木夫妻がそこに住んでいた年月は、彼らが知己を得た家族が多かったことを意味する。それらの年月の間、彼らは定期的に日曜学校の会合を開いた。それは、疑いなく、参加した子どもたちに影響を残した。道北センターのスタッフだった佐藤千代子さんは、名寄から中川に一月に一度は子どもたちのための集会に通った。わたしが彼女と一緒に行ったある時、彼女は、子どもたちの熱心な様子を目にして、子どもたちは、愛すべき子ども集会を、ほんとうに楽しんでいるのだと感じたという。

幼稚園を持とうにも、なかなかできなかった地域で、教会は、幼児教育を行ったことによって、教会とは無縁だった保護者にも、教会は幼児教育を大切にしていることを示せたのだし、子どもたちに教育上の良いスタートを与えたのだ。

結局、クリスチャンが着手して力を尽くしたことについて、成功か失敗かを断定するのは、わたしたちではない。わたしたちにできるのは、信じることだけだ。わたしたちが言えるのは、誠意と愛をもって奉仕をしたのであれば、それらの労苦は、無駄ではないだろうということだ。

士別教会と細海光子牧師の働き

士別市は、人口およそ二万五千人、名寄の南二五キロメートルに位置する。士別には戦前から長老派の教会があった。日本政府が力ずくですべてのプロテスタント教会を戦争期に統合した時、士別の長老派教会は日本基督教団の一教会になった。戦争が終わって、北海道でかつて長老派だった教会は教団から離脱し、長老派教会として存続することを決めた。士別では、長老派の牧師と少数のクリスチャンたちが、教会の建物で礼拝を行った。しかし、教団に留まりたいと感じた数家族は、長老派を離れて家庭で定時の礼拝を行い、何人かのとても有能な信徒の指導に従った。わたしが道北での働きを支援するために赴任した後、このグループは田村牧師とわたしに問い合わせて、わたしたちは時々このグループと会った。久しい以前から、このグループは、教団北海教区に自分たちを北海道特別開拓伝道に含むことはできないだろうかと問い合わせていた。鎌谷牧師は和寒で働いていた期間に、士別からでも双方で同様に働けるようにする準備をした。鎌谷夫妻が和寒を離れた後、士別から和寒と両方の教会の働きを担う重点的な牧会区域にすることが決まった。その地域が広大だったからである。士別教会は北拓伝計画に含まれて、教会の建物と牧師謝儀の一部のための財政支援を得た。

細海光子牧師は、この働きの先頭に立つために任命された。光子さんは、道北地区で働く最初の女性牧師だった。彼女は東京から来た。東京では教団の教会の副牧師として数年間働いていた。光子さんはたいへんな苦労人だった。彼女は戦争中東京で育ったが空襲爆撃をうけたことで、数多くの困難に遭い、栄養不良となり、結核にかかって数年間を療養所で送った。療養所にいた間に、彼女は初めてキリスト教に接した。それが彼女の人生の方向を変えた。退院すると、彼女は牧師になるために日本聖書神学校に入学した。この神学校は夜間学校で、学生が、各自の生活スタイルで、入学から卒業まで昼間の職業を持ちながら通学することができた。このやり方で学んで光子さんは教師に任職された。女性教師がほとんどいない時代だった。都市の教会での数年間の後、彼女は、そちらが自分の働きなのだと決断して、北海道の農村の教会に仕えるために、自分から志願した。

最初、わたしたちは、「都会の女性」が、かなり農村の教会に順応できるだろうかと心配したが、嬉しい驚きを経験することになった。彼女は、農民の一家ととりわけ良好な関係を作った。和寒と士別のクリスチャンたちの多くは農民の家族だった。彼女は幼稚園の二階に住んで、教会の牧師と幼稚園の園長との両方で奉仕した。ずいぶん前から、幼稚園には、およそ四十人の園児と二人の教師がいた。日曜日には、午前中に士別教会で礼拝を開き、午後に和寒教会で礼拝した。

光子さんは車を持っていなかったので、わたしが同行して、彼女は田舎の家庭集会や農場の訪問をした。一か月に一回、わたしは彼女が郵便局員の西崎則義さんの家を教会とした剣淵の「家の教会」に同行した。わたしたちは、一か月に一回、朝日村にも通った。そこで、共に医師というご夫妻が、共同の診療所を開業していた。妻がクリスチャンだったので、家庭集会のために家を開放して、地域の他の人たちを参加するように招いた。とりわけ、青年たちから好い反応があった。若者たちは、医師の持っていた電子オルガンの伴奏で讃美歌を歌うのに引きつけられた。

細海牧師の青年たちに対する働きの効果は、実際の話で証言できる。その話をわたしは一九六九年の年間報告に記録していた。これは池田さんという名前の高校三年の女学生の話である。彼女が暮らしていたのは、和寒からいくらか距離の離れた田舎の農場だった。彼女はキリスト教について聖書を学ぶラジオ放送を聴いて、和寒教会に出席し始めた。クリスマスの少し前に、彼女は細海牧師に手紙を書いて洗礼を受けたいと願った。細海牧師は、池田さんのために、七人の他の人たちと一緒に一月に洗礼を受けるように備えた。わたしはこの洗礼式を手伝った。わたしがその時に分かったのは、池田さんが祖父母から反対され、両親に引き止められたにもかかわらず、受洗を決心していたことだった。また、池田さんは和寒教会の日曜学校を手伝うと決めていた。細海牧師の士別と和寒での働きの間、多くの青年が洗礼を受けた。しかし、青年たちの多くが大学に進学し、または就職し

田村牧師と、お茶を飲むフロイド

て働くために去って行ったので、教会員の跡継ぎはけっして増えなかった。細海牧師はこのことにもけっして意欲を削がれなかった。彼女は「わたしたちの教会としての課題は、人々をクリスチャンとして世界に送り出すことです」と言った。

細海牧師は、彼女の宣教の働きが終わるまで士別と和寒で奉仕した。彼女は糖尿病の闘病を続け、隠退して札幌近郊のキリスト教老人ホームに住んだ。わたしはそこに彼女を訪ねたが、それはわたしが日本にもどった最後の旅の時だった。彼女はとても喜んで、わたしと一緒に、ホームが作った小川の流れの傍らのベンチに座って、数多くの幸いで実り豊かな時を思い起こした。わたしたちが宣教の働きを一緒に担った時の思い出だった。数年の後、わたしは彼女が亡くなったという知らせを受け取った。士別と和寒の教会は、人々と共に歩んだ彼女の忠実な奉仕にあふれる多くの敬意のことばを贈った。

第五章　地域の働き

アルフレッド・ストーン牧師が、わたしたちの名寄での働きに抱いていた夢のひとつは、「農村センター」を日本の北部に創設することだった。間もなく、田村牧師とわたしがその夢を分かち合った。本州では幾つか「農村センター」が設立され、それらのうちの二か所に小規模の「モデル農場」があった。どのセンターもリーダーシップ研修と、教会の信徒リーダー養成の施設を持ち、戦後日本政府による農業政策の大転換に直面していた農村地域への実際的な支援に備えていた。田村牧師とわたしは、それらのセンターに関する情報を得て、自分たち自身の計画を練り始めた。わたしたちは小規模な農場の可能性を探り始めた。それは、教会リーダーと農村の青年の養成のための宿泊施設を備えたものだ。

わたしたちは、名寄で費用のかからない丘陵地の中腹に、このようなセンターを建設できると思える土地を探した。じきに、わたしたちは、そのような土地は実用的ではないということに気づいた。丘の中腹のような土地は、冬にはほとんどアクセスができなくなる。その冬の期間にわたしたちは研修活動の大半を運営しなければならないのだ。つぎに、わたしたちは名寄市街に近い土地を探し始めて、名寄から遠くない二〇エーカーほどの地所を見つけた。わたしたちは、その土地を買うための見積書を作成した。そこに研修センターを設置し、小型のトラクターと農機具を購入し、農場の運営を進めるためのプランだった。それを日本基督教団北海教区常置委員会に提出した。執行部は、この種の小規模運営では、けっして「モデル」にならないだろうし、費用がとんでもない額だと言って、わたしたちを説得した。それで、わたしは、気づくことができた。わたしは農場に生まれ育ったが、農業の専門家ではないし、わたしのエネルギーのほとんどがその農場を存続することに注がれるだろうし、養成と支援活動に残せる時間はほとんどなくなるだろう。常置委員会は、わたしにとても堅実な助言をしてくれたと感じた。

わたしたちは、農場というアイデアを止めて、地域志向のセンターにピッタリするような地所を見つけることに集中した。そのセンターは道北地区の信徒の教会リーダーの研修施設として奉仕することができるだろうし、より良い農業の方法について農村の若者の研修センター、そして地域センターとして広範で多様な目的でも地域の人々が利用できるだろう。幸運にも、名寄市の端にちょうど良い場所を見つけた。駅から歩いて一〇分で農業高校の近くだった。その地所は廃業したレンガ工場の跡地だった。わたしたちは、八〇歳という地主を説得して、妥当な値段でわたしたちに用地を売ってもらい、すみやかにセンターの建物のプランを作り始めた。そのプランは日本基督教団北海教区常置委員会に承認され、要請をうけたカナダ合同教会から補助金を得た。その土地の総額価格と建物と備品とは一万四〇〇〇ドルあまりになった。この低価格が可能になったのは、当時の為替レートが一カナダドル＝三六〇円だったからだった。

中心の建物は、二階建てセメントブロック作りで、化粧シックイの片翼は、浴室、トイレ、日本人主事の宿舎を含む構造だった。建物は、四十人分の寝室を備えていて、六十人分の食事設備、約八十人が座れる部屋があった。低価格となった大方の功績は、田村喜代治牧師にあった。彼は建築について広い経験を持っていたし、好条件の契約をまとめることができた。相当な数のボランティアの働き人もまた、教会と高校生の若者グループによって備えられた。

施設は、道北クリスチャンセンター、とか「道北センター」と呼ばれるようになったが、一九六〇年九月一九日に落成式を迎えて、教会のリーダーたち、名寄市長の池田幸太郎さん、多くの地域の人々が出席した。名称の「道北」は、北海道の北部地区を呼ぶ略称だった。道北地区とは、人口およそ三十五万人で三つの教団の教会をもつ旭川市から北に広がって、北海道の北端の稚内にまで至る地方だった。

市長が提案したのは、地域全体で用いられるのを望むならば、「道北センター」とシンプルに呼んだほうが、道北クリスチャンセンターより良いだろうということだった。ある人々にとって、施設が、とくに指定してクリスチャンとして名乗っていないほうが、もっと来やすくなるだろうということだった。それを彼は的確にも言い当てていた。

道北センターで実施した諸活動の中には、秋は地方教会の青年集会、地方高校生のための三つの「オープンハウス」行事、4Hクラブ青年の集会、北海道農村教会青年の行事、学校教師の冬の修養会があった。

最初の年の一月に、わたしたちは聖書研究に集中する企画を試してみた。十五名ほどの人が参加した。わたしたちの予想に反して、参加者の多くは、ノンクリスチャンで、聖書についてもっと学ぶことを待ち望んでいた人々だった。日本では、キリスト教の聖書は、本屋で容易に買うことができて、年間の「ベストセラー」の一冊だった。ある若い学生は、かつて聖書を学んだことがなかったが、家に帰ったら、毎日、聖書の中の二章分を読もうと決心した。わたしが彼女の住んでいた町に一か月に一回たずねる時に、彼女は、わたしに聞くための質問をためておいた。彼女とその友だちは、仲間の高校生たちのための聖書研究のグループを始めた。

わたしたちは、日本の教会の伝統で、二日間の「修養会」というリトリートを含んだ集会を始めた。修養会は、しばしば信徒がリードする礼拝と、小グループでの聖書研究を行った。これらの行事は、若者と年長者との双方を含むように計画した。道北のすべての教団教会と家庭集会に関わる人々に呼びかけた。それらを計画することは、センターのスタッフだけでなく、道北地区の信徒と教職者との協働によって実施された。

夏期英語キャンプ

人気のプログラムが一九六一年に始まり、長年にわたって成果をあげて実施された。それは、中学生と高校生のための夏の英会話キャンプだった。施設は収容人数がいつも満杯になった。しばしば、わたしたちは追加の宿泊設備としてテントを張らなければならなかった。わたしたちは、英語を話す先生を日本の各地から募集して、夏期休暇の一週間をわたしたちと一緒に過ごしてもらった。「英語キャンプ」は、各プログラムが四日間あまりだった。昼間に行ったスケジュールとしては、英会話、発音、文章練習などを、六人ないしは八人のグループで、英語話者の先生と日本人の補助の先生と一緒にすることだった。しかし、夕方には、学生自身が選んだ話題について、日本語で討論することに用いた。これは、学生たちが大いに楽しむ機会だった。討論することは、中高生たちの学校では歓迎されていなかったからだった。選ばれた話題としては、「大学受験競争」や「男子と女子の関係の在り方」から「人生の目的」や「神の存在」まで、幅広かった。

英語キャンプは、学生たちと触れ合う素晴らしい機会だということが分かった。キリスト教改宗主義のやり方としてキャンプを使う試みをしなかっただけでなく、むしろ、学生自身が感じた必要に応答したのだった。ある学生たちは、キャンプの姿勢に自ら感化されて、キリスト教が何かをもっと知りたくなった。しかし、このことはけっしてキャンプの中心となる主旨ではなかった。多くの学生は、自分たちにとって重要な課題を論じ合う機会を喜んだ。学生たちが問い始めたのは、この国の教育と政治の両者の仕組みの特質についてだった。また、多くの学生が社会の変革のために働く社会活動者になっていった。わたしたちは、時々、わたしたちの活動について考えてみて、それは通常の日本の教育システムから外れた内部抵抗者のようなものかと思った。わたしたちが募集した先生の何人かは、それぞれの学校にもどり、学生たちにもっと討論することを経験させ、社会的意識を育てようと試みた。

中村光夫さん

初代の主事であり、わたしの協働者として道北センターのプログラムを設定したのは、中村光夫さんだった。豊かな農業の経験を持っていた人だった。彼はまた、東京神学大学に通っていて、賀川豊彦博士の東京にある教会で学生アシスタントとして奉仕したことがあった。

彼は、北海道の農場で育ち、酪農学園大学付属高校に通った。このキリスト教基盤の学園で、彼が初めてキリスト教に接したのは、学生の聖書研究とチャペル礼拝を通してだった。卒業時に、彼はキリスト教宣教の職務に召命を感じて、東京神学大学に入学した。彼のお父さんは光夫さんの決断に断固反対だったので、彼を勘当した。光夫さんは神学校に在学中は家にもどることを許されなかった。幸いなことに、彼のお母さんが接触を保ち、たびたび、農場から食料を送ってくれた。卒業して、光夫さんは酪農学園大学に学生のチャプレンとしてもどってきた。わたしたちは、道北センターの主事を探していた時、大学長だった樋浦誠博士を訪ねた。樋浦博士は光夫さんをたいへん強く推薦し、道北センターが三愛塾計画の北の拠点となることを提案した。それは大学で設立された塾だった。わたしたちは、道北センターの最初の三愛塾を一九六一年一月に開いた。それは後に、わたししたちのプログラムの中心的なものになった。光夫さんは、傑出した指導力を発揮して長年にわたり三愛塾を導いた。彼の妻の知子さんは、高校の家庭科の教師だった。得難い助けをもって、わたしたちの多岐にわたるプログラムのためにセンターの食事を企画してくださった。彼女はまた、食品と栄養の問題について農村の青年たちの訓練を指導してくれた。

多くの革新的なプログラムが道北センターで進められ、それらは、光夫さんの洞察と構想とに負うところがとても大きかった。彼は道北センター英会話スクールの設立を助けて、営業担当主事になった。スクールの収益によって、わたしたちは一九七一年には道北センターの副主事を雇うことができた。樋浦博士は、渡辺兵衛さんを推薦した。渡辺さんは酪農学園大学の卒業生だった。兵衛さんと、妻の志津枝さんもまた、センターの営みに貴重な貢献をしてくれた。

中村光夫さんは、いつも地域と日本の政治の現状に関心を抱いていた。十五年間のセンタースタッフとしての奉仕の後、地元の社会党執行部の人が訪ねてきて、名寄市長選挙の候補者になるよう要請し、深い内省の後に、彼は立候補を受け入れた。選挙運動は順調に進んだ。自由民主党の立候補者は新人で地域ではあまりよく知られていなかった。さらに第三党の候補者は自民党票を割る恐れがあった。光夫さんの当選がほぼ確実と思われるようになった時に、自民党は候補者を替えた。年輩の人で、彼には恩義を受けた大勢の市民がいた。第三党の候補者は身を引き、光夫さんは善戦したけれども市長職を勝ち取れなかった。しかし、次の選挙で市議会議員になった。彼が議員に選ばれた後の数年間は道北センター英語学園の事務長を続け、渡辺兵衛さんが道北センター主事を引き継いだ。そのことは後で語ることにする。光夫さんは市議会議員を数期にわたり立派に務めた後、次期の選挙には出ないと決め、稚内教会の牧師職を受け入れた。彼が政治家の仕事よりも牧師の仕事を選択したことは、妻の知子さんの願いにも大いにかなっていた。

三愛運動の由来——賀川豊彦博士

三愛運動は、道北センターのもっとも重要なプログラムのひとつで、わたしたちのもっとも代表的な試みとして、キリスト教を中心に据えた共同体や世界のためにある「教会教」を越えて行動しようとした。この運動の最初の実例に立ちもどってみるのに、わたしたちは、賀川豊彦博士の生涯と事績をふりかえる必要がある。

若い頃、わたしは賀川の話を聞いたことがあった。賀川は、一八八八年に神戸に生まれた。裕福な父の第二夫人、つまり「お妾さん」の息子だった。彼の父も母も亡くなったとき、彼はまだ幼少だった。それで、彼は養子にしてもらうために父の正妻のもとに送られた。彼女は彼を嫌い、愛情を示さなかった。彼は学校では成績が良くて、高校生の年齢になった時に、裕福な叔父の家に住むようになった。英語を習いたいと思って、彼が訪ねたのが、長老派の宣教師のハリー・マヤス博士の家だった。これが彼の人生の重要な転換点になった。彼は熱心に聖書を学び始めた。彼は洗礼を受けると、神学校に行こうと決心した。彼の叔父さんは反対して、彼を勘当し家から追放した。しかし、マヤス博士は彼に奨学金を与えて、彼は神戸の神学校に行くことができるようになった。神と人に対する愛から、賀川は神戸のスラムで説教し始めた。この経験を通じて、彼が気づいたのは、スラムの人々の間で生きることなしに、人々と通じ合うことなど、けっしてあり得ないということだった。一九〇九年のクリスマス・イヴ、彼は新川の一室に引っ越した。そこは有名な貧民地区だった。家の戸口に物乞いが姿を現すのに時間はかからなかった。賀川が一人だけで住んでいたのを見つけて、物乞いは「この部屋は一人には広すぎる。おれがあんたと一緒に住むよ」と言った。先ず、賀川は拒絶したい気持ちだった。しかし、そこで考えた。

わたしは、ここの人々にキリストの愛を実際に示すためにやって来たのに、どうして「いやだ」と言えるのか？その物乞いは彼のところに引っ越してきた。間もなく、他に二人が彼のところにやって来て生活を共にして、食事を一緒にした。

賀川はスラムに住み続けていた間、小さなチャペルで説教もしていた。ひとりの若い女性が彼の説教を聴きに来たが、それが芝ハルだった。彼女は、後に洗礼を受けて、チャペルの仕事を手伝い始めた。彼女の家族が、彼女をノンクリスチャンと結婚させようとした時、賀川は、彼女はスラムで働き、暮らすのに心構えが十分できているのだと気づき、二人は結婚した。そして共に忠実に職務を担い続け、それは二人の全生涯に及んだ。

賀川は、一九一五年に合衆国に渡って、プリンストン大学で学んだ。彼がいない間、ハルは横浜の聖書学校に通った。賀川が帰国すると、二人は神戸の新川のスラムで一緒に働いた。一九二三年の関東大震災の後、二人は東京に引っ越して、ホームレスと極貧者の救援をした。これは、社会奉仕と著述活動とクリスチャンの現場奉仕とを日本全国に知らせる新たなミッションのセンターになった。一九三〇年、賀川は神の国運動の創設を助けた。それは、日本社会のあらゆる集団や階級に伝道しようと努める運動で、農民、工場労働者、漁民、鉱山労働者、運輸労働者、公務員などに伝道しようと意図した。賀川は、日本で最初の労働組合を組織し、組合の組織運動のために何度か監獄で過ごした。賀川の関心は、ひどい貧困のもとにあった小作農民とその闘いに向けられ、「日本農民組合」を組織するに至った。さらに信用組合や農村の生活協同組合の進展を助けた。これは農村の生協運動の始めとなった。その結果として、日本の農民の大半を含むものになり、今日もなお存続している。

賀川は政治的論争が嫌いではなかった。幾つかの国々の政治運動について学んだ後、彼は日本で最初の労働党の組織化を助けた。社会運動における賀川の働きのすべてにおいて、彼はクリスチャンである事実を隠さなかったが、だれに対しても、自分のキリスト教を押しつけることをけっしてしなかった。彼の著書『愛の科学』の英語版『愛、生命の法（*Love, the Law of Life*）』に彼の言葉が出てくる。「わたしは善きサマリア人のように奉仕した。しかし、人々は、わたしがクリスチャンだと知っていた。わたしの多くの友人は、この奉仕を通してキリスト教の本質に気づいた」。

わたしが賀川から学んだのは、イエスの精神によって、ひとりの善きサマリア人として働くことで十分だということだった。そして、他者に、わたしの信仰を受け入れさせようとしないことだった。

北海道における三愛運動

北海道における三愛運動は、一九五〇年に樋浦誠博士の指導の下に始まった。彼は、酪農学園大学の学長で、その大学は農村の青年のためのキリスト教主義の二年制短期大学だった。三愛塾は、農民福音学校と同様の精神に負っていたが、強調点とプログラムの重大な変化を必然的に伴っていた。第一に「三愛塾」という名称の変化は象徴的だった。「三愛」は、神に対する愛、隣人に対する愛、土地に対する愛を意味し、根底となる考えは、デンマークの「民衆学校」運動に由来した。その運動は酪農学園のあるスタッフたちが参加していた。

三愛塾は包括的なアプローチを構想し、それは霊的、社会的、土と農的生活への関わりを含んでいた。対象とするグループは、大学組織の中にすでにいる学生たちではなく、むしろ、その他の農村青年たちで、大学に来る余裕はないが、実際的な訓練を望んでいる人たちだった。酪農学園大学の設備を用いながら、三愛塾は、春休みの二週間に参加者にとってとても安い参加費で開催された。参加者は、自分の食料と布団を持参するように勧められた。主要な科目は、農業技能の向上や、個人および地域共同体としての生き方だった。

道北センターの道北三愛塾

野幌での三愛塾に参加した人々の多くは、北海道の中央地域からきたので、道北での短期塾が現実的な必要を満たすだろうと感じられた。道北三愛塾は、一九六一年一月に始まった。わたしたちは、一月の四日間塾と八月の二日間塾というパターンを展開した。これらすべての塾の企画は、過去の参加者と協力して立てられた。農村青年の現在の必要を見ながら、その必要に見合うプログラムを作り上げた。一度、課題が明確にされると、わたしたちは、それに貢献できるリーダーを探し始めた。わたしたちは、幸いにも酪農学園大学から先生たちを得ることができた。しかし、周囲の地域からも多くのリーダーを見つけることができた。

長年にわたって、三愛塾は広く様々な課題を取り扱った。様々な側面から科学的農業を扱うことに加えて、家庭と地域の生活、男女関係、農業政策の考察、農業協同組合などであった。一九六六年三月、ある回の三愛塾が終わった後に、わたしはカナダの友人に宛てた手紙に次のように書いた。

三愛塾を通じて、次第にはっきり分かってきたことがあった。それはより良い農業技法だけでは農村の諸問題は解決しないということだった。農民たちは一緒に働くことを学ばねばならないし、農民にとって有害な農業政策については、もっと効果的な政治的行動を取らねばならないということだった。ずいぶん多くの関心を引いたのは、協同農業の様々な方法の中でも、小規模運営の能率の悪さを克服する方法だった。近くにある十五家族で二百頭の乳牛を持つ酪農協同組合の幹事が話したのは、彼らは酪農に対する現在以上の支援を望んでいること、さらに、とても多くの家族を抱えた協同組合として効果的に働く上での困難があるということだった。

わたしがとくに思い出す学習場面の一つは、洞爺湖地区の協同組合で温室野菜を栽培しているグループのリーダーの話しだった。ある夏に洞爺湖の活火山が噴火し、その火山灰が周辺地域の大半を覆ってしまった。彼のグループの協同組合が力を合わせて働いて、その土地を回復するのを妨げる最悪の事態から救うことができた。そして農業生産を続けるための温室をまもることができた。

三愛塾が試みたのは、その時起こった実際的な課題を取り上げることで、その時勢に精通するようにすることだった。わたしの書いた一九七六年のニュースレターで、わたしが述べたのは、日本の社会分野の中で、苦しめられている人々の大半は農村の人々だということだった。

卸値は農場への投資増に圧迫されて、さらに農民の生産者価格が下落することで、多くの農民たちはひどい負債を負う。今年の北海道の天候はすぐれなかったので、稲の実りは乏しく、多くの農民が破産して、土地を去って行かねばならない。日本の農民は、カナダの多くの農民のように、農政に苦しめられている。その政策は、大企業を優遇し、農民を差別する。教会は、農民の痛みを分かち合い、農民のより良い、十分食べられる生活のための闘いに連帯する必要がある。

三愛塾では、その期間中の朝食前に聖書研究の時間があった。それは、討議される農村の課題に関わりある聖書の個所をとりあげた。三愛塾の参加者の九五パーセントはノンクリスチャンだったが、参加者の多くが聖書から人生にとっての真理の助けを見つけた。クリスチャンになるようにという圧力はなかった。ところが、かえって、参加者は、自分たちの日常生活が、聖書に発見した信念を含んでいたことに勇気づけられた。数人の参加者は、いつしかクリスチャンになった。しかし、多くはその家族の宗教を続けた。たいがいは仏教か神道だったが、新たな面を伴ってのことだった。

ある女性が言ったのだが、彼女が塾に来る前に多少心配だったのは、これはクリスチャンが主催している塾ということだった。しかし、参加してみて、彼女が気づいたのは、信仰に生きがいを見つけることの中に、彼女が必要としている何ものかがあるということだった。他の女性で三愛塾に四回参加した人が言ったのは、彼女が塾を離れることができなかったのは、彼女を力づけてくれたからだということだった。彼女は、しばしば家庭で落胆するような問題に取り組むのに強さを必要としていた。彼女は数年にわたって教会に通っていた。とはいえ、何と、それは六キロメートルを歩いて汽車に乗って興部の教会に来るということだった。そして同じ帰り道を礼拝後に夜までかかって帰るということだった。

これらの若者たちの多くはけっしてクリスチャンにならなかったが、キリスト教に対する古い偏見は打ち破られ、教会と農村社会との間の対話の道は開かれた。わたしにとって、このことは、教会の宣教の核心的な意味である。それは、聴くこと、学ぶこと、人々の実際の必要に奉仕すること、そして、人々の闘いの中で人々と分ち合うことである。

水俣との絆

水俣は九州南部の小さな漁村である。それが日本や世界中で悪名となって知られたのは、「水俣病」という緊急事態によった。何年間にもわたって、水俣の多くの住民は、原因不明の疾病で死に至り、あるいは手足がまったく動かなくなった。その病は、とくに地域の漁民たちを襲った。最後にその原因は、追跡調査によってチッソ肥料工場だということが分かった。その工場は、未処理の水銀残留排水を港内に垂れ流し続けていた。魚が毒物を摂取し、漁民の家族が大量にその魚を食べて、その人々がもっとも大きな被害者のグループになった。このことが知られるようになった時、住民たちが運動を始めて、工場排水を停めることと、被害を受けた数百人の家族に対する賠償を求めた。漁民たちの活動で製作されたビデオで、わたしは、ありありと思い起こすシーンがあった。水俣から行った女性が、テーブルに腰掛けながら、東京の工場の責任者の目の前で、公害を終わらせることと、被害者への賠償を要求していた。人々の要求はすべて支払われた。公害は終結し、被害を受けた家族は、新しい仕事を始めるための経済支援を得た。

港とその周辺の海の全体が恒久的に汚染されてしまったので、もはや漁業で生活することは不可能になった。住民は漁業を諦めて、代わりに、町の周囲の山腹でミカンを栽培し始めた。けれども、悲惨な公害の体験があったので、人々はオーガニックのミカンを栽培すると誓った。

道北センターの三愛塾は、有機農業を学んでいたので、水俣で有機栽培ミカンを協同で栽培している人々を何人か招いて、そのことを話してもらうのに名寄に来てもらった。わたしたちは、みんな、水俣の人々の劇的な証言に深い感銘を与えられた。しかし、わたしたちは、人々が直面していた幾つかの困難もまた聴いた。人々は殺虫剤や人工着色剤を使わないので、水俣のミカンは、しばしば、小さな傷ができた。これは、多くの小売業者が水俣のミカンを売るのを嫌がって、人々は他の市場を見つけなければならなかったということだった。三愛塾の参加者たちは、北海道の多くの場所で、水俣ミカンの代理販売者になった。たとえば、毎年一二月と二月に、道北センターは、トラック一台分のミカンの積み荷を手配して名寄に運び、この地域で流通させた。

樋浦誠博士

わたしたちが道北三愛塾を始めた時、樋浦博士はもっとも主要な支援者、また指導者になってくれた。彼は必ず出席し、三愛塾のほとんどすべてにおいて指導をしてくれた。

各回の三愛塾で、先見性に富んだ話題は、三愛精神についての樋浦博士のお話の中にあった。彼はデンマークの民衆学校における「三愛理念」の由来の中からわたしたちと分かち合った。彼は、生きることの意味を若者として探求した彼自身のことを語った。彼が十代の頃、初めてキリスト教と接した時だった。教会の建物にたまま立ち寄って、そこで聴いたメッセージに魅せられた。後に、札幌に来て北海道大学に入学し、札幌北光教会に出席し始めた。彼が話したのは、教会では、大学のように「講義」がなされるのに、授業料はなく、だれもが歓迎されるという事実に魅せられたということだった。これが彼に授業料なしの大学というアイデアを与えた。それが酪農学園大学の三愛塾の基盤の一つとなった。一年のうちに、彼はクリスチャンになって洗礼を受けると決心したのだと言った。

わたしたちの三愛塾に参加した農村青年の大半は、キリスト教についてほとんど知らなかった。樋浦博士は、青年たちにキリスト教信仰を強いるようなことはしなかった。しかし、人生とその導きの意味を見いだすこと、競争ではなく協同を基盤とした新しい農村社会を築くことに関して、聖書の価値を語った。彼は信仰を見いだすことが必要なのは、青年たちが地域に貢献するリーダーになろうとするならば、彼らが自らを越えていく精神のためなのだと語った。彼は「神の愛」について語ったが、狭い教条的な意味ではなく、わたしたちの外からやって来るが、わたしたちの存在の根源である愛の力としてそれを語った。彼が聖書について語ると、それは、わたしたちが討論や講義で論じ合っていた現実的な人生の課題や状況に結びついていた。彼は生命の根源としての愛、そして幸いな農村社会の根拠としての隣人相互の愛について語った。都会のまばゆい輝きと繁栄に魅せられがちな農村の若者たちに対して、彼が勧めたのは、土に根を張ることであり、農村社会を作り上げ、保っていくことだった。

道北センターでの三愛塾は、数多くの地域ごとの塾が北海道中で発展していく第一号だった。それらは、北見、瀬棚、上富良野、中標津、十勝地方だった。

一九六四年の理事会の後、樋浦博士は酪農学園大学長としての辞任を余儀なくされた。おそらく、彼が「無料」の三愛塾にあまりに力をそそいでいたからだろう。ところが、彼は大学生たちにあまりに敬愛されていたので、学生たちは彼を強く支持して、数週間ストライキを行い、彼が復職するようにと試みた。しかし、それは叶わなかった。一九六四年に学長を辞任した後でも、彼は元学長として大学にとどまり、北海道中の三愛塾の研究と参加を続けた。学長辞任の後、酪農学園大学での三愛塾は継続しなかった。その時点から、道北センターが北海道中の他の三愛塾にとって、まとめ役団体になった。この責任は、主に中村光夫と、次には渡辺兵衛という道北センター主事が担った。

樋浦博士は、おそらくわたしの日本宣教と農村の人々との関係についての考えに、もっとも重要な影響を及ぼした人の一人だった。一九九〇年に彼が世を去った後、わたしは、樋浦博士への記念誌に寄稿するように頼まれた。わたしはメッセージの中で、どのようにキリスト教信仰が日本の農村の人々と関わるのかを理解するうえで、樋浦博士がわたしの助けとなってくれたことを語った。彼のメッセージは、早急にクリスチャンになるのは農村の人々にとって難しいことであること。人々がクリスチャンになるには、おそらく次の世代まで待ち続ける必要があるということである。

これは、わたしが日本でのわたしの仕事の全生涯を通して、名寄にとどまることを納得させる以外の何ものでもなかった。次の話は、彼の助言の真実を裏づけている。わたし自身が、彼のことばがいかに預言者的だったかを目のあたりにした。日本滞在の終わりに近い頃、わたしは士別教会の細海光子牧師に依頼され、彼女と一緒に田舎の農家を訪ねた。細海牧師が知っていたのは、この家のだれかが超教派のラジオ番組で聖書研究のコースを受ける希望を出していたということだった。わたしたちは、高校生の女性が彼女のお父さんの勧めで受講を希望していることを知った。彼女のお父さんは、酪農学園大学の第一回三愛塾の参加者だった。彼は聖書の学びにとても魅せられた。しかし、彼は農場を継がねばならない長男だったので、彼が家族の伝統を捨てることはできないことだった。ところが、彼が家長になった時、彼の子どもたちが聖書の教えの感化を受けるようになるように強く願ったのだった。彼の娘は士別教会に通うようになった。彼女は洗礼を受けて、幼稚園教員の訓練を受けて、野幌教会付属幼稚園の教師になった。

樋浦誠博士は、日本におけるわたしの仕事の中心になった三愛塾運動の創設者というだけでなく、わたしに多くのインスピレーションを与え、恩師であり、敬愛する友でもあった。わたしが感謝してやまないのは、このようにきわめて実践的であり、また深く霊的な人物を知ったということだった。

変化をもたらした道北センターの道北三愛塾の参加者たち

もしも、わたしが道北センターで道北三愛塾の参加者たちを調べたならば、おそらく五十年間にわたる酪農学園大学と道北センター、その他の地区の塾の参加者たちの数知れない物語を見いだすことができるだろう。参加者たちは、それぞれの家庭や、地域や、日本の国民生活の中に大きな変化をもたらした。わたしは、ここでほんの二、三の物語に触れることにする。

智恵文の五十嵐さん一家

一九六一年の第一回道北三愛塾に参加した若者の一人に、五十嵐勝さんがいた。彼は智恵文の野菜農場で育った。智恵文は名寄のすぐ北にある農村だった。彼は酪農学園大学の出身で、樋浦博士をとても尊敬していた。わたしたちは、彼に初期の三愛塾の企画を手伝ってくれるように仲間として慕った。彼の妻の逸子さんは、女性のためのプログラムを作るのを助けてくれた。とりわけ、それは、夏期の二日間の「家庭造りパーティー」と呼ばれたプログラムだった。勝さんの妹の美代さんもまた、三愛塾に部分参加して、後には、道北センター英会話学園の秘書職員になった。勝さんは農協の組合長になった。さらに地方政治に積極的に役割を持って、道議会議員に一期選ばれた。五十嵐さん一家は三愛塾プログラムにゆるぎない支援を与えてくれた。

本間義麿さんと君子さん

三愛塾で知り合った多くの「三愛結婚」のカップルの一組が、松田君子さんと本間義麿さんだった。わたしが、はじめて君子さんを知ったのは、彼女が枝幸の高校にいた頃だった。枝幸は北海道北東沿岸の漁村だった。彼女は、わたしが一か月に一回行っていた村山夫妻の家庭集会に出席していた。君子さんは、その集会に忠実に出席して、高校を卒業するときに仕事を探していた。わたしたちは、センタースタッフを必要としていたので、彼女と夫を亡くしていたお母さんとを一緒に名寄に招いた。彼女は、感じの良いよく働くスタッフで、三愛塾の企画を助け、食事を担当した。義磨さんは三愛塾に数回やって来て、二人は愛し合い、結婚した。

　息子二人と娘一人が生まれて、彼女はかつてなく忙しくなった。一年に一度だけでも、彼女は名寄訪問で帰り、教会に出席する機会を工夫した。義磨さんは牛の頭数を増やして、地域のリーダーの一人になり、農協の組合長になった。二人は、今やその農村の地域生活において指導力をもって重要な貢献をしている。

久保美智子さんと宮島利光さん

　久保さん一家は、名寄市の境界付近で小規模な野菜農場を開いていた。わたしたちが久保さん一家を知ったのは、毎春に久保さんから野菜の苗を購入することを通してだった。美智子さんは、名寄教会に通い始めて、若者グループのリーダーになった。農場という背景を持っていたので、彼女は、第一回目の三愛塾にも熱心に出席し、そこで、宮島利光さんに出会った。

　利光さんは、山に囲まれた温根別村の近くの農場で育った。名寄から四〇キロメートルくらいのところだった。彼は酪農学園大学付属高校を卒業した。彼は第一回目の三愛塾に参加した。彼はクリスチャンではなかったが、農業の実践的訓練と農村青年のリーダーシップを学べる見込みのあるプログラムに魅かれた。彼は樋浦博士による朝の聖書研究の集いに前向きに取り組んだ。利光さんと美智子さんの間に友情が芽生えて、二人は結婚した。ところが、結婚一か月で、利光さんは農業研修の企画でカリフォルニアに行ってしまった。美智子さんは、一度は姑と暮らしたが、後にわたしたちを手伝うため、道北センターの事務所にやって来た。カリフォルニアで、利光さんは日本人教会に出席し始めて、そこで洗礼を受けた。日本に帰ってくると、彼と美智子さんは、わたしたちの家にやって来て、農村のクリスチャンに奉仕するのに備えて、神学校に通うことができるか相談した。わたしが助言したのは、農村伝道神学校に行くことだった。それは東京の南にあった。美智子さんは幼稚園教諭の訓練を受けて、彼が神学校に通う費用を助けた。利光さんは三年間にわたる神学研修の後で、和歌山の牧師職につき、一九八〇年になって、二人が派遣されたのは日高地方の三教会の宣教の職務だった。そこは北海道の先住民族であるアイヌ民族が多く住んでいる地域だった。

利光さんと美智子さんは、アイヌの人々への宣教の働きをするにつれて、その人々の多くが貧困の中に暮らし、差別とあからさまな迫害の歴史があり、アイヌが従属させられてきたことを学んだ。彼がはっきり分かったことは、一五〇〇年代初期から侵略する日本人植民者に対して、アイヌ民族の闘いがあったことだった。日本人は次第にアイヌ民族をこの島の条件の悪い地域に追いやった。そのアイヌの闘いは、日本の歴史に含まれてはいなかったので、利光さんは本を書くことを決心した。その本は、わたしの後継者のロブ・ウィットマーによって英語に翻訳され、カナダ合同教会出版局から公刊された。『チキサニの大地――アイヌ民族の歴史・文化・現在』は魅力的で、アイヌ民族の歴史を書いてきた今までの本でもっとも決定的な良書だった。この本を書いた利光さんの動機は、福音の根本に立ったクリスチャンの宣教の見方を示した。それは、差別と不正義に抵抗することである。その抵抗が見いだされるところではどこであれ、すべての人々の人権と自由のために働くことである。わたしが確信したことは、宮島利光さんがこのヴィジョンを得た場の一つは、三愛塾のプログラムだったということだった。

設立からいくぶんかの時を経て、道北センターが考えたのは、どのように、もっと財政的に自立し、同時に、地域が必要とするサービスを用意できるかということだった。その機会が一九七〇年の春に訪れ、わたしたちは夜間の英語学校の権利を買い取った。それは、山本さんによって好調に運営されていたが、英語を教えていた山本さんが、東京に引っ越すことに決めたのだった。

ドリーンとわたしは非常勤講師だった。日本人の先生たちは英語教本で学生を教えて、わたしたちは英会話と発音に専念した。名寄と、分校の下川と士別と、三百五十人の学生がいた。一九七〇年の秋に、ゴードン・モアウッドを教師陣に迎えた。彼はドリーンの親戚のフィリス・モアウッドの息子で、マックマスター大学を卒業して、わたしたちのところで、二年の間、滞在し、わたしたちの家族の一員として、もう一人の息子のように一緒に暮らした。

ゴードンは、英語学園でも、道北センターの他の活動でも熱心な先生だった。彼の滞在の終わり頃に書いた一九七一年のクリスマスレターで、彼は、英語学園と道北センターの両方の働きについて、ある大切な洞察を与えてくれた。

道北センターで行った働きが、わたしに示したことは、ほんとうのキリスト教とは何かということでした。センターを運営するための様々なプログラムが構成するのは、参加する人々が出会うリアルな場でした。新しい人々と新しい考えの出会いの場です。避けがたく起こる問題を通して働くことのなかで、それらの人々は、自分自身や、周りの他者について、しばしば新たな発見をします。このことが英語キャンプの趣旨です。そして、ほんもののリーダーが現れ始めます。まさに農村の若者たち、またセンターが働きかけてきた名寄の若者たちから現れたリーダーたちです。

一九七一年の夏、ゴードンのガールフレンドのジェーン・ロウが彼を訪ねてやって来た。先の同じ手紙で、ゴードンは彼の生活のもっとも重要な出来事として、この訪問について書いている。

驚くべき体験は、友人たちにジェーンを紹介することができ、彼女と一緒に生活を分かち合えたことです。この分かち合った体験がわたしと彼女の間の理解を深いものにしました。それは、わたしたちの人生の一番大切な誓いに発展し、来年八月に結婚するために婚約しました。

どのようにして婚約に至ったのか、おもしろい話がある。二人が婚約を誓うに至った時、ゴードンはひどい喉の感染症で寝込んでいた。彼は病気のために婚約指輪を買いに行くことができないので、ちょうど夏休みで家に帰っていたわたしたちの娘のスーザンに頼み、ジェーンと一緒に婚約指輪を選ぶために出かけたという話だ。この婚約はとても幸いな実りある結婚に導かれた。

道北センターが与えた影響は、ゴードンの人生における活動の焦点を定めるのに助けとなった。カルガリー大学社会福祉学部を卒業した後、彼は数年間、アルバータ州の農村部で障碍者の福祉事業調整部門で働いた。ゴードンのその後に続く職歴を通じて、彼はナイアガラ・フォールズ社会計画主事、カナダ精神衛生協会全国企画主事、トロントの聖クリストファーハウス主事、ピール地区家族福祉促進協会の主事として働いた。彼の道北センターと英語学園での働きは、社会福祉のキャリアの上で彼の洞察力を備える助けになった。彼はそのキャリアを通じてカナダ社会にめざましい貢献をした。

アラン・マックレーン

ゴードンがカナダにもどった後、わたしたちは、幸いにもアラン・マックレーンを新しい英語教師として迎えた。一九七二年の秋から一九七五年までの期間、彼もまた、わたしたちと一緒に暮らし、家族の一人となった。多くの親しい友人を作り、日本語がとても上手になった。彼の両親が一九七三年の夏に訪れ、アランは両親を日本旅行に連れて行った。アランは飽くことを知らない読書家で、わたしの蔵書をむさぼり読んだ。彼はとりわけ「解放の神学」に関心があり、カナダにもどるとイマヌエル神学校に入学して大学院を修了した。彼はさらに、ジュネーヴの世界キリスト教学生同盟で一年間働いた。彼はカナダ合同教会の牧師として、ウッドヴィル、マークハム、ハミルトンの諸教会で奉仕をした。

デイヴィッド・トンプソン

一九七三年のクリスマスレターで、わたしたちは一九七五年の夏からアランに代わる次の教師となる人を探していると書いた。これに古くからの友人デイヴィッド・トンプソンから応答があった。わたしたちが彼を知ったのは、彼が稚内の米空軍基地に駐屯していた時だった。米軍基地のチャプレンは、何回か道北センターに週末のリトリートのために出席者を連れてきた。デイヴィッドはそれらのグループの一人だった。その時まで、彼は基地での生活にじっと耐えていた。アフリカ系アメリカ人として基地から踏み出して日本人のコミュニティに入ることをためらっていた。しかし、センターでの週末の後に、彼の態度はまるごと変わった。わたしたちは稚内教会で日本人の友人たちを彼に紹介した。そこで彼は英語を教え始めた。彼は後に「ぼくはその時に活き活きし始めたのさ！」と言った。

日本を離れた後、デイヴィッドは一時期、ドイツのフランクフルトに駐屯し、一九六八年、わたしたちのカナダ帰国をヨーロッパ経由にして、彼に会う手はずを整えた。わたしたちへの一九七五年の手紙で、彼は空軍を除隊して、ニューヨークで教師の訓練を受け、教える準備はできたと述べていた。そして「あなたの学校でわたしはどうだろうか？」と言ってきた。デイヴィッドは名寄に来て、彼の人生のもっとも幸いな年月を、英語を教えながら過ごした。そして学生と親たちの間でたいへんな人気者になった。彼は名寄を去る前に日本語で説教をした。彼の赴任契約は独特で、彼はバプテストの教会員だったが、米国のメソジスト教会から派遣されて、カナダ合同教会と共に働いたのである。米国にもどった後、彼はロサンゼルス市内で数年間教師をした。しかし、この仕事は彼にとってあまりにストレスが強いと分かり、市役所に入って仕事をするようになった。

日本人の英語教師

英語学園は、その歳月を通じて優れた日本人スタッフに恵まれていた。とりわけ、最初の二人の教師たち、上田洋子さんと水島千恵子さんは、学校の原型を創り、しっかりした足場を与えた。上田さんはその後カナダに行き、ヨーク大学に入学し、博士号を得た。いまは米国の大学で働き、日本からの留学生募集を担当している。水島さんは、北海道東部にある学校の教師と結婚した。スタッフ全員が結婚式に招かれた。日本人の英語教師たちは、就学年齢の生徒に特別の指導を提供し、英会話クラスで外国人教師に力を貸した。一週間に一度、一時限五十分間の半分、外国人教師が、各クラスで会話と発音を教えた。学園が順調に運営されてから、わたしたちは、教師たちにカナダか米国で一か月の渡航体験する機会を提供した。これは教師たちの技能を高め、学校への貢献に対する特別手当になった。

道北センターへの海外からの財政支援は次第に減っていき、ついに無くなった。英語学園の収入がセンターの支出資金を維持する大半になった。同じ頃、英会話訓練に対する地域の実際の必要が高まった。多くの卒業生が、流暢（りゅうちょう）な英語を話すようになり、職場や家庭で地域の指導的な立場についた。

若者のコイノニアグループ

一九六五年の春、道北センターは、名寄教会と協同して、名寄の町で地域を基盤にした働く青年たちのグループを始めた。それは二年前に旭川で始まったグループを手本にした。そのグループはルドルフ・カイテン宣教師と旭川の諸教会によって作られた。彼らは、ギリシャ語の「コイノニア」という言葉を選んだ。その意味は「愛」と「共同体」で、それを彼らのグループの名前にした。名寄コイノニアは、毎月二回、会合をもって青年たちに関係ある話題を話し合い、地域奉仕活動のために集まった。たとえば、若者たちは町の大通りのボランティアで花壇の移植や維持の責任をもった。

名寄コイノニアは、岩村昇医師の特別講演会のスポンサーになった。岩村医師はネパールに行った日本で初めての海外派遣医師で、引き込まれるような話をした。ほとんど医療設備がない国に医療奉仕を行うことや、ネパール人の子どもたちと彼らがした養子縁組のことなどだった。コイノニアグループのその他の奉仕のプロジェクトは、精神的なハンディキャップのある子どもたちとお母さんたちと一緒に活動し、名寄のハンディキャップ児童のためにセンターの活動資金を募ることだった。

名寄コイノニアは、教会に関わりある青年と関わりを持っていない青年が力を合わせて、一緒に地域全体のためのプロジェクトを行う機会を設けた。それは対話と地域現場で活動する大切な場となった。わたしたちは、第一号の「コイノニア・カップル」の結婚式をした。二人はクリスチャンではなかったが、「キリスト教式」の結婚式を望んだ。中村光夫牧師が道北センターの敷地で美しい結婚式を司式した。

道北地方での現場活動

道北センターの目標の一つは、道北地方の諸教会と共に現場での活動に参加することだった。このことを試みた一つの方法は、孤立しがちな農村地域で「夜の上映会」を催すことだった。このような地域の一つが、名寄の町から遠くない丘陵地にあった開拓農場だった。戦後、日本政府は、サハリンから道北に帰国した農民たちに新たな土地を開放した。日本の敗戦後にロシアによって追い出された人々だった。政府は、責任をもって、土地を整地して、家を建てることや学校を建てることを補助した。それぞれの農家ごとに、二五エーカーから五〇エーカーの土地が与えられた。このことによって、農民が作物を育て、結果として財政的に独立できるように期待した。

わたしたちは、すべての地域で、冬期間に学校の校舎で夜の上映会を持とうと決めた。ところが、その地域は、冬期間に自動車で行き来することはまったくできなかったので、わたしたちは、ご近所の栗栖さんの馬とそりを移動のために借りた。ウォーリー・ブラウンリーは、わたしの日本語学校時代からの友人で、道南で働いていたが、わたしたちを手伝うためにやって来た。校舎はその地域のほとんどの家族で混み合っていた。わたしたちは、ヘレン・ケラーや、聖書に関するもの、カナダ紀行などの日本語の映画を上映した。これはテレビ登場以前の時代だったので、すべての地域がどんな類の娯楽にも飢えていた。わたしたちは、新しい友人たちを作った。また、人々に道北センターと三愛塾の活動について、わたしたちが農民のために開催している行事を人々に知ってもらった。その結果として、数人の青年たちが、幾つかの三愛塾の集会に出席した。

わたしたちは、何人かの開拓農民と知り合った時に、その人々の境遇が生易しいものではないことを学んだ。丘陵の農場はそれほど肥沃ではなく、育てられる作物の種類は限られていた。その地域は酪農がもっとも適していたが、農民が与えられた地所は、あまりに狭すぎて、酪農を続けるには経済的に採算が取れなかった。結果的に、大半の農家は農場を隣人に売って引っ越した。数年のうちに、三十人の生徒で始まった学校は、五人の生徒に減ってしまった。学校は閉校されて、残った子どもたちは、町の学校に通わなければならなくなった。

生野博さん

残って営農に成功した農場の一つは、生野（はえの）一家だった。生野家は名寄近郊の丘陵地に住宅と納屋を建て、その土地の大半に牧草を育てた。そこは、最初の開拓地区に属していたところだった。長男の博さんはトラクターの事故に遭い、片足を切断する手術を余儀なくされたが、彼はこのハンディキャップで酪農を辞めたりはしなかった。彼は、義足でトラクターの運転をし、すべての仕事も続けて、五十頭の乳牛で酪農運営をこなした。病院を退院した後、彼は三愛塾に参加し、英会話を学ぶために道北センター英語学園に通った。わたしたちは、博さんや彼の御家族と親しい交わりを数多く得た。

この話の続きは、ドリーンとわたしがカナダにもどった後で、サスカチュワン州フォートカペルで働いていたときにプレイリー・クリスチャン・トレーニングセンターで起こったことであった。わたしたちは、博さんから

道北三愛塾　若妻のつどい

一通の手紙を受け取った。彼は悦子さんと結婚し、その新婚旅行でカナダにわたしたちを訪ねたいと言った。わたしたちは、ゲストとして喜んで迎えたいと返信した。二人がきた時、わたしたちは美しいフォートカペルの渓谷の風景を見せた。ある日、二人をカテプア湖公園にピクニックに連れて行った。博さんは、サスカチュワンの激しい雷雨のことを聞いたことがあって、それを目撃できたらいいのにと言った。ピクニックの後片づけをしていたちょうどその時、大きな黒雲が湖の向こうの西側に現れた。わたしたちが公園から出て湖に沿ってドライブしていた時、強い雨が降り始めた。わたしたちは、車を止めて、カナダの西部で見た中でもっとものすごい雷と稲妻を目撃した。博さんと悦子さんは気分を高揚させていた。二人は正真正銘のサスカチュワンの激しい雷雨を実際に目の当たりにしたのだ。

第六章　教会であることの新しい道

道北センターに対して思い描かれていた一つの役割は、北海道北部の諸教会の働きを調整することだった。新しい教会が設立され、新たに按手された牧師がその働きに派遣されると、幾つかの問題が明らかになってきた。伝統的な形は教会の宣教が牧師中心となり、牧師とそれぞれの教会は分かれ分かれの組織体だった。近隣教会同士のコミュニケーションは日常的にはほとんどなくて、信徒リーダーシップの訓練も欠けていた。くわえて、建てられた多くの教会も「家の教会」で、週日の集会に奉仕するものだった。初めは田村牧師とわたしが、後に新たに建てられた教会に派遣された新しい牧師たちが奉仕した。しかし、この働きに調整を行うことはほとんどなかった。

最近、神学校を卒業した新任牧師たちは、日本の南の方からやって来た。彼らにとって北海道で暮らすことは、外国に来たようなものだった。生活習慣は異なり、厳しい冬には慣れていなかった。牧師とその若い妻たちは、しばしば、孤独になって意欲を失い、もっと暖かい気候の教会を探すことに決めた。中村光夫さんが道北センタースタッフに着任した後、わたしたちは、「共同牧会」と「伝道圏伝道」という新たな考えを試し始めた。名寄周辺の地域で始めて、それを「名寄伝道圏」と呼び、おおよそ、一週間に一回、名寄、下川、士別の牧師たちが交流、共同学習、活動計画のために道北センターに集まった。わたしたちは、信徒リーダーの養成や、年間に数回の諸教会が一緒に行う特別行事のためにプログラムを行った。青年、女性グループ、教会員全体のための取り組みがあった。新任牧師は、グループミニストリーや、多様な教会が一緒に行う合同行事によって、お互いの支え合いを見いだしていった。

合同行事でもっともうまくいったことの一つは、毎年の永眠者記念礼拝だった。それは、名寄教会で八月の上旬に、仏教徒や他宗教のグループと同時期に行われた。名寄教会以外の伝道圏の諸教会には、教会墓地がなかったので、それらの教会の会員が勧められたのは、名寄市営霊園の名寄伝道圏納骨堂に故人の遺骨を収めることだった。八月の第一日曜日に伝道圏の教会の人々が集まり、名寄教会で礼拝をした。この礼拝で、故人となったクリスチャン全員の名前が、諸教会の創立の時代から、その名前を読み上げて祈りをささげることで記憶にとどめられた。礼拝後、教会員は墓地に行き、さらに簡素な礼拝を墓石の傍らで行った。みんなは、それから名寄教会の幼稚園にもどり、一緒にランチを食べて交わりをもった。この行事は、他の地域と比べて、名寄伝道圏の諸教会を一つにした。

一つの直接的な効果として、共同牧会の取り組みは、牧師たちとその家族を、それまで以上に長く教会にとどまらせ、牧師の働きはよりいっそう安定したものになった。いっそうの利点は、クリスチャンと求道者が、孤立しがちな家の教会でも、広い交わりの一つの部分になったことだった。名寄伝道圏は、領域として、およそ長さ一〇〇キロメートル、幅が七〇キロメートルあり、すぐに、六つの教会と四つの家の教会を包括するようになった。伝道圏の働きは伝道圏委員会が計画した。その委員会は、牧師たちと各教会の信徒代表だった。一九六七年の伝道圏の牧師は、名寄教会に来たばかりの桜井義也牧師、和寒と士別教会の細海光子牧師、下川と興部教会の芦沢元造牧師、中村光大牧師とわたしだった。わたしたちは名寄伝道圏で成果を得たので、視野を拡げ、旭川の諸教会と稚内地域をさそって、伝道圏を道北全域に発展させる可能性を探った。旭川六条教会の川谷威郎牧師と稚内教会の上野淳牧師と連携して、さらに伝道圏の着想を研究し始めた。わたしたちはマーヴィン・ジュディの著書『伝道圏と共同牧会』と、日本基督教団が出版した『新しい教会づくり――教団「宣教基礎理論」の解説』を学んだ。わたしたちは、さらに信徒リーダーの五つの訓練コースという冊子を書いた。それは各地の教会と道北センターの両方で用いることができた。

各教会からの信徒リーダーが、よりいっそう参加したことで、道北地方の伝道圏計画は進んだ。この計画は、道北地方全域を三つの「伝道圏」に分けることを含んだ。つまり、旭川伝道圏、名寄伝道圏、稚内伝道圏だった。各伝道圏の諸教会の間で協働の取り組みの他に、さらに年間に幾つかの行事を三伝道圏で行うことを一緒に計画した。これらのプログラムのために、道北センターが会場としては小さすぎた場合には、温泉ホテルに集まった。

その他の新企画は、毎年一回の「交換講壇」を道北全域の諸教会の間で行ったことだ。登録名簿が毎年作成され、牧師たちは自分の教会ではなく他の教会に出かける日曜礼拝を書き込んだ。ほとんどの場合、信徒が牧師に同行して協力した。これが助けとなって、道北地区すべての教団の教会関係はさらに強固になった。名寄伝道圏の働きについて、わたしは次のように報告した。

この地域の諸教会の成長は、その速度を感じるほど増してはいない。しかし、すべての教会がずっと活き活きしているし、さらに加わった四つの地区で家庭集会が一か月に一回の集会を始めている。そのメンバーたちの間に新しい希望があふれている。

くわえて、共同牧会の役割として、わたしが気づいたのは、もっと明確なわたしの役割と、わたしが担っていた働きに対するいっそう素晴らしい応援だった。わたしの働きを認めるある言葉が、伝道圏計画のグループのメンバーから掛けられた。その人はこう言った。「わたしたちは、あなたを外国人だとは思っていません。あなたは、わたしたちの仲間のひとりです」。

メリー・エレン・ネットル

道北での伝道圏の働きが広がったので、キリスト教教育のリーダーシップが必要に思われた。それは子どもや青年のための日曜学校と、信徒リーダーの訓練のために、メリー・エレン・ネットルの任命を申し込んだ。道北地区全域を指導するためだった。メリー・エレンは、一九六七年二月にわたしたちに加わった。

メリー・エレンはカナダで高校の先生だったが、合同教会の研修スクールに通い、日本に来たいと思うようになった。東京で数年間、英語を教えた後、彼女は日本の教会でもっと直接的に働くことを選ぼうと決めた。わたしたちは、カナダ人の同労者を得たことがとても嬉しかった。彼女は一九六八年七月まで、その働きを支援した。その時期、わたしたちは、一年間「本国活動」でカナダに行っていた。わたしたちが名寄を離れていた年の間、メリー・エレンは、日本人の同労者と共にその働きを続けた。名寄にいた間、メリー・エレンは、道北センターと地域を通じた諸教会の取り組みにリーダーシップを発揮した。最近、メリー・エレンはその体験について書いた。

初めて共同牧会の話し合いに出た時、わたしは驚きました。どれほど、チームの人々は、一緒に働き、学習していたことか。それは力強いものでした。小グループ（四人の牧師たちとフロイド・ハウレットによる）の間にあったお互いの贈り物とは、信頼と協力の強い意識でした。同様に一緒に働くためのエネルギーと熱意でした。北海道のその地は、六フィートの雪が当たり前で、人々はとてもお互いを必要としていました。わたしの働きは、次のように分かれていました。第一番にもっとも重要な働きは、教会学校の先生たちと共に働くことでした。その働きでわたしが試みたのは、集会と礼拝で、子どもたちを教える新たな方法を効果的に学ぶことでした。わたしの第二の働きは、士別教会の細海牧師と一緒に出かけることでした。わたしたちは、時々、家庭に呼ばれ「家の教会」の集会を開きました。もっとも大切だった訪問は、臼井宮夫さんという脳性マヒの手足の不自由な青年の家庭を訪ねることでした。わたしたちは、しばしば彼を訪問し、ある時は青年たちが一緒にやって来て家の教会の集会に加わりました。細海牧師とわたしは、一緒に良く働いたので、時には長かった一日の後で家に帰る途中、お楽しみにお寿司屋に寄りました。

第三の働きは英語キャンプを共にすることでした。キャンプは、冬休みや夏休みの間に開かれました。それは、学生たちにとって英会話を外国人教師から学ぶとても素晴らしい機会でした。わたしたちは宣教師たちや稚内の米空軍基地の若い兵士から先生を得ることができました。

ある冬、わたしたちは、若い女性たちのために特別な催しを開きました。彼女たちに家族生活について学び、将来への期待を語り合う機会を与えたのです。さらに、その催しで、生け花、料理、銅エナメル加工の特別教室がありました。その他にも参加した様々なことは、たとえば、教会学校への訪問、特別な行事での公立学校への訪問などでした。

チームミニストリーに加わって働いたことは、光栄なことでした。わたしは、短い年月で大いに学んだのです。以前よりも日本語を話すことがうまくなりました。住んで働くのにとても素晴らしいところでした。わたしは名寄とそこで出会った人々の記憶を大切にしています。

わたしたちがカナダから日本にもどった一九六九年の後も、メリー・エレンは、わたしたちと一緒に翌年の春まで続けて働いた。彼女と一緒に働いたことは、大きな励ましと支援だった。彼女は、道北地区の諸教会にある教会学校のリーダーを訓練することを通じて有益な貢献をしてくれた。メリー・エレンが家の教会と家庭訪問で細海牧師の働きに緊密に協力したことは、奉仕した人々のためにとても大切なことだった。メリー・エレンはわたしたちと多くの重荷を分かち合い、わたしたちの心を大いに励ました。わたしたちは彼女がいなくなった時、このうえなく寂しく思った。

家の教会運動

道北地区計画委員会は、家の教会運動を拡大することを決めた。わたしたちは、「家の教会」に二つのタイプを思い描いた。ひとつは、すでに教会が建てられている町の中にあるタイプだった。これらは、近所の集会として計画し、そこで友人たちを形式ばらない話し合いや聖書研究に招くことができる。もう一つのタイプは、まったく教会がない町や村のためのものだ。わたしたちは、すでにそれを行い、かなりうまくいっていたが、訓練を受けた信徒リーダーを支援することで、このプログラムはずっと拡大することができると感じていた。

わたしたちは、信徒を養成し始め、グループ指導の力と、より効果的な聖書研究を行えるようにした。道北センターでの九月の一日研修会と一一月の一泊研修会の二つの養成講座を開いた。わたしたちは、信徒たちが、教会でのリーダーシップにもっと責任を持つことを、強く望んでいるのだと気づいた。ある信徒リーダーは次のように記している。「牧師たちが、神様とのパイプラインを持っている唯一の人ではありません」。二つの講座の総合的なテーマは、「教会はこのままでいいのだろうか?」（変化が必要だということを暗に意味しながら）副題は「今日の教会においてなすべき社会活動は何か?」、また「今日の教会において信徒であるとはどういうことか?」だった。これらの両方の問いかけに対する答えとして、圧倒的な一致があるのは、聖書が、すべての「神の民」に、教職にも信徒にも、正義と人権の課題に関わるように呼びかけているということだ。その後に続いた対話の講座は、道北地区の牧師たちと教会役員たちにより開かれて、信徒たちにも牧師たちにも有意義だった。

クリスマス休暇の時期、道北センターは、「聖書友の会」講座を青年たちのために札幌を拠点にした北海道マスコミ伝道センター〔訳注：一九五九年設立の Hokkaido Radio Evangelism And Communication.「ホレンコ」の略称で呼ばれた〕のラジオ伝道番組と共催して開いた。ラジオ聖書研究講座を聴いていた青年たちと、同様に教会の青年たちが、講座に参加した。これは、聖書の中心にあるものについて話し合うことと、日常生活の課題の中にあるものとを結びつけるもう一つの機会だった。

聖書を研究する読み方について必要なテキストを探して、中村光夫牧師とわたしは、アラン・リチャードソンの『聖書研究入門』の付録を翻訳した。これは、聖書研究グループを進めるやり方について実際的な示唆を、牧師と信徒リーダーのどちらにも与えた。この研究が指摘したのは、主要な目的は聖書の知識によって学習者をおぼれさせることではなかった。むしろ、聖書を深く個人のものにさせた。次のように書いている。

神は、聖書を通して語りますが、その目的は、わたしたちを通して他の人々に語ることでしょう。このような研究は真理の分かち合いであり、その真理とは、神がグループの他のメンバーすべてと共に、一人のメンバーに現されているということです……。実際にこの意味は何でしょうか？　それが意味するのは、集団の一人ひとりのメンバーは、次の問いに取り組まねばならないということです。「聖書の聖句はわたしにとって何を意味しているのか？」……それは、その人のもっとも深い確信を明確に表現できるように努めることです。その人が、それらの確信をその人自身のために本当に捕らえることです。

この取り組み方は、聖書研究を生き生きさせ、信徒がリーダーシップを持つことを励ました。徐々に、訓練を受けた信徒によって、「家庭集会」と「家の教会」のメンバーを道北地方で広げることができた。一時期、これらの取り組みは二十か所を超えて、幅のある様々な取り組み方で、月毎に一〜二回、開かれた。

もっとも斬新な取り組みの一つが、毎月一回、下川に近い銅鉱山のある村で開かれた。北海道教育委員会は、独断的なやり方で教員を任命した。町の学校で教えていた教員は、三年から四年の期間、田舎の学校で教えなければならなかった。斎藤庫一さんは、中学校の英語の先生で、妻の民子さんと、二人の子どもたちと、とてもショックなことに、旭川市から山間部の孤立した小さな学校に派遣された。その村で唯一のクリスチャンとして、一家はとても孤独だった。わたしは一家のお宅で一月に一度の集会を開くことに賛成した。庫一さんは、わたしの支援でその集会に奉仕をして、わたしが下川教会から連れて行くことができた信徒も支援した。

庫一さんの考えでは、聖書の本文を学んでいくというありふれた聖書研究のやり方では、その地域で効果的にやれないということだった。彼は、わたしたちが地域と学校から人々を招いて、話し合いとお茶会のために集まってはどうかと言った。彼が提案して、参加者たちに身近な話し合いの話題を設定することにした。参加者たちが、次回の集会のために、みんなにとって関心があることから一つの話題を提案した。それは、教育、政治、家庭生活、子ども、人間関係、その他幾つかの話題だった。庫一さんは、一般的な側面で話し合いをリードし、それからわたしに質問した。「聖書は、このような話題についてどのように語っていますか?」わたしは話し合う予定になった話題を事前に知っていたが、話し合いがどの方向に進むのかはまったく知らなかった。わたしにできたことは、話し合いが進む可能性のある方向を考えて、それに備えることだけだった。もちろん、民子さんと庫一さんも、二人の聖書とクリスチャン生活の知識や経験から付け加えて話した。このグループを構成したのは、何人かの他の教員たち、学校の用務員、民子さんが地域で友だちになった女性たちだった。いつも活発な話し合いで、信仰の立場から現代的な課題を見ることにかなりの関心が集まった。

この集会は、「家の教会」と呼ばれることはなかったが、しかし、それは、わたしが思い出すかぎり、もっとも効果的な学びのグループの中に数えられるものになった。この集会は、斎藤一家が、四年間、田舎の地で働いた後、旭川にもどったときに終わった。その他に典型的な「家の教会」があった。それは長年にわたって西崎則義さんの家庭で開かれた。名寄の南、車でおよそ四十五分の剣淵という村だった。

則義さんは、剣淵で生まれ育ち、札幌で研修をうけて郵便局員になった。その時、教会に通い始め、青年グループに加わり、クリスチャンになった。彼は故郷の村にもどった時、自分が村でただ一人のクリスチャンだと知った。この地域の日本人牧師とわたしは、則義さんの家で一月一度の集会を、何人かの彼の近所の人々や友だちも一緒に開くことに同意した。六人から八人の小さなグループは、畳の上に座って、低くて丸いお膳を囲んだ。讃美歌を歌い、参加者も話すようなタイプの聖書研究をして、続いてお茶とクッキーとなった。数年後、則義さんは結婚したが、彼の妻はクリスチャンではなかった。最初、彼女はグループに加わらなかったが、お茶とクッキーを準備するのに台所に留まっていた。ところが、彼女は台所から注意深く話を聴いていて、二年後にはグループに加わった。数年して、かわいい娘が二人生まれ、成長すると、何人かの友だちと一緒に聖書の話と子ども讃美歌の子ども集会に加わった。二人の娘が十歳と十二歳になった時、二人はお父さんのようにクリスチャンになりたいと心に決めた。洗礼の準備のために士別教会に通うことになった。娘たちのお母さんが申し出て、「娘たちが洗礼を受けるなら、わたしもそうします。これで、わたしたちはクリスチャンファミリーになれますから」と言った。則義さんはけっして妻がクリスチャンになることを強制したりしなかった。彼は彼女が自分自身で決断することを待ち続けていた。

わたしたちは、剣淵に教会を建てられることなど思いもよらなかった。家の教会に出席していた少数の青年たちがクリスチャンになっていたけれども、それらの人々は引っ越してしまい、日頃の出席者は六人から八人を超えることなど、まったくなかった。剣淵の家の教会は、まさに似たような群れの一典型で、三、四十年の間その状態が続いていた。

道北地区の諸教会の「家の教会」や聖書研究グループのやり方は、クリスチャンが現場を支援する活動の効果的な手法として、道北以外の教区内の諸教会によっても取りあげられた。日本基督教団本部もまた、「家の教会」運動に積極的な関心を寄せて、東京から「家の教会」運動を学ぶためにリーダーを派遣した。

名寄—リンゼイ姉妹都市

道北センターはヴィジョンを抱いて設立した。それは教会だけにとどまらず、地域全体に仕えるというヴィジョンだった。その機会がやって来た。名寄市が海外の都市と姉妹関係を結ぶ可能性を探り始めた。中村光夫さんはこの希望を聞いて、市長の池田幸太郎さんに会うと、カナダに適当な都市が見つかるでしょうと意見を伝えた。

わたしたちが本国活動でカナダにもどっていた一九六九年の春、池田市長からの手紙を受け取った。わたしたちに、名寄と姉妹関係を結べるようなカナダの都市を紹介してもらいたいとの依頼だった。ドリーンはすぐに彼女の故郷の町リンゼイを考えた。リンゼイ市長のジョン・エイキンズは、彼女が通った学校と教会で一緒に育った友人だった。わたしたちは、ジョンに会い、彼は熱意を示した。彼は市議会に提案して、満場一致で承認を得た。その知らせが日本に送られ、名寄市議会はリンゼイと姉妹関係を結ぶことに同意した。締結式典が名寄とリンゼイで一九六九年八月に開かれた。わたしたちが日本にもどるほんの少し前だった。

リンゼイでは、「姉妹都市式典」がヴィクトリアパークで開かれ、トロントから日本総領事が出席した。ビル・サービス医師は、宣教師夫妻の息子として中国で育ったという地元の外科医だったが、リンゼイ姉妹都市組織委員会の委員長に選ばれた。

この姉妹関係の門出は、友情の始まりで、それは今では三十年間を越えて続いてきた。また、数百人に及ぶ両市民が相互訪問して関わってきた。こうしたことの最初の一コマは、両市長相互の公式訪問だった。

ジョン・エイキンズは、一九七〇年四月、妻のアイリス、マックルロイ夫妻と共に、リンゼイから名寄に初めての公式訪問をした。盛大な歓迎夕食会が、挨拶や贈り物と共に開かれた。そのプログラムの一部として、来賓とわたしたちは、カナダを代表するような歌を歌ってくださいと頼まれた。訓練を受けた歌手ではなかったが、わたしたちは「I've Been Working on the Railroad（わたしは鉄道で働いたことがある）」をドリーンの鍵盤ハーモニカの伴奏で歌った。日本の自衛隊バンドが出席していて、集まった人々のざわめきの中で、ただちにチューンを合わせてくれた。名寄の出席者全員がリンゼイの来賓と握手して歓迎してくれた時、わたしたちは、何人かの出席者がもう一度握手しようと二度も列に並んでいるのに気づいた。

わたしたちは、エイキンズ夫妻とマックルロイ夫妻をわが家に招待した。また、彼らが行った名寄の各訪問地に同伴した。もっとも貴重な訪問のひとつは、ある小学校だった。その訪問はジョン・エイキンズがとくに願ったことだった。生徒たちは、質問をし、両市の市長と一緒にフォークダンスをして楽しんだ。

ある晩、名寄姉妹都市委員会は、リンゼイ代表団と会って、将来の計画について話し合った。提案の一つは両市間での交換留学だった。この計画は一九七二年に実施され、リンゼイからはキャシー・ジャクソン、名寄からは及川由美さんが交換で留学した。二人に続いてそれぞれの町から交互の年毎に交換留学をした。二〇〇一年までに、二十四名のリンゼイの高校生と二十名の名寄の高校生がこの企画に参加した。参加した学生にとって、一か月間の外国訪問は人生を変える体験だった。ひとりの顕著な実例は、マーク・ハミルトンだった。彼は一九八七年の交換留学生だった。

マークは美しい日本の少女と恋に落ちた。二〇〇〇年の春、わたしは、リンゼイからの公式訪問団を連れて名寄神社での結婚式に招待され、わたしたちの訪問の間に、姉妹都市三十一周年をお祝いする特権に与った。高校生交換留学は、姉妹都市関係のもっとも意義深く実りある結果だった。

高校生交換留学の拡大といえることが数年後に起こった。名寄短期大学は、短大生が研修旅行でリンゼイに来るために、その機会を願った。長年にわたって、短大から二人の学生が数週間リンゼイに来て、幼児教育、栄養学、その他、短大で教える分野などについて調査している。

ジョンとアイリスのエイキンズ夫妻の名寄訪問に続いて、名寄市長池田幸太郎夫妻のリンゼイ訪問があった。リンゼイの町は、池田夫妻と同行した一行を盛大に歓迎した。この訪問には興味深い一側面があった。それは帰ってきた池田さんの妻からもらったドリーンへの電話だった。彼女が語ったのは、エイキンズ市長が名寄への公式訪問に妻を同伴してきたという事実に、彼女がいかに感謝しているかということだった。ジョンの妻のアイリスが同伴したことは、リンゼイにス池田さんの妻を派遣するという義務を名寄に負わせた。そのようなことは、日本の慣習に従えば起こりえないことだった。彼女は、夫妻が受けた歓迎にまったく圧倒されてしまった。これは、まさにひとつの兆候を示していた。それは、姉妹都市関係が始まると、日本社会の伝統であるジェンダー格差が打ち破られ始めたということだった。

姉妹都市関係の実施の時に、リンゼイから出た否定的な声は、カナダ在郷軍人会から起こった。その会員が主張したのは、「なぜ、日本とつながりを持ちたいと思うのか。われわれと戦った国だ。たくさんの残虐な話も聞いてきた国じゃないのか?」それにもかかわらず、第二回の訪問で、リンゼイ市長であるデイヴィッドとパムのローガン夫妻、リンゼイ市会議員のトム・マデルと妻エドナは、随行員に加わった。トムは在郷軍人会の会長だった。どちらかというと、訪問団に同行するのをためらっていた。四日間の式典と、多くの名寄市民との最後の会食が終わって、トムはわたしたちの家にもどってきて、感嘆の声をあげた。「わたしはもどったら、やつらに言わなきゃならないだろう。きみたちが考えているようなものではないぞ」。トムは、日本人の正直さを在郷軍人会の仲間に説得するのに、良い働きをしてくれたに違いない。次の夏から、わたしたちがカナダに帰国するまで、リンゼイには二十名の名寄代表団が訪れた。わたしたちは、名寄代表団に対する歓迎会が在郷軍人会のホールで、その会の女性会員のお料理で歓迎されたのを知った。この象徴的な活動で、わたしたちは、日本人に対する偏見の最後の切れ端が消え去ったと思った。

一九八一年、わたしたちが名寄から離れるときだった。日本に来た始めの時から三十年たっていた。名寄市は、ドリーンとわたしに記念の額を贈った。次のようなメッセージが日本語と英語で記してあった。

力を合わせて、あなたたちは、自分たちを惜しみなく与えて、名寄とリンゼイの姉妹都市の絆を、創設し、維持し、発展させることに大いに尽力しました。力を合わせて、あなたたちは、名寄市民に、広い国際的な展望を与え、わが市の文化的水準を高めるのに貢献しました。あなたたちの業績はまことに偉大です。あなたたちの偉業への感謝とわれわれの友情のうちに、あなたたちお二人に敬意と感謝の念を表します。わたくしは、日本の名寄市長として、名寄市民を代表して、ここにあなたたちを名寄市の国際親善のための名寄名誉市民といたします。あなたたちは名寄市での自由を認められます。

石川義男
日本国名寄市長

ドリーンとわたしは、名寄で過ごした年月の功績を認める感謝をいただいて、圧倒される思いで一杯だった。わたしたちが、とりわけ嬉しかったのは、それらの感謝の言葉が、それこそ教会からというのではなく、町全体からのものだったことだった。

ロバート（ロブ）、そして圭子・ウィットマー

ロブと圭子のウィットマー夫妻が、ドリーンとわたしの働きの後継者になったのは、わたしたちがカナダに帰国した一九八一年六月だった。二人は、いまでも素晴らしい成功を続けて、この本を書いている二〇〇二年の春

に至っている。魅力的な話がある。わたしは、一九六九年にカナダのロンドンにあるウェストミンスター大学で、初めてロブ・ウィットマーに会った。ドリーンとわたしが、新たに海外宣教に携わる人のオリエンテーションを担当した。わたしたちは、本国活動でカナダにもどっていた。ロブは、キングストンのクイーンズ大学文学部を卒業したばかりで、カナダ合同教会世界宣教部から日本派遣を任命された人の一人だった。

その時のオリエンテーションのコースは、幅広い訓練プログラムで、神学と宣教実務の研修を含んでいた。宣教実務は、派遣される国々の文化と政治の紹介、異国の環境で暮らし働く上でのカルチャーショックを取り扱う準備だった。キャサリン・ホッキン博士は、学識と経験を持ったエキュメニカルフォーラムの主事で、フォーラム常任の神学者で、わたしたちの助言者であり案内者だった。

わたしたちは、ロブが真摯にプログラムに参加し、日本を知ろうとする熱心な姿勢に印象づけられた。わたしたちがとても嬉しかったのは、ロブが北海道札幌の北星学園大学に派遣されたことだった。それはわたしたちがしばしば会えることを意味していた。ロブは日本人の家庭に暮らして、自分を適応させ、すぐに日本語を流暢(りゅうちょう)に話すようになった。

わたしたちは、週末やクリスマス休暇の間などに、しばしばロブを名寄に招いた。彼は、わたしたちの子どもたち、デニス、ピーター、スーザン、それに道北センター英語学園で英語を教えることになったゴードン・モアウッドと、すぐに親しくなった。ロブとゴードンは、二人とも熟練のミュージシャン、また上手なフォークソングの歌い手で、日本人のミュージシャンの友だちの佐々木守生と一緒に、じきに名寄の町で人気のあるフォークグループになった。

札幌で教えていた間にロブは圭子に出会った。圭子は札幌で幼稚の先生になる訓練を受けていた。二人の出会いはまったく偶然の一致だった。ロブはホレンコの主事と一緒に日高半島地域の教会に行くことを了解した。そこにちょうど圭子の母教会があった。二人が初めて会ったのは日高に向かう車の中だった。札幌にもどると、二人の友情は実を結んで、ロブの三年間の任期が終わりに近づいた頃には、二人は結婚しようと心に決めた。ところが、二人は大きな障壁にぶつかった。圭子のお母さんはロブを気に入ったが、戦争に行ったお父さんは頑として娘がカナダ人と結婚することに反対だった。二人は、わたしたちの家に来て、選択する道を一緒に話し合った。二人は結婚を望んでいるけれども、いまは彼女のお父さんの意向にそっていくことにしよう。お父さんが、いつか考えを変えてくれるという希望を持ち続けようと心に決めた。これは、ロブが圭子を置いてカナダに帰らなければならないことを意味していた。ところが、ロブがカナダに帰った後すぐ、だれもが驚いたことに、お父さんはロブのお母さんが二人の結婚をとても喜んでいることを知り言った。「おまえがほんとうにロブと結婚したいなら、それならばカナダに行って良い。そこで彼と結婚しなさい」。二人とも大喜びだった。バンクーバーに上陸すると、圭子はもう一つの困難に出会った。彼女は入国管理局で足止めされた。彼女は日本にもどる航空券を持っていなかった。それで、カナダに不法に移民しようとしていると疑われた。ロブは二人で結婚式をした後、同乗航空券で一緒に日本にもどる計画だった。圭子はほんとうに困ってしまった。彼女はゴドリッチのロブに電話した。しかし彼のお母さんにつながっただけだった。圭子は英語で話すには限界があり、もちろんのこと、ロブのお母さんは日本語が一言も分からなかった。圭子は、やっとのことで話を通じさせて、彼女がバンクーバーで足止めされていることを伝えた。ロブは帰宅すると、バンクーバーの友だちを通じて圭子と連絡をとった。その友だちが誤解を解くのを手助けした。一夜明けて圭子を助け出し、トロントでロブに会うように彼女を送り出した。

数週間後、二人はゴドリッチの近くの浜辺で美しい晴天の日に結婚式を挙げた。カナダでの短い休暇を終えて、一九七三年八月に北海道にもどる飛行機に乗った。そこで、わたしたちにはとても嬉しいことに、二人は名寄で働くように任命された。わたしたちが本国活動でカナダに帰っていた一九七五年～一九七六年の間だった。二人はわたしたちの家である宣教師館に引っ越した。二人の最初の子、マナは名寄で一九七六年四月に生まれた。わたしたちはまだカナダだった。わたしたちが九月に日本にもどった後、二人は一九七七年の六月までわたしたちと一緒に働いた。ロブが神学を学ぶために、トロント大学イマヌエル神学校に入学する時までだった。一九八〇年五月に按手礼を受けた後、二人は再び名寄にもどって、わたしたちと一緒に働き、わたしたちが一九八一年五月にカナダで暮らすために帰国するまでのことだった。

わたしは、まだ引退の年齢ではなかったけれども、ロブと圭子の手に働きを引き継いで、この仕事を離れるのに適切な時だと感じた。わたしたちは、その働きがとても有能な人の手にまかされるのだと知っていた。ドリーンは、数年前の手術から十分に回復していなかった。それに、わたしは、引退する前にカナダの教会で数年間は働いてみたいと感じていた。

わたしたちが離任した後で、ウィットマー夫妻が進めた一つの計画は、三愛塾に関係する北海道の農民と、カナダ合同教会ロンドン教区の農村生活委員会の間に連携を築くことだった。ロンドン教区はロブの故郷となるカナダの教区だった。数回に及ぶ実りある訪問往来が長年にわたって行われた。

これらの相互交流は、深い影響を両国の参加者たちの人生にもたらした。ロブと圭子は、その扉を開いた二人のヴィジョンと熱意を賞賛されなくてはならない。二人の新たなヴィジョンが、北海道とカナダの農民の間に連帯のための好機をそれぞれに開いた。

第七章　社会的・政治的課題を担う働き

わたしたちは日本に行っていたとき一つ希望を抱いていた。教会だけでなく、日本の社会をもっと平和で公正なものに変えていく実践者になることだった。これは外国人が引き受けるには容易な課題ではない。わたしたちは、その国の客人として、直接の政治行動を禁じられていた。第二次大戦以前、ある宣教師たちは、時としてかなり厳重に監視を受けた。わたしたちには幸いだったことに、戦後の状況はまったく異なった。平和教育と平和デモは日本人自身によってきわめてオープンに行われた。わたしたちが行ったことは、日本人の平和活動を支援することがすべてになった。

毎年、反核と反戦のための大衆集会が広島であった。そこは、広島、さらに長崎と続いた原爆による大虐殺の起こったところだった。たとえば、一九八一年八月六日、原爆記念日、六万人を超える人々が広島に集まり、核軍備競争に反対し、核兵器から自由な世界を呼びかけた。日本中で討論会や集会などが行われ、軍国主義復活の危険性と平和憲法の保持を呼びかけた。

しばらくの間、日本の軍国主義者は目立たないようにしていた。しかし、七〇年代後半および八〇年代初頭、右翼グループはその主張を人々に聞かせ始めた。強力な拡声器を積んだ大型バスが、軍歌をうるさく響かせながら日本の大都市に姿を現した。大熱弁の声が、市民に訴えて、国を守るために愛国心を備えよ、天皇に忠誠を尽くせと呼びかけた。

一九八〇年の国政選挙に至るまで、極右グループのたわ言に注意を払う人はほとんどいなかった。右翼に対する反対政党が自由民主党の軍拡政策をある程度は抑えることができたからだった。しかし、自民党が勝利して圧倒的多数派になった後、政府は軍備増強を推し進め、抜け目ない宣伝活動で日本の核「アレルギー」と平和の取り組みを徐々に価値のないものだと貶めていった。

日本の教会は日本の再軍国化をきわめて強く非難した。一九八一年七月、日本基督教団総会議長は、教会に声明を出して述べた。「わたしは四十年前の第二次大戦前夜と同様の風潮を感じるので、現在の教会にそのことを語らざるを得ないと思う」。彼は、国が戦争に突き進むのを認めていくことで、教会は以前の過ちをしてはならない、むしろ、主なるイエスへの悔い改めとして、日本と世界の平和の建設に責任を全うしようと訴えた。

名寄教会は、道北センターと協力して平和教育で活動的だった。毎年、二月一一日、「建国記念の日」に、わたしたちは、平和学習の研修を企画した。八月一五日の終戦記念日には、わたしたちは、街頭行進と集会をもって、戦争の恐ろしさを思い起こし、軍備増強に抗議した。これらの行事は教会が企画したが、それだけでなく、協力できる労働組合、社会党、共産党、その他の地域団体を含んでいた。たとえば、一九八一年二月一一日、二百名を超える人々が市民会館に集まって、橋本左内牧師の講演を聴いた。橋本牧師は札幌の平和運動者で、天皇制と軍国化の危険について語った。日本政府の側には、これらの危険な活動を禁じるはっきりとした動きがまだなかった。

ところが、一九八〇年頃には、再軍国化を叫ぶ日本の右翼政党だけでなく、米国政府が、それまでは日本に「平和憲法」を力説していたのに、今や再武装を説き勧め、ついでながら米国製の航空機と兵器をもっと買うように勧めていた。この外圧に強く憤って、一九八一年三月、わたしが出席した最後の宣教師会議の時だったが、百名を超える米国とカナダの教団の宣教師会議が、レーガン大統領に宛てて、日本への軍備増強要請に対する抗議の請願書を送った。

広島の衝撃

広島と長崎の原爆投下による壊滅的な影響は、日本人の平和運動を燃え上がらせる重要な要因だった。日本以外のどの国民にも、自分たちが体験したような恐怖を耐えるようなことを、けっしてさせてはならない。そのことを平和運動をする人々は心に決めていた。

わたしは、広島と長崎に関する多くのことを聴いたり、読んだりしていた。しかし、原爆投下による大虐殺の丸ごとの衝撃が、わたしをほんとうに打ちのめしたのは、一九八一年の春に広島を訪れた時だった。それはカナダにもどる少し前だった。そこで、わたしは子どもたちの追悼記念品を見た。それは糸で吊り下げた紙の折り鶴だった。平和はきっと打ち勝つという日本や世界中の子どもたちの祈りがこめられて贈られた折り鶴だった。

それから、わたしは、数千の身元不明の死者の遺骨を納めた巨大な墳墓の前に立った。わたしは祈りをささげて、カナダに帰国したら、平和運動を優先して、真剣に関わっていくことを誓った。この誓いは、わたしがトロントに到着して数日後に受けた一本の電話で確かなものになった。電話は節子・サーローからだった。彼女は広島の原爆の生存者で親しい友人だった。彼女は、わたしたちを翌日の夕方、彼女の家で開く平和のための集会に招いた。それ以来、わたしはカナダ鋤の刃平和運動を通じて活動してきた〔訳注：カナダ鋤の刃平和運動（the Canadian Project Ploughshares）は、カナダの非政府組織で、オンタリオ州ウォータールーのコンラートグレーベル大学カレッジに在る平和推進センター。戦争と武力による暴力を防ぎ、平和を構築するための政策と行動を推進している」。それはカナダでわたしが関わった社会正義のためのすべての活動の中で主力を注いだ活動だった。

「盆栽」教育システム

六〇年代から七〇年代の時期、わたしたちが注視して関わったことがある。それは、教育システムを重視するという観点から、日本政府の教育政策における憂慮すべき傾向に注目したことだった。それらの傾向の一つは、教育管理の絞めつけを次第に強めたことだった。一方で、戦後直近の時期、地方の教育委員会で民主主義の開花があった。それで、教師の役割はより広い自由を得て、カリキュラムの刷新が進んだ。だが、次第に政府はそれらを奪って、直接の権威主義的な管理を集中的にシステム化した。

公選の教育委員会は廃止されて、教育長と教育委員会は政府によって任命された。教員組合は、強力になっていたので、時として、ある政策については政府に挑戦した。それで、政府は教員組合の弱体化に乗り出した。一方で、校長と教頭は組合員であったが、彼らは教育長と協力して、厳格な規則を施行する責任と共に経営の役割を与えられていた。教科書は改訂されて、戦争への批判は削除し、愛国心を養った。教師が教えるように言われたのは、政府認定のカリキュラムに載ったことだけで、政府の政策や社会問題を取り上げて論じることは禁じられた。政府に協力的でない教師は、孤立した田舎の学校に思いのままに島流しにすることができた。

これらの政策に加えて、できるだけ名門大学に合格するための受験競争によって、教育の目標は入試合格の学力になってしまった。受験のために、親たちは子どもを私立学校に通わせ、放課後には塾に通わせた。しばしば、夏休みも冬休みも、学生は受験予備校に送られ、受験のための詰め込み勉強をさせられた。これは「受験地獄」

の名で呼ばれることになった。ある学生は精神的な問題を抱えてしまい、自殺するほどだった。

カナダに間もなく帰国するという頃の一九八一年、わたしは名寄女子短期大学の全教師陣と学生全体から、日本の教育システムについて、わたしはどのように評価するかと尋ねられた。これは、わたしにとって見過ごしにできない好機だった。わたしは手ごころを加えなかった。わたしは、わたしが見た日本の教育システムは「盆栽教育」と呼ぶべきものだと語った。日本の教育は、庭師が小ぶりの松の根や枝を切ったり操ったりするやり方に譬えられる。その松が成長するまでそのやり方をする。それは、庭師がちょうど欲するような「盆栽」の類になる。わたしは、それと同じやり方で、日本の教育当局が、一つのシステムを推し進めようとしているように見える。それは学生を産業システムの中に繰り入れて育成するシステムだ。政府と企業が強く要求したものだ。わたしが残念に思うのは、学校が自由な思考や意図を奨励しないことだ。自由な思考や意図が多方面に才能を見せる個々人を育てるのに。わたしは、教師たちから何某か非難を受けることを恐れていたが、教師たちは喜んだ様子で、わたしの語ったことの多くの点に賛成した。聴いていた教授陣の大半は、「盆栽教育」だとわたしが指摘した日本の教育システムに、自分たちは縛られすぎていると感じているように見えた。

道北センターの英会話キャンプを通じて、わたしたちは日本の学校で起こった実害を解消しようと試みた。日中のクラスは英会話に費やしたが、夕方のクラスは日本語でディスカッションをした。内容は学生の関心のあること、つまり学校の教育方針の話題だった。それは、社会と政治の諸問題をオープンに話題にすることなので、学校では禁じられていた。わたしたちは、その教育システムをくつがえすのに何ほどか影響をあたえることを願っていた。しかし、わたしたちがぶつかった困難は、多くの優れた学生たちが、夏休みの期間中に学校で詰め込み勉強を強いられ、わたしたちの夏期プログラムに参加する者が次第に少なくなったことだった。

日本の教育政策の有害な結果を見たことで、わたしはオンタリオ州の教育の中に起こった変化をもいっそう憂慮するに至った。教員に対する低評価、標準テストの強化、教育への拠出費削減、芸術系科目を格下とするコアカリキュラムの強化、トップダウンの管理の増強などが、このカナダでも、教育の未来をわたしにとって心配なものにしたのは、日本と変わらないことだった。ここでも、教育システムは、もはや報酬の良い仕事を得ることが優先的な目的となって、批判的思考に欠ける卒業生が生み出されている。

農業協同組合

もう一つ注目したいのは、わたしの目にした日本の農業協同組合で起こったことだ。農業協同組合は賀川豊彦博士によって始められ、世界でももっとも広がりのある協同組合運動になった。わたしたちの三愛塾での主な学習課題の一つは、農業協同組合だった。ここでも、日本の教育システムのように、民主的な協同組合運動が、権威主義的な政府の政策によって、むしばまれているのが分かる。一方で、長い年月、ほぼすべての農村の各共同体は、地域毎の協同組合に直結して組織されていた。他方、政府は隣接の協同組合を合併し始め、その管理を農村共同体から他に移行できるようにした。都市の大型生協店は、商業ベースのスーパーマーケットや、私企業的な協同組合とまったく異ならないものになった。

三愛塾の目的の一つは、青年たちが関わっている協同組合の方向性を青年たちと一緒に語り合うことだった。つまり、三愛塾に参加した青年たちを力づけ、青年たちが自分の村にもどって、地元での組合運営のために働く決心を固くし、協同組合運動の本質的な特徴を保ち続けることだった。多くの塾の卒業生は、自分の村にもどって、やがて各地の協同組合の理事などに選ばれた。日本の協同組合運動はいまでも強力であるが、農村の共同体の側では継続的な警戒が必要だ。協同組合運動の中核的な原則とヴィジョンを保持していくためだ。

政治・経済的分析

三愛塾のもう一つの目的は、参加者に政治経済的な分析を提供することだった。酪農学園大学の太田一男教授は、この目的を達するうえで重要な支援者だった。彼は強い社会的意識を持った献身的なクリスチャンで、講義を通して日本の農民が直面している政治、経済、社会の課題についての議論を指導した。太田教授は、政権与党の自由民主党の政策に、それは自由でも民主でもないと言って激しく反対した。彼は協同組合の独占化が増強されることを批判した。それは経済の合併支配だからだ。彼は民族主義的な軍国主義の復活の危険を警告した。多くの農村青年たちは、保守的な農村から来ていたので、太田教授の指導は、青年たちが故郷に帰った時にもっと進歩的な政治行動をとるために刺激となった。

地域現場の宣教活動

道北センターの建設時にわたしたちが持った目標の一つは、広範な地域に入っていく現場の宣教活動だった。その地域が感じている必要に応える宣教活動である。この活動の機会が熊谷豊次医師を通じて起こった。熊谷医師は地方都市の病院の精神科医で道北センターの理事の一人だった。彼は、日本の医療システムの欠陥に心を痛めていた。それは精神病の患者たちの必要に関わることで、患者たちは精神科の隔離病棟に入れられていた。熊谷医師は、最後にはそれをはるかに上まわるような大勢の患者の世話を試みなければならなくなっていた。彼は現状にさらに不満を抱いていた。それは、患者が快方に向かって良くなっているというのに、その後で多くの家族がその患者の帰宅を受け入れないことだった。彼は「回復途上」に用いる家が必要だと気づいた。患者たちが社会復帰するのを支援することができる家である。

わたしたちは、個人的に精神の病に悩む人々のための支援ネットワークの要請に応えた。熊谷医師の診療する何人かの患者たちを、日曜日の午後にわが家に迎えた。わたしたちがカナダに帰る前の年、熊谷医師と協働して活動しながら、道北センターは、北海道庁に働きかけて、このような重要な必要に応えるセンターの建設のために基金を確保することを試みた。道庁はその必要を認めたが、そのための予算がないと言った。「途上」の家の実現は、わたしたちの後継者に引き継がれた。ロブ・ウィットマーと圭子・ウィットマー夫妻、岸本芳朗さんたちが後を引き継いだ。芳朗さんは一九七八年に道北センターの協力主事として、彼の夢を実現するためにやって来た。センターが道庁の支援を得るに先立って、彼らは先駆的な取り組みを始めた。精神病から回復しつつあった五名の人々を、センターの収容力の可能な限り受け入れたのである。

芳朗さんは、この取り組みに特別な関心を抱いていた。というのも、彼の家族の一人が精神病を患っていたからだった。道北センターの会報に、彼は次のように述べた。

わたしたちは、精神病者が新たな自立を遂げることができるように探ると同時に、温かい人間関係のある共同体を作る方向に向かって働きたいと思います。そこでは、だれもが受け入れられ、共に生きることを模索するのです。

数年後、この先駆的取り組みが価値あることを証明した時、基金が道庁から得られるようになって、道北センターの土地に新しい施設を建設した。それは二十人の人が宿泊できた。さらに安心できる授産所でもあって、居住者だけでなく地域に住む人々にも奉仕した。

後年には、新しい試みとして「生活支援センター」を設立した。町の中の立ち寄りセンターで、だれでもリフレッシュのために来て、話したり、お互いに助け合ったりすることができる。これらの新しい地域奉仕事業を支援するために、「名寄地区精神障がい者家族会」と共に理事会を組織した。これらすべての新しい働きは、社会復帰と参加に奉仕した。これは、もう一つの道として、道北センターと名寄教会が世にある教会となる使命を探求したということだった。

成田空港建設反対

日本政府は一九六六年に、新空港を建設すると決めた。それが後に成田国際空港になった。必要な土地の一部は皇室の所有地だった。しかし、それに加えて、広大な土地は、農民から買い上げるか、没収しなければならなかった。農民の多くは、何世代にもわたって、その地方でもっとも良い農耕地に住んでいた。これらの農民たちの政府の奪取を阻止しようとする闘いは、新空港で最初の飛行機が離陸するまで、十一年間に及んだ。これは戦後の日本における画期的な抵抗闘争の話である。

農民の主要な闘いは三里塚村の付近で起こった。その地方の住民たちとのたった一回の協議もなしに、政府は必要な土地を買収すると通告した。戦後の日本では、真の民主的統治に対するとりわけ強い憧れがあった。国民全体が、戦争によって、打ちひしがれ意欲を喪失していた。それで、政府の一部が専制的態度を取り続けることは、民衆によって許されないだろうと思われていた。わたしの考えでは、農民の苦境に対する同情と共に権威主義に対する反抗という両方の心情があったと思う。三里塚闘争には数千人の支援者が結集した。

影響をうける農民に対する補償金あるいは代替地の提供という政府の提案が原因となって、政府との交渉に賛成する農民と、拒否する農民との間に分裂が起こった。住民の大半は、たとえどんな提案をうけても断固として移動することを拒んだ。これは十一年間以上も続いた一連の対決を引き起こした。

最初の強制土地収用との闘いは一九七一年で、地域の農民一五〇〇人に加えて、日本中からの二五〇〇人の支援者が、一緒に政府と空港公団に抵抗した。彼らは団結小屋を築き、「塹壕」を掘った。その塹壕の中を、老人が男も女も、ブルドーザーが土地を平らにならす作業を始めると這いまわった。農民たちは自分の体を木に鎖でつないだ。それで、抵抗者を排除できる唯一のやり方は、抵抗者の間に入ってそれらの人々もろとも木を切り倒すことだった。空港公団は、一万八〇〇〇人の機動隊と二〇〇台のブルドーザーを送り込んで、「四時間で状況を治め」られると、豪語した。実際には抵抗者を排除するのに十四日間を要した。一〇〇〇人以上の抵抗者が警察によって負傷し、この一件だけで四百人が逮捕された。

空港の公式の開始の直前の一九七二年三月一五日、六二メートルの高さの鉄塔が、農民によって強固なコンクリートの基礎の上に建てられていた。ほとんど近づけないような場所で、滑走路の端に現れたのだ！　空港反対同盟がその塔を建設した犯行声明を出し、塔を守るという意思を表明した。空港公団はその塔にアクセスするために道路を作り、数千人の機動隊でその塔を奪取する準備をしなければならなかった。

今度の闘いは、一九七七年四月一七日に始まって、日本中から二万三〇〇〇人を超える支援者が「鉄塔決戦集会」に参加した。機動隊が攻撃した時に、三二七人が負傷した。五月六日まで、空港公団は抵抗者を排除して鉄塔を破壊することができなかった。ほぼ五か月間、成田空港は、その機能のすべてが完全に使えなかった。これは農民たちと支援者の驚くべき勝利だった。空港公団が、最終的に彼らの領域を「安全にして」、一本の滑走路を完成できたのは一九七八年一月だった。

農民たちがその土地を守る決意は不屈のものだった。福島菊次郎『戦場からの報告――三里塚１９６７―１９７７』の中で、三里塚芝山連合空港反対同盟副委員長で、家族四世代が暮らしてきた家の主だった石橋政次は、彼らの闘いについて次のように語った。

政府と空港会社は、わたしたちと相談することなしに、わたしたちの土地を収用した。彼らは自分の土地を守る農民の権利を踏みにじった。人々を無差別に逮捕し、人々を暴力で脅迫した。彼らは三里塚闘争を作り出した人々だ。わたしは彼らのことをけっして忘れない。

当初、わたしたちの三里塚闘争との関わりは周辺的なものだった。北海道から、わたしたちは、傍らで成り行きを注視することしかできなかった。熱い関心は持っていたのだが。最初の滑走路の完成後まで、わたしの家族は具体的な関わりを持つことはなかった。

具体的な関わりが生まれたのは、当時はカナダに住んでいた長男のデニスが、アジア正義と平和協議会のために日本にもどった時だった。一行が訪れた場所の一つが三里塚だった。そこは農民の抵抗運動の中心だった。デニスは、通訳者として、正義と平和グループに奉仕した。グループのメンバーは、多くのアジア諸国からきた参加者だった。

わたしたちの他の二人の子どもたち、ピーターとスーザンは、東京に住んでいて、団結小屋に通い始めた。そこは、予期された攻撃に対する要塞と宿泊所として用いられた。週末ごとに、都会の学生たちが三里塚に通って、農場の仕事を手伝い、鍬で耕し、収穫物を集め、残留している少数の農民たちの精神的な支援をした。スーザンは彼女の体験を日記に残した。これは彼女の日記から抜き出したものだ。

わたしたちは行くと、飯場のような「労農団結小屋」に泊まります。日中、わたしたちは農場で働きます。ほとんどは野菜畑です。わたしたちは、農民の家族と一緒に働き、昼食と夕食を食べて、お風呂に入り、それから床の上の小さなテーブルの周りに座って、お茶を飲んで話をします。農民たちは驚くべき人々です。ある農民は、最初、十三年前、どのように自分の土地を守るために闘ったか、わたしたちに話してくれました。政府の役人との直接の折衝、法廷活動、等々を行って、矛盾が明らかになったので、ただ自分の土地のためという以上のことで闘っているのだと分かったというのです。それは、巨大な開発計画がなされることを拒む民衆の一つの闘いでした。その開発計画というのは、大企業（それに軍隊）、政府の必要に奉仕するもので、農民たちを片隅に追いやるのです。
日本の農民たちは、社会的・経済的な地位に関する限り、常に底辺層に近い存在で、おおむね劣等感を抱いてきました。これは、今やまったく違います。もう一つの変化は女性の役割です。村の話し合いがもたれる時はいつでも、男性だけが集まっていました。今や、すべての農民女性が集まります。なぜなら、ある農民の息子の言い方では、女性は「力の半分」なのです。ある男性の言うところでは、機動隊に抵抗することになると、しばしば、女性はより手ごわいのです。

わたしたちの子どもたちがどのように関わりを持ったのか知った時、ドリーンとわたしは、自ら三里塚を訪れようと決めた。状況をよりいっそう理解し、スーザンとピーターと農民たちを支援するためだった。春の宣教師会議で東京にいた間に、わたしたちは機会を得て、三里塚の日本基督教団の小さな教会の礼拝に参加した。この教会の会員の一人が戸村一作だった。美しい金属彫像を作る彫刻家だった。一作は地域の空港反対運動のリーダーの一人だった。礼拝の後で、彼はわたしたちを彼らの闘いの幾つかの拠点に連れて行った。彼は、有名な「鉄塔」にわたしたちを車で連れて行った。今も残っているのは強固なセメントの基礎だけだ。わたしたちが見せられたのは、強固な扉の宿泊所兼砦とどんな攻撃も思いとどまらせる二階に続くはね上げ戸だった。空港は武装警官によって警備されていた。武装警官は防備したバスに乗って空港の周りをぐるりと切れ目なく取り囲んでいた。それらの巡回警官の一人が車を止めて、一作に職務質問を始めた時、わたしたちはちょっと怖かった。わたしたちは何ごともなくそこを離れたが、抑圧を感じた。それは地域の人々が四六時中感じていることだった。わたしたちは、この闘いに関わっている子どもたちを誇りに思った。

成田空港の開港は闘いの終わりではなかった。一九七七年八月、空港公団は第二滑走路の建設を行うつもりだと公表した。この建設の場所に闘いを止めていない二十三家族の農民たちがいた。

反対が続いたことで、第二滑走路は二十四年後まで建設できなかった。警官のパトロールは未だに空港の周囲を警備し、成田空港を利用するすべての旅行者は、チケット代に加えて、余分な「保安税」を支払わなければならない。

警察と地方当局との関係

道北センターでのわたしたちの取り組みの幾つかは、反政府の立場として解釈できたが、ほとんどについて、わたしたちは干渉を受けなかった。時々、わたしは警察署に奉仕することができた。日本語を話せない外国人が町に来た時だった。わたしたちが「監視下にある」と実感したのは、二度だけだったと思う。

最初の出来事は成田空港反対闘争に関わることだった。一九七八年に岸本芳朗さんが道北センターの共同主事として赴任して来た。彼が着任して間もなく、わたしたちは二人の私服刑事の訪問を受け始めた。刑事たちはいつも礼儀正しく、センターの活動に興味を示した。わたしたちは、しばらくの間、訪問者は何を目的にしているのか分からなかった。芳朗さんが両親を訪ねて大阪にいく前のことだった。わたしは刑事の一人から電話を受けて、彼の行先について尋ねられた。彼は学生時代、基地付きという条件の沖縄返還協定に反対するデモに参加したために逮捕されていた。おそらくその活動のために「前科」を持っていたので、刑事はその行先を追跡していたようだ。わたしは、「芳朗は両親を訪ねています。彼は素晴らしい市民で職業人ですよ」と答えた。わたしはそれに加えて、彼らがセンターを訪れることを喜べないことだし、止めてもらいたいと思うと言った。彼らはわたしたちから目を離さなかっただろう。しかし、二度と訪ねてくることはなかった。

警察が関わってきた二番目の出来事は、一九七九年の東京でのG7サミットの時だった。主要七か国の指導者が世界貿易についての協議のために集まった。警備は日本全国を通して厳しかった。ドリーンとわたしは、二、三日の休暇をとって、オホーツク海の東沿岸にあった浜頓別の小さな和風旅館で過ごした。わたしたちは旅館に落ち着くと、美しい砂浜を散歩することにした。わたしたちがちょうど砂浜に降りた時、一台の車が道路に止まって、二人のきちんとした身なりの男たちがわたしたちと顔を合わせるために降りてきた。わたしたちは、彼らが私服刑事で、わたしたちの身分証明を確認するためだと分かった。日本では、すべての外国人は「外国人登録証」を持って、それを常時携帯する義務があった。ドリーンもわたしも海岸に登録証を持ってきてはいなかった。刑事たちは、わたしたちに同行して旅館まで行って、それを確認すると言った。旅館にもどった時、ドリーンは登録証を見つけたが、わたしは他のズボンのポケットに登録証を置いてきたのに気づいた。わたしは日本の運転免許証を持っていた。ドリーンは彼女の登録証を見せて、刑事たちは細かくそれを書き留めた。わたしは運転免許証を見せて、登録証を置いてきたことを説明し尋ねた。「運転免許証は、わたしの身分を証明するのに適当ではないのでしょうか?」しかし、彼らは正式の登録証を持っていなければならないと答えた。彼らは、わたしたちが名寄に電話して、だれかが登録証を持ってくることはできないのかと尋ねた。わたしたちは、子どもたちは東京に離れていて、家にはだれもいないと説明した。彼らは、登録証をとりに家にもどってもらいたいと言った。それは三時間かけて家に帰り、またもどってくることを意味した。わたしは反対して、わたしたちは静かな週末のために、ちょうど家を離れてきたところです。二日間もどるつもりはありませんと言った。

彼らは、浜頓別の警察署に自分たちと一緒に行くようにわたしに求めた。わたしは、わたしの身分を確認したいのでしたら、名寄市長に電話してくださいと言った。代わりに、彼らは名寄警察署のだれかに電話して、わたしがだれかが分かった。彼らが最後に同意したのは、わたしが帰宅したら名寄警察署に登録証を持っていくならば、了解するということだった。さらに彼らがしつこく言ったのは、わたしが登録証を携帯していなかったことにわび状を書いて、二度とこういうことはしないと約束するようにということだった。

わたしがこの出来事の後で知ったのだが、札幌の宣教師の友人もまた刑事が訪ねてきたということだった。それは、まるで日本中の外国人すべてがサミットの期間中チェックされていたかのように思われた。日本の保安体制は目立たないようだが、いまだ健在だということだ。

第八章　ドリーンの独自の才能

ここまで、わたしは日本とカナダでのわたしの人生の遍歴についてばかり話してきた。ドリーンの担った役割に触れるのは、ただ付け足しのようだった。わたしは、彼女の重要な貢献の話には、それ自身で一章を必要とすると信じている。わたしが、彼女自身がその話を語れたらとどんなに願っても、残念なことに、わたしたちがレイクフィールドに引退した三年後に、ドリーンは世を去った。わたしに残っているのは、彼女の話をして、その独自の才能に敬意を捧げることだ。彼女のもっとも顕著な才能は人々に対する愛を表現することだった。彼女の愛はわたし自身と子どもたちを包んだ。しかしまた、彼女が日本とカナダで出会ったそれぞれの人々にまで広げられた。彼女の愛は、日本人の控えめな性格を越えて及び、多くの友人たちから尋常ではない深い愛情を引き出した。

幼い頃の生活と体験

ドリーンは、オンタリオ州リンゼイで生まれ育った。そこで、彼女の父ウィリアム・アグニューはクィーンストリート合同教会の日曜学校長と成人日曜学校教師だった。ドリーンは、地域の青年グループで活躍し、聖歌隊で歌い、パイプオルガン奏者のアシスタントだった。彼女はまた、地区と教区の青年組織のリーダーだった。合同教会トレーニングスクール（しばしば、ユーモアをこめて、「天使工場」と呼ばれた）に参加していた時、その学校では女性がキリスト教教育のリーダーの訓練を受けたのだが、彼女は大学基盤の青年前進運動のメンバーになった。この組織は信仰を実践に結びつけた。とりわけ、教会のグローバルな責任を強調した。青年前進運動の働きを通じて、ドリーンとわたしが出会う数年前のことだった。

青年前進運動は、学生チームを送り出す方針を持っていて、夏の数か月間、教会のキャンプと青年グループを訪れた。一九四三年の夏、わたしのヴィクトリアカレッジの同級生モーリー・クラークとわたしは、夏のチームに選ばれて、オンタリオ州東部のベイ・オブ・クインティー教区の合同教会を訪ねて回るように送り出された。ピーターボローでの幾つかの会合を終わった後で、わたしたちの会合を調整してくれたロレッタ・マクドゥガルが言った。「リンゼイに行ったら、ドリーンと会いなさい。そこであなたたちの会合を調整してくれるわ。彼女は素晴らしい人です。彼女と会うのを楽しみにしなさい」。すぐにわたしは興味をそそられた。

リンゼイ地区の合同教会青年会の会長として、ドリーンは、リンゼイ地区の諸教会を訪問するためのわたしたちの旅行計画を担当した。わたしたちはリンゼイでは彼女の家に宿泊して、彼女はわたしたちの旅に同行した。ドリーンは数年後にその時のある出来事をわたしに話した。それはわたしたちのリンゼイ地区の旅が始まったときに起きたことだった。モーリーとわたしは、「無蓋の折り畳み後部座席」のあるフォードクーペで旅をした。ドリーンと彼女の女友だちは、運転するモーリーと一緒に前の座席に座った。わたしは自分で後部座席に座った。後になって、ドリーンのお母さんが彼女をたしなめた。「どうして、自分から後部座席にずっと座っていたフロイドをそのままにしておいたの？」それでお母さんは、すぐにわたしを好ましく思い、結婚の仲立ち人のようになってくれたようだ。わたしは「アグニュー家の母」の愛情にいつも感謝を覚えた。

その夏の後、ドリーンとわたしはもう一度会った。わたしたちがオークレイク青年キャンプに参加した時だった。次の年の間、わたしたちは時々手紙を交換した。その翌年、モーリーとわたしはオークレイクキャンプで再びリーダーを務め、ドリーンもそこにいた。その夏は、フロイド・ハニー牧師が主題講師だった。キャンプでのフロイド・ハニーのチャレンジは、ドリーンの人生の大きな転換点の一つだった。それは彼女にフルタイムのクリスチャンの奉仕のために訓練を受けることを深く考えさせた。フロイド・ハニーは後に中国に宣教師として奉仕した。共産主義者が権力を奪取したために中国から撤退した後、彼は合同教会世界宣教部の東アジア担当幹事に任命され、後に総幹事になった。このことが意味したのは、わたしたちが日本に行った時、彼は親密な個人的友人になり、わたしたちの宣教の努力を全体的に見渡す監督者を持ったということだった。

オークレイクキャンプで、フロイド・ハニーはクリスチャンの奉仕の喜びを情熱的に語って、カナダと海外の両方でもっとクリスチャンワーカーが必要だと言った。ドリーンは、とても心を動かされ、秘書の仕事を辞めるつもりだという彼女の思いをわたしと分かち合った。彼女は父親の保険事務所で働いて、他の形でのクリスチャンの働きのために備えようと思っていた。何回か長く話をして、わたしは彼女が合同教会トレーニングスクール〔訳注：後のコヴナントカレッジ〕に入学するように励ました。彼女はその助言に従って秋には入学した。キャンプの最後の夜、ドリーンとわたしは、キャンプの人目につかない場所で一本の木のそばに座った。そして、わたしたちの希望や夢を分かち合った。わたしたちは、多くのことでお互いに共通点を持っているのに気づいた。わたしたちが離れる時、わたしは急き立てられるように彼女をしっかり抱きしめてキスをした。しかし、最後の瞬間、わたしは自制した。わたしは、今の若い人がわたしをひどく潔癖だと考えるだろうと分かっている。しかし、わたしにとって、その時、キスは真剣な関わりの行為だったが、わたしはその準備がまだできていなかった。

ドリーンはその秋に合同教会トレーニングスクールに入学した。同じ年、わたしはイマヌエル神学校での学びを始めた。次の二年間、わたしたちは頻繁にデートした。わたしたちはたくさんの有意義な話をした。しかし、何かの理由で、わたしはお互いの間に抵抗となる壁をまだ持っていた。どういうわけか、わたしは、それ以上の関係を作っていくことは、まだできないと分かったし、わたしが先に進む心構えがない以上、彼女をリードしようなどと思わなかった。わたしたちは、ほんとうに親しい友人になっていった。人生と仕事について長い会話をした。ただ、愛についてはそうではなかった。

オーヴィルでの奉仕

ドリーンは一九四七年に二年間の研修の後で卒業した。その一年前にわたしはイマヌエル神学校を卒業して、オーヴィル牧会区の牧師に任命された。そこはペリーサウンドに近く、彼女が夏期の学生伝道師として前の年に奉仕したところだった。この任命は、それ自体、とても通常と異なっていた。彼女はその会衆の人々からとても慕われていた。人々は教会本部に特別な請願書を送って、ドリーンを通年で任命することを問い合わせた。「夏期の宣教実習」が考案されて以来、それは先例のないことだった。ドリーンはひるまない人だった。彼女はどんな他の任命も受け入れなかった。彼女は、その任命を最終的に受け入れた時、大いに喜んだ。そしてオーヴィルにマートル・ディチバーンと一緒に暮らすためにもどった。ドリーンが以前にそこに下宿していた人だった。マートルは客室が一つある小さな家に住んでいた。彼女は地域の電話交換台を操作していて、その電話交換の通話でみんなを知っていた。ある嵐の日、あるいは夜だった。ドリーンが外に旅に出ていた時、マートルはドリーンの通るルートを追いかけて、電話でドリーンが無事に運転しているのを見たかどうか人々に尋ねた。

ドリーンの中古のフォード車は、彼女はガブリエルと名づけていたが、ドリーンを乗せて、摂氏マイナス三〇度から四〇度の恐ろしい寒さの冬に走った。暖房のない車だったので、ドリーンの父が彼の古い熊皮のコートを貸していた。彼女は仰天する子どもたちに、まるで雪嵐の中を進む車を運転する熊のように見えただろうと話した。彼女は六か所の異なる町で礼拝をして、多くの孤立した家庭を訪ねた。その家々は広大な地域に点在していた。

その年の間中、わたしたちは手紙で頻繁に連絡をとっていた。彼女は体験したことや多くの孤独な人々を訪ねた話を分かち合ってくれた。わたしが、彼女に話してもらったのは、彼女が表現した愛と多くの人々に与えた喜びを実際に示した一つの出来事だった。

わたしは親しい八四歳の老婦人に会おうと訪問しました。彼女はクリスマス以来、病床にありました。彼女は二人の孫を育てました。女の孫は二〇歳くらいで、男の孫は四〇歳近くでした。一家は、わたしにお茶のために休んでいってくださいと強く求めました。一家は来客をとても喜びました。老婦人も孫の女性もそろって寂しいのだと分かりました。一家は孤立していたのです。一家は幹線道路の脇道からも遠くに住んでいて、地域全体でも孫の女性の年齢の人は彼女だけだったのです。彼女はわたしと一緒に外に出て道路に向かい、深い雪の野原を通って小道を下りました。わたしがガブリエルにエンジンをかけた時、バッテリーは完全にあがってしまっていました。わたしは驚きませんでした。家にもどる時、女性はとても嬉しそうに言ったのです。「あなたは今夜泊まった方がいいと思うわ」。でも、わたしはその夜、バークズフォールまでもどらなければなりませんでした。わたしは自動車修理を呼んで彼らが現れました。そして車は動き出しました。

その弱々しい老婦人は、わたしのことですっかり感情を高ぶらせてしまいした。わたしが車を動かせないのではないかと心配したのです。それで、わたしは彼女の寝室に行って、わたしは、自動車修理の助けを受けたので、心配しないでくださいと説明しました。わたしのことでの驚きと戸惑いで、彼女はやせ細った腕を伸ばして、わたしの両の頬に手をあてると、わたしを彼女の方に引き寄せて言いました。「わたしは、あなたが元気に家に帰るように願っていますよ。あなたに、神様が祝福をお与えになり、あなたをそのお仕事のために強めてくださるように。そして、時々、わたしのために少しだけお祈りしてくださいな」。

わたしはドリーンの話に心を捉えられ、彼女の献身に感銘を受けた。春の頃には、わたしは自分の愛情をドリーンと分かち合わねばならないと感じた。その機会は卒業の祝会でやって来た。わたしたちは友人たちと一緒に招待された。わたしはドリーンに招待状を送り、彼女はそれを受けてくれた。祝会の後で、わたしはドリーンを彼女の姉妹のメリーの家に送り届けて、わたしの愛を告白し、生涯のパートナーになってくれるだろうかと尋ねた。これはわたしたち両方にとって感情高ぶる時だった。それはまるでダムが決壊したようで、閉じ込められていた長年の愛がついに突き抜けて現れた。わたしは、ためらいがすべてわたしの側にあったのだと気づいた。ドリーンは今までずっとわたしを愛していたのだ。オーヴィルにもどった後で、一通の手紙に彼女はこう書いてくれた。

ああ、フロイド。わたしはとても幸せに感じています。ときおり、わたしは、心臓がほんとうに破れるに違いないと思います。喜びでいっぱいになるのだと思います。ほんとうに、わたしたちが一緒にいたほんの二日間が、幸せな夢のように思います。

わたしにとって、自分の感情を言い表すことは、わたしの全生涯を通じて学ばなければならないことだった。このことでは、ドリーン以上にわたしが感情を言い表すことを助けてくれた人はいなかった。彼女への返信にわたしはこう書いた。「わたしは日毎にもっともっとあなたを愛することを学んでいます。わたしが学ぼうとしたこれまででもっとも心躍ることです」。

四月中旬にわたしはオーヴィルに行った。ドリーンと一緒の素晴らしい数日のためだった。五月下旬、彼女は三週間の休暇をとって、わたしの卒業式にトロントに来た。わたしたちは、わたしの両親や彼女の両親と時を過ごした。按手式の時に、わたしはサスカチュワン州のエスターヘイジー牧会区の管理に任命されることを知った。それは七月一日からスタートする任務だった。ドリーンはオーヴィル牧会区に一〇月の終わりまで留まる必要があると判断した。それで、わたしたちは一九四八年一一月一三日に結婚式を挙げることに決めた。

一一月が近づいたので、わたしは、結婚式のためにサスカチュワンからオンタリオにもどって準備をした。ドリーンは一〇月にはオーヴィルを離れて、リンゼイで地元での準備をすべて行っていた。わたしの計画では、週末の礼拝の後に月曜日の朝の汽車で出かけ、水曜日までにトロントに着いて、準備を終えることになっていた。月曜日の朝、わたしは、ヴァーノン・フルークが亡くなったのを突然に知った。彼は郵便局長で長年にわたって教会の長老だった。わたしは葬儀を前に離れることはできないと感じた。それをわたしたちは水曜日の朝に準備した。それで、わたしは、金曜日までにトロントに行くのに水曜午後の汽車に乗ることができた。わたしはドリーンに電報を打って、彼女が結婚許可証をもらうことを頼み、金曜夜のリハーサルに間に合うようにそこに行くだろうと伝えた。わたしはまったく知らなかったのだが、リンゼイの地方役場は、結婚する両当事者が前もって三日間、その地にいないと、許可証を発行しなかった。幸いにも、ドリーンのお父さんにオークウッドの役所に勤める友人がいた。その人はやかましくない人で、わたしが後から署名することができる許可証を発行するのを認めてくれた。

結婚式は、ドリーンの母教会クィーンストリート合同教会で土曜日に挙げられた。ただ一つの不運はアグニュー邸での宴席だった。花嫁のヴェールに蝋燭の火が燃え移った。ドリーンとわたしがウェディングケーキを切る時だった。しかし、わたしは、ヴェールをすばやく取り払って、わたしの腕を軽くやけどしただけで、この日を守った。

エスターヘイジーの生活

ドリーンは、エスターヘイジー牧会区全体で人々の心を、たちどころにとらえた。ヘイゼルクリフのリー一家は、わたしたちが特別な思いをいだいた人々だった。リーおばあさんは、スコットランド系の親しい老婦人で、わたしたちを彼女の「子どもたち」と呼んだ。リー姉妹の末っ子のジーンは、ドリーンにとって、ほとんど姉妹のようになった。ある週末、わたしが留守にしなければならなかった時、ドリーンは三つの教会で礼拝を担当することに決めた。彼女はジーンに、自分と週末を過ごし、日曜日に同行してほしいと頼んだ。牧師館には浴室がなかったので、わたしたちは、台所のストーブの前で身体を拭くだけの「スポンジバス」をしなければならなかった。日曜の朝、ジーンがそれを使っていた時、突然、彼女は背後の台所に続くドアが開く音を聞いた。ジーンは驚いて隣の部屋に逃げた。ドリーンは二階にいたが、「侵入者」から逃れようとして階段の下にいたジーンの裸の姿を見た。侵入者はミセス・バンキーだということが判明した。彼女はわたしたちの良い友だちでお隣さんだった。

ドリーンとわたしが、愛すべき友人たちと過ごしたエスターヘイジーでの三年間は、北海道名寄での後のわたしたちの一緒の働きのために、理想的な準備になった。わたしたちは、一緒に働いた会衆のみんなに支えられたと感じた。わたしたちは会衆の多くの人々との絆を保ち、カナダにもどるといつでも、必ず人々を訪問することに決めていた。

北海道での愛の奉仕

名寄でのドリーンの生活は容易ではなかった。一つには、日本語のコミュニケーションがいつも闘いだった。わたしたち二人は、そろって東京で二年間日本語を学んだ。最初の年、ドリーンはわたしと一緒に長沼日本語学校に通った。しかし、二年目の八月にデニスが生まれた後、ドリーンは家にいて、個人教授で勉強したので、日本語学習にフルタイムで専念できなかった。一九六九年三月にコヴナントカレッジで彼女は次のように話した。

わたしができていたことは何事も、二つの要因で限界を伴いました。何よりも先ず、日本語でコミュニケーションをしようとすることでした。日本語は世界でもっとも難しい言語の一つだという評判を得ています。読むこと、書くこと、話すことについてです。普通の会話はできるようになりました。しかし、宗教的な討論や、講話とか説教、ラジオやテレビの番組は、しばしば、それらの中に不明な点がありますし、わたしに想像力を求めます。そのせいで、その時間のほとんどがちょっとつまらないと感じてしまいます。わたしにとって宣教師の働きの範囲を限界づけていたもう一つの要因は、三人の子どもたちを教育することでした。オンタリオ州教育局の通信教育コースによって教えたのです。もちろん、子どもたちは日本の学校にも通っていました。しかし、家に帰ると、子どもたちは、英語で勉強しなければなりませんでした。

日本語を用いることの不十分さがあったにもかかわらず、ドリーンが多くの日本の女性たちともっとも深い友情を築くことは、妨げられることがなかった。日本の女性たちは、心のこもった愛情をもって彼女に応えた。日本の女性たちはフォーマルで、礼儀正しい傾向がある。彼女たちの控えめさを打ち破るのは時として難しい。それにもかかわらず、ドリーンは、名寄の広い範囲の様々な女性たちと親しい友情を育てるのに長くはかからなかった。それらには、ご近所の料理教室、教会の女性グループ、わが家での毎週一度の聖書研究グループ、華道のグループ、女性の英語教室、地域の絵画教室などが含まれていた。

同様にドリーンがわが家で洋風料理を教えることを頼まれたのもすぐだった。週に一度、近所の女性たちがわが家の台所に集まって、質素で健康に良い食品をどのように調理するかを学んだ。たとえば、わたしたちは、レバーがわたしたちの買い求められるもっとも安価な肉だと分かったが、それまでほとんどの人々はレバーを食べなかった。レバーを食べることを学ぶ以上に、この地で節約になることが何かあるだろうか？　それで、ドリーンはレバー料理を調理することを女性たちに教えた。最初は、それが何かを言わないで教えた。女性たちはびっくりしたが、その料理を喜んだ。その後、わたしたちは町の人々がしだいにレバーを買い求め始めたのを知った。そしてレバーの値段が上がってしまった。

教会の女性グループは、月毎に集まり、様々な話題を話し合った。信仰や社会問題に関する話題を持ち寄った。その集いの一つで、ドリーンは、日本の男性による東アジアの国々への「買春ツアー」の問題を取り上げるように頼まれた。日本基督教団の女性たちが、この問題を取り上げていて、「買春ツアー」に出発する男性たちに反対して東京の出発駅で街頭デモを行っていた。この話し合いは、そのグループがそれまでしてきたもっとも活発な話し合いの一つを巻き起こした。

ドリーンは、名寄や遠隔地の諸教会から数回の説教も頼まれた。しかし、教会での彼女の主な取り組みは、教会の礼拝、結婚式や葬儀、訪問先やわが家への訪問客のためのオルガン演奏だった。訪問客はいつもわが家の子育ての習慣に興味を示した。たとえば、たいていの日本の母親は、機嫌の悪い赤ちゃんや子どもと一緒だと、子どもの口にキャラメルキャンディーを入れて静かにさせようとした。わたしたちは、子どもたちに甘い食べ物やキャンディーを与えないので、食べさせてほしくないのだということを早い段階で伝えた。わたしたちは、しばしば夜の訪問者を家に迎えたので、子どもたちに厳格な就寝時刻の決まりを設けた。子どもたちは階下に降りて来て訪問客に会ったが、それから、その後間もなく落ち着くと寝室に行くように期待された。訪問客が驚いたのは、たいがいの場合、わたしたちがそのやり方で成功したことだった。

日本式の家庭訪問

ドリーンは、じきに教会の女性グループの家庭訪問の行事に参加した。彼女はそういう訪問の一つを次のように描いている。

ある日、わたしは名寄教会の女性グループを代表して家庭訪問をしました。わたしは、二人の子どもをつれた若い母親と一緒でした。わたしたちは農村地域に数キロメートルのドライブをしました。最初の家を訪問するためでした。荒れ果てた農家で母親がクリスチャンでした。わたしたちは道路から長く細い道を、入口への道はどこか話しながら歩いていきました。壊れた床板を踏み越えながら入口への通路を入りました。道の脇で鶏が怖がって逃げまどっていました。その時に女性が右側の部屋から現れました。彼女はお客さんが来たことを恥ずかしそうでした。とくに一人は外国人です。実際、彼女はわたしたちを招き入れませんでした。それは日本人にとっては珍しいことでしたが、彼女はこの状況を謝りました。彼女の夫は、その時、入院していました。その週、彼女は、腕を怪我していたので、何もすることができなかったのです。その場全体が失意の様子にあふれていました。その同じ様子が、わたしたちと話をした女性の眼差しに映っていました。わたしたちは、彼女に教会の女性たちが、あなたのことを気にかけていますと念を押して伝えました。彼女に教会の定期刊行物を渡して、わたしたちの訪問の旅を続けました。

数週間後、フロイドが夕礼拝に教会に行った時、彼は早めに着いて、後ろの席に座っている女性に気がつきました。彼女はわたしが訪問したその女性でした。彼女の説明によると、病院に夫を訪ねて町まで来て、家に帰る前に祈るために教会に来たということでした。彼女は、帰宅しなくてはならないので夕礼拝まで待てませんでした。そこで、フロイドと、ちょうどその時にやって来た教会の役員の一人が、彼女のために祈りました。だれが知っているでしょうね。おそらく、わたしたちの訪問で、彼女が彼女に向けられた神様の関心と愛を思い起こし、神の家で祈ることに彼女を導いたのでしょう。

聖書研究グループ

名寄に着いた後すぐに、わたしたちは、週に一度、水曜日の午前中に、わが家で開く聖書研究のグループを立ち上げた。とりわけ、教会に来ることはできないが、聖書を学ぶことに関心があるという女性たちのためだった。わたしたちのご近所の四人の女性が参加して、親しい友人になった。藤原さん、五之治さん、木原さん、長岡さんだった。通常、日本人は、家族とかもっとも親しい友人を除いて、「名前」で呼ぶことはめったにしない。ところが、やがて、彼女たちはドリーンのことを、ドリーンさんと呼んでいた。それは親愛の呼び方で、もっと形式的なハウレット先生という呼び方ではなかった。

四人の隣人はけっして教会にはつながらなかったが、二十年間以上も聖書研究グループの忠実なメンバーであり続けた。聖書は、彼女たちの生活に大きな意味を持った。このことは彼女たちの生き方や、彼女たちが引き受けた奉仕の取り組みに現れていた。彼女たちの信仰を実践し、地域に奉仕する方法として、四人は週に一度、市立図書館に通う取り組みをして、目の不自由な人のためにテープの録音をした。この奉仕は長年にわたって続いた。わたしたちは、彼女たちにニックネームをつけて、「四人の吟遊詩人たち」と呼んだ。彼女たちがたくさんのことを一緒にしていたからだ。

ドリーンは、聖書研究グループが、ある母親と身体の不自由な息子を訪問したことを書いている。その親子は地域の人里離れたところに住んでいた。

わが家で聖書を学び続けてきたご近所の女性たちは、この一一月に新しい体験をしました。夏から秋にかけて、女性たちはハンディキャップのある少年、宮夫さんのためにウールのショールをつくろうと、縫い合わせて一枚のショールにするための断片を編みました。ショールができあがると、わたしたちは、ポッンと離れている農場の家まで三〇キロのドライブをしました。そこに住む宮夫さんは、今二〇代前半です。すでに子どもの頃から、床に敷かれた布団に横たわったままでした。立ち上がることも、自分で食べることもできません。その年月の間ずっと、彼のお母さんは、明るく愛をこめて彼を世話しているのです。彼の父親は森林伐採が仕事だったので、長い間、家を留守にしています。

過去二、三年の間、お母さんは宮夫さんに聖書を読んであげていました。二人は、聖書のラジオ通信講座に一緒に入会していました。二年前に、その講座の結果、彼は洗礼を受けたいと願いました。その一年後、彼のお母さんもまた洗礼を受けました。わたしたちが、ショールを持って二人を訪問した日は、すべてが幸いな時でした。宮夫さんは、明るく色彩豊かなショールに大喜びで、かけ布団のうえを転げまわりました。微笑みながら、たどたどしい言い方で「ありがとう」と言いました。彼のお母さんにとりわけ幸いだったのは、彼女の年頃の女性たちとおしゃべりができたことでした。彼女は、彼女の何年にも及ぶ密かな苦労を打ち明けました。彼女は、赤ちゃんの時にポリオになって足が不自由になった息子を見てきました。しかし、そのすべてを通じて、彼女は明るい性格を保ち続けたのです。そして、このことは、一日一日に立ち向かう強さをもたらす神への彼女の信仰と共に、名寄の女性たちに真に迫る印象を与えました。そして、さらに、彼女たちの信仰を強めました。

千恵子さんは、ドリーンが大切な友情を育んだもう一人の人だった。ある日、彼女はわが家で聖書研究グループがあると聞き、参加したいと言ってきた。

彼女は、夫が熱心な仏教徒だったので自分がキリスト教について学ぶことに慎重だったが、ちょうど五〇歳になったので自分自身で決めようと考えた。なんと、そのときドリーンもほぼ五〇歳だった。それで、ここに二人の間にもう一つの絆が生まれた。千恵子さんはグループに参加した。最初の数回、聖書研究会が始まって一時間ほどすると、夫が電話で用事があるから帰ってくるように言ったが、最後まで参加した。千恵子さんとドリーンは、たくさん話し合い、彼は聖書研究に参加するのを認めるようになった。

絵画教室

千恵子さんは、いつも絵画を習いたいと思っていた。とても優秀な教師がいた。中屋正義さんで、毎週、グループに絵画を教えた。千恵子さんは、彼女と一緒に絵画教室に参加しようとドリーンを説得した。ドリーンは、自分には才能があると思わないと言った。なんの創造性もない教師に教えられた高校の絵画は、彼女にはけっして楽しくなかったからだ。ところが、彼女は、じきに油絵にすっかり夢中になった。油絵は、彼女に非常な満足感をもたらす新しい趣味だった。彼女は才能があったと気づき、幾つもの美しい絵画作品を描き上げた。わたしたちが日本を離れる前に、他の絵の生徒たちが、ドリーンに展覧会を開くように説得した。彼女は、他の生徒も一緒にその作品を飾るならと、このことに同意した。町の大勢の人々や札幌のような遠いところからも、人々がこの展覧会にやって来た。

絵画教室に参加したもう一つの特典は、ドリーンにまったく新しい友だちの輪を広げたことだった。以前からの知り合いで親しい友だちになったのは、川上富子さんだった。彼女の夫の信夫さんは、名寄女子短期大学の教授だった。二人はわが家の近くに住んでいた。二人の娘さんとわたしたちの娘のスーザンは、同じ年齢で、教会の幼稚園と日本の小学校に一緒に通っていた。川上夫妻は、教会が主催した毎年の平和行事にいつも参加した。夫妻は熱心な平和活動家で、地域の共産党のリーダーだった。富子さんは、絵画グループのリーダーの一人で、彼女自身が優れた画家だった。ドリーンは、夫妻が絵を愛することで緊密であるだけでなく、平和な世界とより公正な社会への夢を分かち合っていることに気づいた。

川上夫妻の話

わたしは、ドリーンが、かつて、富子さんと信夫さんが、どのように一緒になったのか、また、平和活動に対する二人の理由について、話を聞いたとは思わない。若い学生だった時、信夫さんは熱心な国粋主義者だった。彼は日本海軍で特攻隊に志願した。彼は戦艦を爆破するための人間魚雷の訓練を受けた。幸いにも、彼が任務を遂行できるようになる前に戦争が終わった。日本の敗戦によって彼は深く絶望した。彼の人生の方向転換を助けたのは富子さんだった。彼女の戦争体験は、まったく違うものだった。彼女は東京で暮らす新聞の速記者だった。四回、彼女の家は空襲を受けたが、東京から逃れることはできなかった。なぜなら、彼女の家族は、彼女の仕事の収入に頼っていたからだった。彼女は、兵器の部品になるのにどのように洗脳されていたかを信夫さんが気づくのを手助けした。また、原子爆弾の惨状を知って、平和のために働く生き方を選ぶ決心をした。その時、平和のために働くもっとも良い手立てとして、共産党があるのだと思った。共産党は、日本で平和運動をリードしていたからだった。ドリーンとわたしは、ともに川上夫妻をとても尊敬し、二人との友情を大切にした。

生け花

ドリーンの生け花レッスン、隣人の女性たちと共に

ドリーンは日本の「生け花」が好きだった。彼女は、まだ東京にいた頃に生け花を習い始めた。わたしたちが、名寄に来た時、彼女は三浦さんを紹介された。優しい女性で、伝統的な日本の茶道と生け花に熟達していた。ドリーンのご近所と友人の何人かも、生け花を習うことに関心があったので、彼女は、三浦さんを毎週のお稽古のためわが家に招いた。三浦さんは、女性たちのそれぞれのためにお花を持ってきて、確かなきまりに従って花を生けさせた。しかし、習い手自身の想像力を用いた。生け終わると、座って、お互いの作品を感心して眺め合い、お茶を飲んで語り合った。これは、彼女たちの生活の全体のなかでもっとも重要というべき週に一度の行事になった。

三浦さんは、ドリーンの親しい友人のひとりとなり、週ごとの聖書研究に来るようになった。数年後、彼女の夫が引退して、二人は東京に近い千葉に引っ越した。彼女は聖書への関心を持ち続けた。クリスチャンの美徳を数多く実践したが、けっして洗礼は受けなかった。わたしたちにとって、教会との形式的なつながりは、けっして最重要の事柄ではなかった。彼女の家から成田空港が近かったので、わたしたちがカナダに帰るときにはいつでも、わたしたちに会うために空港まで行きますと念を押し、わたしたちにお餞別をくださった。

英会話教室

ドリーンは、道北センター英語学園で英会話を非常勤で教えていた。町の著名な女性たちのグループがドリーンに自分たちの先生になるように頼んだ。このグループにいたのは、歯科医の蒲先生の妻、名寄―リンゼイ姉妹都市友好委員会委員長の医師の妻、お菓子屋のオーナーの妻、大きな電化製品店主の妻、技術者の妻、ナイトクラブのオーナーでホステスの女性だった。このグループは、英語は大いに上達するようなことはなかった。しかし、彼女たちは、好ましい時を一緒にして、ドリーンの友情に感謝した。レクリエーションのために、ドリーンを招待して、地方の温泉ホテルに一緒に行ったり、一緒にプールに入ったりして、「ふれあい」を楽しんだ。

牧師の妻たちへの支援

ドリーンは、道北地域の牧師の妻たちを力づける源でもあった。彼女たちは皆、本州からやって来た。故郷からは遠く離れ、しばしばとても孤独だった。ドリーンは、牧師の妻のための一泊二日の修養会について語っている。

牧師の妻のためのリトリートがこの地域で開かれたのは、初めてでした。そこには、母親を参加させるために子どもたちの面倒をみた夫たちの心からの協力がありました。わたしたちは、わが家でリトリートを開きました。ある日の昼食からスタートして、次の日の昼下がりに終わります。わたしの印象では、これらの女性たちは、このような交流に飢え渇いていました。彼女たちは、あまりにしっかりと一緒に話し合ったので、食事をするのに、ほとんど手が止まってしまうほどでした。わたしたち皆が、毎年、これをするべきだと確信しました。それで、牧師たちは翌年の予定表のなかにそれを書いておくまでになりました。

牧師の妻たちのリトリートは翌年から伝統になった。これは、ドリーンが牧師の妻たちとの親しい絆を、持ち続けていたということである。

精神病者のための働き

ドリーンの奉仕の愛がもっとも真価がわかる働きの中に、地域の病院で精神病に苦しむ患者たちがいた。熊谷医師は、その病院の精神科医で献身的なクリスチャンで名寄教会のメンバーだった。彼は、患者が病院から出かけて日曜日の朝の名寄教会の礼拝に出席することをできる限り奨励した。しばしば、四～五人の患者がその機会を利用した。ドリーンはその患者たちを頻繁に昼食に招いた。わが家で、患者たちは、病院でよりも、好い音楽を聴くのを楽しみ、自由な雰囲気で会話に加わった。

もっともよく来た日曜日の訪問者の一人は、影山真也さんだった。何年間も経て、ドリーンとわたしは彼の父母のようになった。わたしの真也さんとの最初の出会いは、士別教会の細海光子牧師がわたしに、彼女に同行して士別病院に行くことを頼んだ時だった。毒薬を飲んで人生を終わろうとした男性に会うためだった。彼は間に合って発見され、生命をとりとめた。しかし、深刻な影響が彼の身体に残った。彼は、士別高校に通って、北海道大学医学部に入る難しい試験に受かった。ところが、「受験地獄」を通った人にしばしば起きるように、彼は、最初の学年の間に精神的病が進行して、退学を余儀なくされた。彼は、建築現場の作業員として仕事に就いたが、大学にもどりたいと望み続けた。彼は、結局もどることはできないだろうと気づいたとき、落胆して、自死を試みたのだ。彼は高校時代を通じて、士別で教会の「家庭集会」に参加していた。また、大学の恩師はクリスチャンの教授で、彼はその教授をとても尊敬していた。彼が後に語ったのだが、細海牧師とわたしが病室を訪ねたことは、イエスが訪ねてくれたようだったと言った。その訪問が彼に新しい希望を与えた。

病院を退院すると、彼は教会に出席し洗礼を受けた。ところが、作業員として働いていた間に、彼はアルコール依存が進んでいた。時々、意気消沈すると酒を飲んだ。ある日、彼は酒を飲んで階段から落ちて頭を打った。彼は一週間意識を失った。しかし、北大医学部で彼と一緒に入学していた学生の一人が、今は脳外科医になっていた。この医師が彼を手術して彼の命を救った。退院するや否や、汽車に乗り、わたしたちに会うために名寄に帰った。彼は数日をわたしたちと過ごし、わたしたちは、彼を名寄病院で熊谷医師の治療のもとに連れて行った。その時から、彼はかなり落ち着いた生活に導かれた。病院を出た後、彼は駐車場の管理人の仕事を得て、わたしたちの家によく来るようになった。わたしたちがカナダに帰国すると聞いた時、彼は一時がっかりした。ドリーンが一九九二年に亡くなったことは、彼には大きなショックだった。彼はドリーンを失ったことをとても寂しがった。彼は時々日本からわたしに電話をくれる。会話が彼を元気づける。彼は、いまもわたしにとって息子のようだ。

ドリーンは、町の生活するたくさんの人の輪のなかに入り、広く様々な人々と親しい友情を育むことができた。

後に、わたしたちがカナダにもどるときが来た時、それらの友人たちは、目に涙をうかべて、わたしたちに別れを言いに来た。ドリーンは、深く長く続く影響を名寄のたくさんの人々に与えることができた。

音楽の指導

ドリーンが、日本に来てほとんど果たせなかった活動の一つは、パイプオルガンを演奏する関心を満たすことだった。北海道にはパイプオルガンがなかったし、道北の諸教会には古いリードオルガンがあるだけだった。とはいえ、彼女は諸教会でリードオルガンを演奏することを数多く求められ、名寄教会で日曜礼拝のオルガン奏楽を頻繁に頼まれた。彼女は、結婚式と葬儀の奏楽にも呼ばれた。名寄教会だけでなく、他の地域にも呼ばれた。少数の教会は聖歌隊を持っていた。しかしそれぞれのクリスマスに、彼女はクリスマスキャロルを歌う小さな聖歌隊を一緒に作った。

病との遭遇

ドリーンの健康は、一九七四年の冬まで良好だった。その時になって、彼女は腎臓結石を除くために東京に行かねばならなかった。医師は、結局片方の腎臓の三分の一を取り除いた。回復は時間がかかった。しかし、ドリーンは、病気は快適なことではないけれど、与えられたこともあったと言った。そうしたことの一つは、彼女がどれほど多くの友人を持っていたか、まさに気づいたことだ。日本とカナダの両方からたくさんの手紙が届くかたわら、東京の友人たちが、ほぼ毎日のように彼女を見舞った。

ドリーンの病は、彼女の不在の間、聖書研究グループの女性たちを団結させた。彼女の不在中、女性たちの多くは、初めて言葉に出して祈りに加わり、熱心にドリーンの完全な回復を祈った。彼女が帰宅した後、女性たちは大きな助けになって、家事の手伝いにしばしば訪ねてくれたし、食料を差し入れてくれた。

家族生活

幸せで健康な家族生活を創ることを、ドリーンはとても大切にした。わたしたちの忙しいスケジュールにもかかわらず、子どもたちのための時間をもつことに配慮した。デニス、ピーター、スーザンは、日本の小学校に入学した。しかし、わたしたちは、英語によるオンタリオ州通信教育を受けるようにもした。教えることの主な負担はドリーンが負った。「英語の授業時間」は日本の学校の前と後の両方で持った。子どもたちは、日本人の友だちは、そんなにたくさん勉強しなければならないことはないのにと文句を言った。しかし、彼らは完全にバイリンガルになった。わたしたちが、本国活動の年にカナダにもどった時、子どもたちはカナダの学校に通うのに苦もなく適応した。

わたしたちの二度目の本国活動の後で、わたしたちは、夏休みにキャンプができるようなファミリーサイズのテントを持ち帰った。残念ながら、わたしたちのキャンプの期間はまったく短すぎた。日本の学校は一か月間の夏休みしかなかった。この期間は、日本の中高校生の英語キャンプにお付き合いした。とはいえ、夏ごとに、わたしたちは、短いキャンプの旅に出かけるようにした。出かけたのは、北海道のたくさんの美しいスポットで、道南の洞爺湖や支笏湖、道東の阿寒国立公園などだった。

わたしたちは、ゴードン・モアウッドと一緒に中頓別で洞窟を探検したこと、利尻島で利尻富士の頂上に登ったことなど、たくさんの美しい思い出を持っている。毎年の春、家族全員が汽車とフェリーで本州に旅をした。

「教団関係宣教師会議」が、いつも箱根の温泉保養地で開かれたためだ。これは、カナダとアメリカから来ている他の宣教師家族たちと共にする機会だった。大阪で万国博覧会が開かれた秋には、わたしたちは、日本海沿岸の目を見張るような風景に沿ってドライブして南下した。わたしたちは東京への道をもどったが、東京には、その時、ピーターとデニスがアメリカンスクールに入っていた。

一九八一年の始め頃、わたしたち二人は共に去るべき時だと感じた。ドリーンは腎臓手術から完全には回復していなかった。二人とも、もう一度、カナダで暮らし、働く経験をしたいと思った。わたしたちは、名寄の働きが、わたしたちの離任によって駄目になることもないだろうと感じた。ロブと圭子のウィットマー夫妻が名寄にもどっていて、その働きを引き継いだことも幸いだった。ロブは優れた日本語の使い手だった。圭子は北海道に生まれ育ち、その社会をよく分かっていた。二人は素晴らしいチームになった。

一つの場所で長年過ごした後の荷造りは、容易ではなかった。別れを告げに来る友だちがあると荷造りは中断した。もしも、ピーターがいなかったら、わたしたちは、名寄を離れることがけっしてできなかっただろう。彼は、ちょうど日本で暮らすためにカナダからもどっていたのだが、訪問者が訪れていた間ずっと、荷造りを続けてくれた。名寄や日本の北のあらゆる地域のこんなにも多くの友人たちと離れることは、心をかきむしられるような体験だった。それにピーターとの辛い別れがあった。彼は、日本で彼の生涯の仕事をしたいと決めていた。しかし、それは日本にわたしたち自身の分身を残していくという慰めだった。そして、わたしたちは知っていた。ピーターがいるので、わたしたちは日本にもどることができるだろうと。

プレイリー・クリスチャン・トレーニングセンター（PCTC）

トロントにもどった後で、わたしたちは一年間の有給休暇をもった。それは、休息とカナダ中の諸教会を回って、わたしたちの日本での話を語るためだった。トロントでのその時期に、わたしたちは、カナダでの将来の仕事を探し始めた。わたしたちは、日本で地域と信徒の教育の経験があった。それで、わたしは、カナダでの信徒訓練の仕事に大きな関心を持った。一九八二年五月、わたしは知らせをうけた。サスカチュワン州フォートカペルのプレイリー・クリスチャン・トレーニングセンターが、職員をさがしていた。わたしは、すぐに問い合わせの手紙をPCTCの理事長ウォルター・ファーガソン牧師に送った。わたしは、面接のために次の理事会に飛行機で来るように招かれた。そこで、わたしは、職員チームの一員として受け入れられた。チームは三人の研修プログラム職員、二人の事務職員、二人の保守要員、台所管理職員によって構成された。わたしは研修プログラム職員の一人になり、全員一丸のチームの一人であることを喜んだ。そのチームには、「指揮官」にあたる者はいなくて、みんなが一緒になって民主的に働き、センターのプログラムを運営した。

ドリーンとわたし自身のためにも、もっと良い任務はないにちがいなかった。サスカチュワンにもどれるのは、好いことだった。そこにわたしたちは、たくさんの友だちを持っていた。PCTCで暮らすことが意味したのは、わたしたちが、直ちに愛情に満ち、進歩的な共同体の一員になり、広範に及ぶ多様なセンタープログラムに加わることだった。ドリーンが、ことのほか幸いだったのは、音楽行事に、讃美歌作曲家のジムとジーンのストラディ夫妻、そしてジム・マンリーと一緒に参加したことだった。わたしたちは、職員住宅に暮らした。そこは、景色の良いカペル渓谷の美しいエコー湖を見渡すことができた。ドリーンは、センターのプログラムを手伝う機会も得た。わたしたちは、一九八二年から一九八八年まで、PCTCで幸いな六年間を送った。

フィーザントクリーク牧会区での職務

一九八六年に、ドリーンはフィーザントクリーク牧会区の担当チームに非常勤の牧師として招かれた。フィーザントクリーク牧会区は、四教会で作られていて、それらは、バルカレース、アバナシー、レンバーグ、ダフだった。ドリーンの任務は、二つの教会で一月二回の礼拝の奉仕をして、教区中を訪問することだった。彼女が、ほんとうにありがたいと思っていたことは、日本で十分に用いる機会のなかった技量を用いられることだった。説教で、彼女は社会的課題について力強く語った。彼女が亡くなるほんの少し前、ある農民が、彼はいくぶんマッチョだと評判の人だったが、彼女に言った。「あんたは、時々、わしを頭に来させる。しかし、あんたの話したことで、あんたを尊敬するよ。あんたは、たくさんのことをわしに考えさせた」。

彼女は、バルカレース教会で一九八八年四月一七日にある説教のなかで「女性の連帯における教会のためのエキュメニカルな十年」と題して語った。

わたし自身の旅──あるいは、意識化──は、いま、数年間続いています。わたしが思い出せるのは、フェミニスト運動が世に知られた時、わたしがそれを脇に払いのけて、それは気にかけるべきわたし自身の関心ではないと考えていたことです。わたしは、幸せに結婚し、家族と教会のこともうまくいって、日本に住んで、そこではフェミニスト運動は、たしかに課題にはなりませんでした。それから、本国任務でここカナダに帰って、わたしは言葉の問題に気がつきました。その時まで、讃美歌が男性中心であるのに、わたしは気にしていませんでした。その時でさえ、わたしは神経質に騒ぎ立てすぎていると考えていました。しかし、わたしの娘が数多くの讃美歌をピアノでわたしと一緒に歌うのを拒んだ時に、さらに、男性支配的な礼拝と讃美歌を理由に、教会に行くのを嫌がった時に、わたしは娘の目を通して性差別言語を目にするようになり、もはや無関心でいることはできないと知ったのです。わたしは娘にたくさんの成長の糧を与えたと思います。しかし、わたしは認めなくてはなりません。わたしには、いまも、進むべき長い道があるのです。

ドリーンは、さらに、教区のお年寄りたちを訪問するのを楽しみにした。わたしが思い出すのは、彼女と一緒にエルサ・ウェブスターと昼食を共にするために訪問したことだ。エルサは、八〇歳で、自らの力で大きな農園の家に暮らしていた。エルサは、ドリーンが訪問に出ている時に休みたくなったらいつでも来なさいと強く促した。もう一人の八〇歳の人はバルカレースの村に住んでいた。彼女は、大きな色彩豊かなショールを編んで、ドリーンに感謝の気持ちを示した。

オンタリオへの引退

一九八八年に、わたしたちは、サスカチュワンを離れて、オンタリオに引退することに決めた。オンタリオにはデニスとスーザン、それぞれの家族が住んでいた。わたしは、すでに、通常六五歳の引退を二年間延ばしていた。ふたたび家をたたんで、他の地域でそこに作る友人たちと、また離れるというのは厳しいことだ。わたしたちは、どこに住みたいかトロントの町を知らなかったので、トロントで部屋を借りて、住宅探しの時間をとった。九月から一二月まで、わたしは、非常勤の仕事で、世界宣教超教派協議会の共同幹事をした。それは海外宣教に携わる人のための訓練をする教会協力機関だった。

八月に、わたしたちはリンゼイ近郊のスタージョン湖畔に小さな住宅を借り、引退するのに快適なところをピーターボロー地区に探し始めた。探している行路で、わたしたちはレイクフィールドへの標識を見た。そして、言った。「一目見てみよう。たぶん間違いないよ」。もしも、大好きな小説家のマーガレット・ローレンスの住んでいた家だと分かったら運がいい。レイクフィールドの繁華街を通り抜けて運転していると、「売家」の看板がプロスペクトストリートの赤いレンガのベランダ付きの平屋にあって、わたしたちの目に入った。わたしたちは、その家と他の数軒を翌週に見学するように手配した。わたしたちが、結局、買うことになったのは、目にして、わたしたちにピッタリだと気づいた最初の家だった。わたしたちは、一九八九年の一月にそこに引っ越した。

わたしの兄弟のラルフの助けを得て、彼は家を建てる技能があったので、地階に三部屋とトイレを作った。それで、家族や友人が訪ねてきたときに泊まることができた。ラズベリー畑のある広い庭があった。わたしたちは、初めての自分たち自身の家に家具を入れるのが嬉しかった。じきに地域に友だちができた。やがて、わたしたちは、「カワーサ・プラウシェアズ」に参加して、ピーターボローに新しい友人の輪を見つけた。わたしたちは、「アファーム友の会」の創設を手伝った。ゲイとレスビアンの人々を支援するグループだった。それほどしないうちに、ドリーンとわたしは、教会や地域の女性グループで話をするように招待された。冬には、わたしたちはわが家の近くの野原をスキーで滑って横切った。それは、わたしたちにとって、ほんとうに幸いな年月だった。

影を落とす健康問題

レイクフィールドでの「引退」を共にした年月は、まったく短すぎた。レイクフィールドに行って間もなく、配慮の深いかかりつけ医師のリーガー先生を知った。先生は診療検査によって、ドリーンが、はっきりとした心臓の雑音をもっているのを発見した。リーガー先生はドリーンをピーターボローの心臓専門医のもとに送った。その医師は、ドリーンに広範囲にわたる検査を行い、彼女の心臓機能を注意深く観察しなければならないと言った。一九九二年の冬に、ドリーンは以前より疲れを感じた。彼女はふたたび専門医を訪ね、医師は彼女を血管造影検査の受診のためにトロントに送った。しかし、わたしたちが予約を得るのに一か月間を要した。血管造影検査は、差し迫った心臓弁膜の置換手術の必要を明らかにした。わたしたちは、心臓の大手術に不安を持ったが、新しい弁を得て、健康を取りもどしたたくさんの人々を知っていた。手術を行う予約を一か月後に得た。手術を行うことができるようになる前に、ドリーンは突然の心臓発作で亡くなった。

彼女が亡くなる前の晩、彼女とわたしはカナダ合同教会ベイ・オブ・クインティー教区で開かれた総会に参加していた。それはその年、ピーターボローで開かれた。その夕礼拝はわたしたちの愛唱讃美歌の作曲家ジムとジーン・ストラディの曲による意味深い聖餐式だった。わたしたちは、二人をＰＣＴＣの音楽行事でよく知っていた。その聖餐式はわたしたち双方に深い感動の時間だった。ストラディ夫妻と一緒に歌うことに参加し、ジムとジーンが指揮をとった聖餐式の役割を持った。

次の朝、わたしは総会に出席する予定だった。しかし、ドリーンは家にとどまった。ちょうど、わたしたちが朝食を食べていた頃、ドリーンが「なにかが変だわ」と言った。そして、心臓をぐっと押さえた。彼女は、わたしにジーン・ジャックマンを呼んでとわたしに頼んだ。ジーンは退職した看護師でわたしたちの二軒隣に住んでいた。しかし、ジーンが来るまでに、ドリーンは心臓発作で亡くなっていた。わたしはトロントのデニスとスーザンに電話をした。二人はすぐに駆けつけた。そして日本にいるピーターにも電話をした。彼は、彼の家族と葬儀に間に合うように飛行機に乗ってくると言った。家族全員でそろって葬儀を開き、とてもたくさんの友人たちが参加して、わたしたちを支えてくれた。わたしたちは、アラン・マックレーン牧師に葬送説教を頼んだ。彼は日本で三年間わたしたちと一緒に暮らした。これは彼の弔辞からの一部だ。

わたしにとって、ドリーンは合同教会の伝統のもっとも素晴らしい側面を実にたくさん具体化した人だった。深く、落ち着いた信仰で、いつも、世界の痛みと喜びと共に、世界のことを語った。ドリーンは新たな問題や、必要や、混じりけない正義の大切さや、人間の良識などについて学ぶとき、彼女にはその問題が取り上げ可能であると同様のことのように、その問題をとりあげただろう。それで彼女が取り上げないことは何もなかった。彼女の信仰は背を向けることを彼女に許さなかった。

アランの言葉は、わたしに慰めを与え、ドリーンとわたしが共に分かち合った人生に感謝の念をもたらした。

喪の生活

わたしは、生涯の伴侶を突然に失ったことで打ちのめされた。スーザンがわたしと一緒に一週間いて支えてくれた。しかし、その後、わたしは独りきりだった。長い間、それを現実には思えなかった。わたしは後悔した。わたしは、ドリーンの状態が差し迫ったものだったのを知っていたにもかかわらず、彼女の死の可能性について、ドリーンと真剣にけっして話し合わなかった。

彼女の死から数か月して、わたしはアプスレイ牧会区の三つの礼拝奉仕を引き受けるように頼まれた。わたしは、わたしの悲しみと闘いを会衆と分かち合おうと決めた。その人々は、ドリーンを知っていた。彼女が以前にこれらの諸教会で礼拝を指導して以来のことだった。わたしの説教の一部を引用しよう。

みなさんの多くの方がご存知のように、わたしの妻ドリーンは五月二九日に突然亡くなりました。わたしにとっても、彼女の多くの友人たちにとっても大変なショックでした。その時以来、わたしは喪失と孤独と闘っていますので、わたしは、よりいっそう深く、生の意味、死の意味について考えています。わたしは、いま、分かります。わたしにとって、この挑戦は、わたしの喪失を上回ってまで、自分自身を憐れむ日々に費やしてはならないのだと。むしろ、さらに、この喪の時期を通じて、どのように、わたしは成長できるかを見ることなのです。どのように、わたしは、この喪失の体験を、似たような体験に直面する人々に、もっと共感的になるという中で、用いることができるだろうか？　どのように、わたしは、わたしの周りで傷ついているすべての人々にもっと気がつき、そして、すべてが一つである世界で、傷ついているすべての人々にもっと気がつけるだろうか？

わたしは、わたしが成長できる仕方をじっくり考えることを、ドリーンの思い出を大切にしようと努めるのと同じように見ています。わたしは、再び新たにされた努力をするように呼び出されています。ドリーンの心にとって、とても大切だったそれらの気遣いのすべての広がりにおいてそうです。わたしが必要とするのは、これからの日々、どのように、これらの自由と正義の闘いのすべてが、わたしの信仰と行動の中に、よりいっそう一つにできるのかを見ることです。

わたしは、これをドリーンの死から十年後に書いている。わたしは今なお彼女をなくして寂しく思っている。

しかし、わたしは闘いに没頭し続けることで人生の意味を見いだしている。その闘いは、わたしたちが、かつて共に活動していた平和、正義、平等、民主的政府の諸問題だ。わたしは、シーラ・ナビゴン＝ハウレットに感謝している。わたしは、愛するパートナーであり妻に出会った。ドリーンとわたしは、二人とも、「カワーサ・プラウシェアズ」で彼女に出会った。彼女は、平和、正義、信仰に基づく生活のために同じ情熱を分かち合っている女性だ。

第九章　家族のふり返り

わたしたちの家族で、もっとも若いスーザンは、トロントのホーサリーミルで編み機の技術者として働いていた。また、彼女は健康安全組合委員会のメンバーだった。その後、労働賃金補償を求める人々を弁護する地域の法律活動者として働いた。それから、彼女は助産師になるために訓練を受けに行った。いまは、他の三人の助産師たちとピーターボローとその周辺の地域で働いている。彼女は、その新しい職業にとても満足している。彼女とパートナーのブルース・マックファーレンは、レイクフィールドで、二人の娘、ハンナとナオミと暮らしている。家族全員がキャンプやガーデニングや音楽が好きだ。

お父さんから、日本で育ったわたしの体験と物事の見方について書くように、頼まれました。その体験を簡単に言うのは難しいので、名寄での子ども時代に焦点をあてることにします。祖母、ヒルダ・ハウレットは、わたしが生まれる前、名寄で一年半を過ごしました。兄のピーターの出産を手伝うために来たのです。わたしは、その時期に彼女がずっとつけていた日記を読むことにとても興味を持ちました。わたしがまさに参加しようとしていた家族の生活を、垣間見ることができたからです。デニスは、その頃、活発でおしゃべりなよちよち歩きの幼児で、おばあちゃんの日記をたくさんの愛らしい瞬間でいっぱいにしました。ハウレット家の生活は、ばたばた

とせわしないものでした。おばあちゃんは、家事雑用に昔風の開拓者の勢いで力を貸しました。わたしが一か月でするのを誇りに思うようなことを、なんと彼女は一日でやってしまうのです！　わたしは素敵な、力強い家系の出身なのです！

わたしは、フロイドとドリーンの三人の子どもの中の末っ子です。二人は男の子だったので、フロイドとドリーンは、ほんとうに女の子を望んだのです。それで、わたしは望みを実現したことを嬉しく思います！　わたしは「メイドインジャパン」ですが、家族の一年間の本国活動中にカナダで生まれました。わたしたちが日本にもどった時、わたしは生後六か月でした。ですから、わたしの最初の記憶は日本です。

わたしたちは、町で唯一の「外人」家族でした。それで、わたしたちは、日本人の隣人たちの中にどっぷりつかって育ちました。わが家の中では、わたしたちはカナダ人の家族として暮らしました。しかし、一歩外に出ると、わたしたちは日本語を話し、わたしたちを取り囲む生活を形作っているものの一部だと、とても強く感じました。わたしたちが子どもだったことで、隣人たちは、大抵ガードを低くしていたと、わたしは考えています。そのため、わたしたちは両親よりも、ありのままの隣人の生活をかいま見ることができました。わたしたちの隣人は、わたしたちの生活についても、とても知りたがって、家族についてたくさんの質問をしてきました。

わたしたちは、洋風の家に住んでいました。その家は両親が名寄に引っ越した時に建てられたのです。わたしたちは、たくさんの時間を、庭で遊んだり、三輪車に乗ったり、歩道にそってワゴンを引いたり、家の傍のブランコに乗ったりしました。冬にはあり余る雪で砦を作りました。お父さんは、いつも、春になると大きな野菜園を育てました。お母さんは、夏の間忙しく実った物を穫り入れ、名寄に来て最初の頃はジャムやピクルス、野菜の瓶詰を作りました。そして、時がたって、収穫したものを冬のために冷凍するようになりました。お母さんは、さらに家の裏と玄関ドアの傍らで美しい花壇を世話していました。幼い子どもでしたが、わたしは花の匂いが大好きで、白い花や、黄色の花や、その花の周りをひらひら飛び回るオオカバマダラ蝶にうっとりしました。わたしたちは、たくさんの時間をラズベリー畑で過ごし、夏休みの間中、ベリーを摘みました。

わたしたちの家は、いつも訪問者に開かれていました。電話を持っていない隣人たちは、わたしたちの電話を使うために家に来ました。わたしたち子どもも同じように、近所の家に行ってテレビを見ました。だって、わたしたちは、わたしが一〇歳になるまでテレビを持っていませんでしたから！　カップルたちは相談のために来たようです。聖書研究と英語学習のグループもありました。元精神疾患だった人たちは、わたしたちの家に避難所を見つけ出しました。そこで、人々は自分の存在を受け入れられていると感じました。うまくしゃべれない日本語でも、わたしのお母さんの温かさと親切は、彼女が友人になったすべての人に、はっきりと分かったのです。

わたしは、わが家の通りのおばあさんたちや、おばさんたちを訪ねることにたくさんの時間を使いました。わたしがとても大好きだったおばあさんの一人は、「前田さん」で、二軒隣に住んでいました。彼女は、四世代にわたる大家族の家に暮らしていました。洋風の服装を受け入れた多くの戦後の彼女の世代の女性と違って、前田さんは一生を通じて和服を着ていました。わたしたちはとても気が合いました。わたしは背の低いテーブルで畳のうえに座るのが好きでした。日本茶をちびちび飲みながら、彼女のお手製の大根の漬物「おこうこ」や、わたしの好きなおせんべいを食べました。わたしたちはおしゃべりに時間を費やしました。彼女は、わたしの目を通して見える世界がおもしろかったようです。いつも興味を持って、わたしの話を聞いてくれるので、とても嬉しかったです。わたしは、この家の毎日の営みにすっかり夢中になりました。それはわたしたちの営みとはとても違うものでした。前田さんのお母さんは、一日中、背中を丸めてストーブのそばに座っていたものでした。いつでもなにかをストーブの上で調理していました。そして、時々、わたしに試食させようとしました。一番お年寄りのおばあさんは、時々、奥の部屋にある仏壇の前に座って、わたしを彼女の傍に静かに座らせ、その間中、お線香をたいて、供え物をして、お経を唱えました。彼女はお経が終わると、わたしに鈴を鳴らさせました。前田さんの夫は、時間があるときは、窓敷居に並んだたくさんの盆栽を剪定していました。夕方の早い時間には、家族全員がテレビの周りに集まり、座って相撲を見ました。

　わたしは、カナダにもどってから、前田さんに会うために日本にもどる夢を見てばかりいました。彼女がわたしの娘たちに会ってくれたらと願っていましたが、わたしが娘たちと一緒に名寄にもどる前に亡くなりました。わたしが、前田さんの娘の藤原さんを訪問した時、前田さんもまた、わたしの夢を見てばかりいたと話しました。わたしたちはお互いを訪ね合うことをけっして止めることはないと思っています。

　名寄の初期の時代、お父さんは汽車とジープで、周辺の地域をよく訪問しました。後半の時代には、ステーションワゴン車でした。時々、わたしたちは一緒に訪問に行って、曲がりくねった舗装のない道路を進んで土埃（つちぼこり）に覆われました。お父さんは帰ってきた時、いつも「家族の夜」の時間を空けておきました。その時、わたしたちは暖炉の前にすわって、ゲームをしました。わたしたちが好きだったのは、「墓場の幽霊」でした。お母さんは時々ピアノを弾いて、わたしたちはいっしょに歌いました。道北クリスチャンセンターが設立されると、お父さんはもっと頻繁に出かけました。わたしたちは、大きくなると、センターの幾つかの活動に参加しました。高校生の頃、わたしたちは英語キャンプで英語の先生の手伝いをし、良い友だちが何人もできました。その内の何人かはいまでも連絡をとり合っています。わたしの最高の思い出は、家族キャンプ旅行でした。毎夏、北海道の各地を旅行しました。これはキャンプ場が整備されるよりずっと前のことなので、わたしたちは湖や海の岸辺、山の奥、川のそばなど、ちょうどよいところを見つけて、キャンプをしました。

世界の諸問題が時々夕食の食卓で話し合われました。わたしは、世界の出来事についてのお父さんの説明を熱心に聴いていたものです。幼いわたしは理解する言葉をもっていませんでしたが、お父さんの洞察や分析を、敬意をもって学びとるようになりました。お父さんは、批判的精神をもって、強い社会正義の感性と生涯を通して学び続けることの大切さを、わたしたちに徐々に教え込んだのです。お母さんから、優しく、深く掘り下げて周りの世界に関わることを学びました。お母さんは、毎朝、寝室にこもっているときに、「静かな時間」をもったものです。日常生活の忙しさが始まる前に、読書し、熟慮しました。彼女は、内面の平和と恵みを発していました。そして、わたしに深い思いやりの持つ強さを教えました。

わたしたちは、名寄教会の幼稚園に行って、日本語が流暢（りゅうちょう）になりました。ところが、わたしが六歳のときにカナダに帰っていた間に、日本語を大半忘れました。しかし、わたしたちが日本にもどって、学校に行くと、数か月後に、再び日本語が話せるようになりました。わたしは、いまでもその日を覚えています。わたしは手を挙げて、初めて、先生の質問に答えることができました。先生は、わたしが手を挙げたのを見て驚きました。（わたしが声を出して読んだ最初の漢字は、「足」でした。）

放課後、わたしたちは、カナダの通信教育講座で英語を勉強しました。オンタリオ州から送ってくる講座でした。お母さんが、いつもわたしたちの先生でした。両方の学校を続けるのは難しいことだったので、わたしたちの返信は遅れました。夏休みのあいだに、遅れを取りもどさなければなりませんでした。わたしたちは、いつも良い生徒ではありませんでした。ドアベルが鳴って、お母さんが来客でいそがしくなると、わたしたちは後ろのドアから出て、お母さんに呼びもどされるまで遊んでいました。通信教育の中でわたしの大好きだったのは、世界中の子どもたちについて読むことでした。その子たちも、わたしたちと同じ通信教育を受けていたのです。「宣教師の子ども」そして「牧師の子ども」であることは、二重のものをもたらします。わたしたちがどうあるべきかという期待と想定です。日本にいた間、わたしたちは、いつも、人目につくことを意識しました。カナダに本国活動で帰ると、わたしたちは、両親が訪れた教会の多くの日曜学校で果たすべきことを期待されました。わたしが六歳の頃は、日本の着物をきて、日本の幼稚園で習ったダンスを踊りました。また、兄たちと日本の歌を歌ったものです。わたしが嫌になったのは、カナダ人の日本人に対するステレオタイプの決まった質問でした。こんな質問です。「日本人は紙の家に住んでいるの？」わたしはイライラしたものです。だって、日本でのわたしの生活を、明瞭に表現したり、描いたりする術を持っていなかったのですから。

長い年月にわたって、わたしは、両親の考え方が、基本的にはキリスト教を普及するために働くという出発点から、発展していくのを見ました。それは、両親自身の霊的な根源としてキリスト教を見ながらも、霊性における人間の多様性を祝福し、尊重することです。他の文化の中に育ちながら、わたしの理解の出発点は、多くの異なる表現の霊性の道があり、わたしは人間の多様性に尊敬を抱くということでした。

ピーターの体験した日本での成長

ピーターは、グェルフ大学で農学を学んで、二、三年間カナダで働き、日本で暮らすことに決めた。彼は、今、妻の鈴子と三人の子どもたち、ハヌル、カヤ、エリーと、函館の郊外の七飯町に暮らしている。彼はラ・サール高校で英語を教え、一エーカーの畑にブルーベリーの木を育てている。彼は、幾つかの環境保護

―　グループで活躍し、風力エネルギーや省エネルギーについて活動している。

日本の小さな町で、唯一の「白人たち」として育つということは、他のどんな環境で育つ体験とも、実に異なっていました。結局、わたしの考えでは、子ども時代の成長にもっとも大きな影響を持つのは家族関係であり、この点では、わたしはとても恵まれていました。

もしも、わたしが父さんを描き出す一語を言うならば、彼は「農夫」だと言いたいと思います。オンタリオのウェストモントローズの農園で成長しながら、父さんは、幼い頃からその土地で働くことや家畜の世話をすることを学びました。彼が学んだのは、何が大地とすべての生命にとって良いことなのか、そして、それを食べ続ける生き物のすべてにとって良いことなのか、ということです。

名寄のわが家の裏には、大きな畑がありました。それで、夏の朝はたいがい、大地を掘りおこす鍬（くわ）の音で目覚めたことを憶えています。わたしはベッドから飛び起きて窓の外の父さんを見ると、父さんは、着古した野良着と雨風にさらされた畑用の革靴を履いて草取りをしていました。父さんの鍬のリズムはしっかりしていて無駄がなく、断固として見え、正確な作業をしているのが伝わってきました。

わたしたちは、あらゆる種類の野菜を育てました。トウモロコシ、ニンジン、ハツカダイコン、ジャガイモ、レタス、ブロッコリー、カリフラワー、なすび、豆類、トマト、ピーマン、パースニップ、カボチャ、その他多種。それに、ラズベリー、ブラックベリー、カシス、赤いカリンズ、グースベリーといった小果樹や、ルバーブなどです。

父さんがわたしに教えたのは、先ず初めに、去年の畑に残されたものを片づけて、土壌を整えなければならないということでした。彼は、トウモロコシの葉と茎、豆の蔓、干からびたブロッコリー、カリフラワーの茎を集めて、畑の真中で燃やすようにしました。わたしが思い出すのは、ある年、茎や蔓、刈り取った枝を集め、この山がどんどん大きくなったことです。父さんはある夕方それを燃やし、この炎のてっぺんが三メートルくらいになりました。そこに父はわが家の枯れたクリスマスツリーを放り込みました。今や、炎は五～六メートルに達しました。それは、火の見櫓から監視していた消防士が、見つけるには十分な高さでした。わたしたちは、消防車がやって来るサイレンの音を聞きました。案の定、間もなく、二台の赤い消防車がサイレンを鳴り響かせながら到着しました。道路は、「火事見物」にやって来た大勢の人々であふれかえりました。デニス、スーザン、そして、わたしは、きまりが悪くて、ラズベリー畑のなかに隠れていました。そして、何が起こるのかじっと見ていました。ところが、まったく慌てることもなかった父さんは、手にもった熊手で火の番をしていて、消防士が来ると、率直に謝り、この次は気をつけますと言いました。

毎年春に畑に肥料を施すために、父さんは、馬と荷車を近所の人から借りました。酪農家の栗栖さんでした。二、三回、荷車にいっぱいの良く腐食した有機肥料を運びました。わたしたちは、父さんを手伝ってそれを広げました。それで、畑全体を覆う厚くて黒い有機肥料の毛布ができました。わたしが憶えているのは、一度、父さんがこの馬にかまれたことです。というのは、父さんが、その馬の見えない目の側から馬に近づいたからでした。それで、父さんは次の年から、その馬を借りるのを止めました。それから、石灰を二、三袋すべて散布した後、父さんは農夫を雇って畑全体を回転式耕耘機で耕しました。

次は種蒔き――これらの小さな命の粒を耕した列の中に蒔くことでした。わたしが憶えているのは、父さんが子どもたちのそれぞれに小さな場所を与えて、わたしたち自身の畑にするという方法です。わたしたちは、大好きな野菜をすべて植えました。次は間引きがやって来ました。まぁ言ってみれば、父さんは、畑作りの完全主義者ではありませんでした。彼は、まっすぐの畝が並び、雑草が全くない畑でなければいけないと思わなかったのです。彼は、そんな退屈な時間をその仕事に費やすのは大嫌いでした。ですから、彼のレタスやニンジンの間引きのために、鍬の先を使って、間隔をおいた個所に鍬を打ちつけるだけでした。それで残ったものをそのままにしておきました。

次に雑草取りがきます。ああ、雑草取り。これは、わたしが思うに、父さんがもっともよくやった仕事でした。彼は、この仕事には終わりがないと、わたしに教えました。わたしたちは、悪いものは引き抜いて、良いものは信じて残しました。しかし、彼は除草剤をけっして使わず、一〇〇パーセント殺してしまうことをけっして目指しませんでした。彼はもっとも悪いものを引き抜いて、野菜にチャンスを与えて、そのままにしておきました。この仕事に取り組む彼の実践的で常識的判断力は、そうあるべきわたしたちの人生観とは何であるかということをわたしに教えたのでした。

次に収穫がきます。根菜類の掘りおこし、果物や野菜を収穫し集めます。ベリー類の摘み取りはおしゃべりするのに良い時でした。わたしは父さんと母さんがベリー畑でしていた素敵なおしゃべりを思い出します。そして、最後にわたしたちの作ったものを食べること。父さんは、いつも感謝の気持ちを持ちながらも、「足るを知る」という思いも持っていました。

そんなことで、わたしは畑で父さんから多くを学びました。しかし、わたしは父さんを「農夫」として描きたいと思っただけでなく、畑でわたしに教えたことは何だったのかを描きたかったのです。さらに、わたしは、彼がその活動の他のあらゆることでも「農夫」であったと見ることができます。説教を準備するのに、机の上いっぱいにあらゆる種類の本を全部広げる姿を見ると、畑の土を準備する方法を思い出します。小さな家の教会の礼拝や、三愛塾の農民集会での姿は、種を蒔くことに似ています。そして、多くの「投書」は、彼の雑草取りを連想させます。悪いことと不正義に対して、それを取り除き、指摘をすること、そして善いことを賞賛すること。彼が行動した、あらゆることに向かう姿勢は、「農夫」としてのそれでした。わたしは彼をこうとらえています。

わたしの子ども時代の記憶は、実際、そんな素敵な時間ばかりであふれています。魚釣りで川を渡ったこと、ソリで川の土手を滑ったこと、凍った川の上をスケートで滑ったこと、ピクニック、家族キャンプ、クロスカントリースキー、道路の先にある酪農の栗栖さんのところで木登りしたこと、わたしたちの地元の森にたまたまやって来たフクロウをじっと見つめていたこと。そして、この自然との深いつながりは、わたしの子ども時代を形作り、わたしを動かし、今は、このかけがえのない地球を守る試みのために働いています。わたしたち人間は、母なる地球の回復という、これ以上はない大きな課題に、現在、直面しています。そして、わたしたちが失った調和を取りもどすための働きへといざなわれています。

デニスの体験した日本での成長

ヨーク大学で学びながら、デニスはガットフライ（GATT-Fly）で働き始めた。この団体は、教会関係の連合組織で、カナダと海外の社会的課題を取り扱っている。名称は、その働きをもっと身近に言い表すために、「経済正義のための超教派連合（Ecumenical Coalition for Economic Justice)」に変更した。そこから、彼は姉妹団体「グローバル正義のための十日間（Ten Days for Global Justice)」に全国幹事として異動した。二〇〇一年に、その団体はカイロス＝カナダと合体した。デニスは、カナダ・ジャスティス・クラスターのチームリーダーになった。この部門はカナダにおける貧困、健康、難民、環境、先住民の権利に対する責任を担っている。彼とパートナーのイレーンは、ダニエル、ティモシー、ブレンダン、デイヴィッドと一緒にトロントで暮らしている。

わたしは中学生の頃から、道北センターのプログラムに関わっていました。その時学んだリーダーシップ技能、教育哲学、教授法は、わたしの経歴を方向づけるのに大きな影響を与えました。

センターのすべてのプログラム作りの根本的な原則は、参加者の体験、知識、積極的な関わりを尊重することでした。そこでは、一人ひとりが十分に参加し、それぞれの意見が尊重されるための場を、皆で作ることが重要です。これは、日本で普及していた教育方法とはきわめて対照的でした。日本の教育は上下関係がはっきり定められていて、決まった内容中心で、体験を大切にしていませんでした。センターのプログラムの参加者は、センターの平等主義と民主的な雰囲気に衝撃を受けました。

たとえば、中高校生の英語キャンプというセンタープログラムには、これらの原則を取り入れていました。自らプログラムを立てることに積極的な学生を求めること、参加者がお互いに自己紹介するために十分な時間を与えること、様々なグループのコミュニケーションや「軽い準備運動」のゲームをプログラムに盛り込むこと、小グループの話し合いをたくさん確保すること、などです。小グループの話し合いは、映画を見ることや、起こってきた問題について短い紹介をすることで盛り上がりました。しかし、話し合いの目的は、いつも、開かれた終わり方を示し、けっして「専門家」の押しつける「一つの答え」に終わりませんでした。小グループの話し合いは、そのグループのリーダーによって円滑になされるようにします。リーダーは、重要なポイントとなる質問を持ち出すこと、また、だれもが参加する機会を持つことで、話し合いを助けます。日本の学生たちは、関心のある問題を語り合う機会をつぶされていただけに、生き生きした話し合いを開くことはけっして難しくありませんでした。

中高生英語キャンプは、わたしの夏のハイライトでした。わたしが関わったのは、計画を立てること、午前中の英会話クラスを教えること、午後の工芸やその他の活動を指導すること、夕方のプログラムに参加すること、そのプログラムでは、学生が関心のある社会と教育の問題の話し合いを取りあげました。わたしはギターを習っていたので、キャンプファイヤーの周りで歌うのをリードすることができました。キャンプはまた、親しい友情が築かれる場でした。一人の友だちが英語キャンプでできました。正岡治です。彼は、わたしが一九七二年にバングラデシュに行くための準備を手伝ってくれました。後にカナダに来て、ヨーク大学の学生キリスト者運動で働き、わたしはその働きを手助けしました。

わたしが、日本を離れてヨーク大学に入学した時、わたしはパウロ・フレイレの『被抑圧者の教育学』という本を、わたしの教授の一人、ヘレン・モーサから紹介されました。わたしは、この力強い本を読んで、とても刺激をうけました。一つには、その本の中で、道北センターのプログラムの中で実践されていたたくさんのことについて、その理論を明確に表現し、述べていたからでした。パウロ・フレイレが書いたことは、単になにか難解な学問的理論というのではなく、わたしが直ちに理解できることでした。一九七〇年代の早い時期に、わたしは幸運にも、パウロ・フレイレに会う機会を得ることができました。その時、彼はトロントを訪れて、一緒に「アハー！セミナー（Ah-hah Seminar）」の民衆教育方法論を分かち合いました。彼の理論に基づいて、わたしが発展した方法論です。彼の関心と励ましで、わたしは力づけられ、『民衆教育の新しい方法（*Ah-hah! A New Approach to Popular Education*）』という本を書きました。この本に書いたのは、わたしのこの方法論と経験です。それは、この方法を用いて、どのように、カナダと世界で、抑圧され周縁化された民衆が自分たち自身の状況を分析し、行動の戦略を発展することを支援するようにしたかということです。

わたしの父が確信していたのは、信仰についての決断はそれぞれ個人によって自由になされるべきことで、だれに対しても押しつけるべきではないということでした。成人洗礼もまた、日本基督教団の教会員になるための承認された方法でした。父は、いつも他者の信仰をとても尊敬していました。自分の子どもたちに対しても同じ態度でした。けっして彼の宗教をだれかに押しつけませんでした。わたしたちは、赤ん坊の時に献児式をしたけれども、洗礼を施されませんでした。聖書物語を読み、劇にして演じたこと、家族の祈り、ピアノの周りでクリスマスキャロルや讃美歌を歌うこと、教会に出席することは、すべてわたしたちの家族の慣習でした。わたしの両親は、たしかに彼らの信仰を子どもたちと分かち合っていました。しかし、わたしたちが自分自身で決心しなければならないことは、いつもはっきりしていました。

わたしは、中学生だった時、洗礼を受けることに関心があると表明しました。父が提案したのは、一緒にJ・S・ウッドワースの伝記を読んで、それをわたしの「教理問答」として話し合うことでした。わたしたちは、さらに、ウィルバー・ハワードの書いたクリスチャンの信仰に関する本も読みました。マーティン・ルーサー・キング、アルバート・シュヴァイツァー、そしてガンジーも、わたしの両親の大切なヒーローたちで、それらの本がわが家にもありました。父は、わたしが興味を持つ、たくさんの本を書斎に持っていました。わたしは、賀川豊彦、小山晃佑、ボンヘッファー、コックス、ヨーダーの本を読んだのを憶えています。名寄教会では、洗礼

1968年のハウレット一家　デニス、スーザン、フロイド、ピーター、ドリーン

を受けることを望む人に、信仰告白文を書くことを求めました。信仰がその人にとって何を意味しているか、また教会につながりたいのは何故かということについて文章を書くのです。わたしはわたしの信仰を明確に表現しなければなりませんでした。そして、この決断が生涯の関わりという観点から意味することは何かを、真にじっくり考えなければなりませんでした。わたしは、それから、教会役員たちと牧師によって試問を受けました。洗礼式の場においても、洗礼を受ける各自は、個々人の信仰告白文を、読み上げなければなりませんでした。それは、洗礼を大いに意義深いものにしました。カナダの教会で一般に実施されているやり方以上の意義を感じました。カナダでは、洗礼式は、しばしば、まさに「与えられた」儀式の一つのように決めてかかっています。

　日本の教会でわたしの関わった重要なことには、戦争反対のデモとその他の社会正義を求めた行事がありました。名寄教会は、広島と長崎の原爆記念日を社会党や共産党や労働組合と共催しました。それは、わたしたちの信仰生活の中で、自然で、必要な一部分だと感じました。個人としても、信仰の共同体としても必要です。

わたしは、時々父と一緒に家の教会の集会に行きました。そこで、堅苦しくない礼拝と、個人的また社会的な問題の話し合いを知りました。これらの礼拝は、わたしがこれまで参加したもっとも意義深い礼拝体験の一つに数えられます。参加者紹介と暖かい日常会話の後で、讃美歌を歌い、時には、参加者が関わっていることや、話し合いたいことが提供され、それらの問題に関わる聖書の学びと話し合いをして、集会は祈りによって閉じます。だれでも自分の祈りと関心を明瞭に表現するため自由に祈りました。それは、お決まりの、儀礼的な、生活と現在の体験に関わらない、諸教会の多くの礼拝を性格づけている宗教とは、正反対でした。それはわたしの教会論に根本的な影響を与えました。

わたしがとても幸いだったことは、父と一緒に働き、道北センターと教会の場で働く彼をじっくり見たことでした。そのおかげで、父がどんな働きをしたかよく理解し、感謝することができました。若い時に築かれたわたしの父との「チームワーク」は、今日に続いています。それは父が、「グローバル正義のための十日間」のプログラムと、わたしが本部で働いていたカイロスの地域グループといった団体の、とても活動的な会員になったことで続いています。わたしたちは、同じ課題を持ち、運動し、働き続けています。

ヒルダ・ハウレットと孫のピーター
1954 年～ 56 年までフロイドのお母さんは名寄で生活した

この本の編集の手伝いをしてくれた長男のデニスと一緒

道北地区の牧師（1960 年代）

名寄伝道圏牧師会（1970 年代）

道北センターの前で　道北地区の仲間（1970 年代）

2001 年、地域社会奉仕でシーラと共に賞状を手にして

第十章　信仰の省察

不思議な素晴らしい仕方で、わたしの信仰的巡礼は賀川豊彦博士の大きな影響を受けてきた。わたしは三回だけこの人に会う機会を得た。わたしが彼の話を聴いたのは、彼が東京の日本語学校の学生に話をした時、彼が宣教師の全国会議で図解入りの講義をした時、それに、国際基督教大学で、日本における農村協同組合の設立について語った時だった。賀川は、小柄で、視力が弱く分厚い眼鏡をかけた人だったが、活力にあふれていた。わたしは、すぐに、すべての階級・階層の人々に及ぶ彼の愛と情熱に引きつけられた。

わたしは、すでに賀川の生涯と影響について語っておいた。日本社会のかなり多くの分野に彼の関わりの実例がある。その実例は、道北センターと三愛運動におけるわたしたちの働きにもあった。わたしは、彼の神学的な眺望と、その影響がわたし自身の神学的な考えにもたらしている影響について、さらに詳しく述べたい。

賀川の神学は、日本に行く前に、すでにわたしに影響を与えていた。大学にいた頃、わたしは古本屋で彼の本を二冊手に入れていた。彼が言わねばならなかったことの多くは、わたし自身の神学的な遍歴に共感を呼んだ。

賀川がわたしを惹きつけたことの一つは、非暴力と平和の道という彼の唱えた主張だった。一九二九年の彼の著書『愛の科学』で、彼は非暴力の道について書いた。

> イエスは、神の如くにその者〔彼を攻撃する者〕を救上げねばならぬ使命を担はされて居る。仮令彼が殺されたにしても、神が彼を救ひ得る事を信ずるが故に、死は真理の把持者にとつては無意味のものであると信ずる処に無抵抗主義の出発点がある。

クリスチャンの非暴力という彼の信仰が、初めてきびしく試されたのは、中国への日本の侵略の時だった。そして二度目は、真珠湾攻撃後の一九四三年だった。先ず一九四〇年、彼は拘引され、国益を損なう平和宣伝に従事したと告発されたことがあった。次に一九四三年の一一月、彼は東京で拘引され、九日間にわたる深夜までの激しい尋問に耐えた。しかし、彼の活動を教会に限定する条件で最終的に釈放された。

わたしは、彼が愛を福音の中心として、社会的福音と結びつけたことにも魅かれた。「教義的キリスト教」の価値について彼と同様の疑問を抱いていた。教義的キリスト教は、神秘的な贖罪の必要から人間の罪深さを強調した。賀川の著『十字架に就ての瞑想』で彼は言う。

> 我々は実行によるキリストの生活を送るべきか、単なる教義に走るべきであらうか？　実行の説明としてのみ、教義の価値がある。自分だけ書斉（ママ）に止まることはやさしい。けれど乞食と住み、農民や労働者と歩むことは難しい。

わたしが賛成するのは、人間性に関する彼の猛烈な楽天主義と自己献身的な愛の動機である。

わたしたちは、どのように、賀川の神学思想を評価するだろうか？　わたしが日本に行ったことでわかったのは、第二次世界大戦後の大方の日本人神学者は、高名なスイスの神学者カール・バルトに、すっかり捉えられていたことだった。多くの日本の神学者は、賀川が、あまりに単純で「非神学的」過ぎると片づけていた。個人的には、わたしは、神学校を卒業してきた何人かの牧師たちよりも、賀川の神学の方になじんでいた。それらの牧師たちは、バルト主義の神学を、それを理解できない会衆に向かって説教していた。実際、賀川は北米の諸教会の間ではよく知られていた。彼自身の国日本以上に知られていた。

わたしが賀川にもっとも魅かれていたことは、彼の神学の実践的な性格だった。それは信条や教理を土台にしていなかった。むしろ、イエスが模範を示した愛の信仰だった。イエスの模範は、彼に倣って従う者すべてへの呼びかけだった。神の愛は、すべての階級と状況下の人々に対するもので、賀川の著作と実践のすべてを支配している。

カナダにもどって

わたしたちは、日本で宣教奉仕した一九五一年から一九八一年の間に、四回に及んで長期間にわたりカナダにもどった。これらは、初めの頃、「休暇年」と言われたが、後に用語が変わって、「本国活動」になった。この用語がより正確だったのは本当だ。わたしたちは、「休暇中」ではなかった。むしろ、「カナダにいる」間、明確な責任があった。派遣されたカナダの地域の教会で、宣教の話をするため、その期間は、教会から教会へと旅することが期待された。わたしたちに与えられたその年の残りの期間は、わたしたちの特殊な海外の働きに関係した研究と調査に用いた。わたしは、これらの特別な価値ある研究の時を、日本での仕事をふり返り、学問的研究の新たな領域を探求するための時として見いだした。

一九五六年～五七年の本国活動の時期に、神学士号の取得に向けた研究として、わたしは「信徒の職務」という論文を書いた。一九六二年～六三年の時期は、神学修士号を取得する一部として、「宣教とその日本の教会への影響としての現代の教会神学」という論文を提出した。一九六八年～六九年の時期、わたしは「カナダ都市研修講座（ＣＵＴ）」に参加した。それは大都市中心部の諸問題への社会学的アプローチから成っていた。最後の本国活動の一九七五年～七六年、わたしは「解放の神学」を読むことを指導し、ＣＵＴのカナダにおける農村宣教方法論の講座に申し込んだ。それは、わたしが日本の農村青年と活動していた働きに関連があった。これらの研究が、わたしの視野を広げ、信仰の旅にとって意義ある一里塚となった。

信徒の働き

わたしは以前に触れたように、かつてエスターへイジーで牧師として仕えた間に、専門的な「教職者制度」と、それに関わって「信徒」というものの性質について強い疑いをもった。この疑いは、日本基督教団での按手された教職としての働きによって深まった。日本の教会は、専門的な按手教職という西欧教会の見解を単純に受け入れていた。それに日本の伝統的な位階主義的で家父長的な構造が加わった。Ｅ・スタンリー・ジョーンズ博士は、日本の諸教会を訪問旅行した後で、日本の教会を「牧師に支配された教会」、その教会のメンバーを「牧師のお茶出し給仕」と言い表した。わたしのカナダと日本における体験は、わたしが「信徒の働き」の徹底的な研究に着手するのを促した。

一九五四年、第二回世界教会協議会の信徒に関する報告は、表明している。

世界の各地において発展している信徒の役割についての強調が、……神の民としての教会の真の性質を再発見することから湧き上がっている。世界の信徒は、教職者ではない教会のメンバーを意味するというような単に否定的な仕方で理解されてはならない。

この表明が意味したことは、わたしの研究は、教会の本質や教職者の役割、それらと同様に、信徒の役割にも論及しなければならないということだ。わたしは、聖書的出発点をペトロの手紙一の二章九節においた。「あなたがたは選ばれた種族、国王の祭司、聖なる民、神ご自身の民、それゆえ、あなたがたは、神の大いなる業を宣べ伝えなさい。神があなたがたを暗やみの中から彼の驚くべき光の中に呼ばれた方だ」（訳者私訳）。わたしは、この章句が、すべての神の民は、特別な教職たちだけでなく、みな選ばれていて、神による、癒し、平和、正義の業を知らせるのだと解釈した。宗教改革の時期、マルティン・ルターとジャン・カルヴァンが、そろって激しく非難したのは、ローマカトリックが二つの序列に教会の分割を行ったことだった。聖職者は、「教会法によって設立された位階であり、霊的権威の統治によって、説教と礼拝をする」。そして、「権力が及ぶ人々、統治される人々、教えられ、聖化される人々、それが信徒」。ルターは叫んでいる。

実に、ここに信徒に覆いかぶさる聖職者の忌まわしい独裁の根がある。彼らの手は、剃髪と祭服によって、神に献げられているものであるので、永遠に聖別されたものだと信じること。彼らは、信徒のクリスチャンの上に自ら身分を高めるだけでなく、聖霊によって聖別されている人というだけでなく、信徒らを犬と見なし、教会に一緒に含むのに値しないと見なす。……ここでは、クリスチャンの友愛は死んでいる。ここでは、羊飼いはオオカミに変わっている。下僕は独裁者に変わっている。教会人はこの世に属する者より邪悪に変わっている。

ルターは続けて言う。クリスチャンの教会（エクレシア）において、みなそれぞれの職業は、神の召命であると。

靴職人、鍛冶屋、農民、それぞれが職業とその職の務めを持っている。だが、すべては司祭や司教と同じである。それぞれみなが、自らの職業や務めによって、他の者に益をもたらし、奉仕しなければならない。

ルターが加えているのは、キリストの身体における職務の真の目標とは、「すべての人の下僕」ということである。ルターは、信徒の役割を非常に価値あるものとするのだが、後に神の言葉の説教と聖礼典の執行の権利を尊重するために、実際上、重大な曖昧さを引き込んでいる。教職のみがそれらの特権を許され、信徒はなおそれら一切を拒まれた。

ジャン・カルヴァンは同じ曖昧さを示す。彼は、「すべての信者の司祭職」や、信徒長老に教会統治のより民主的な役割を与えた長老制の下に、多くを語っている。とはいえ、彼の結論は、教会において、すべてのことは「礼儀正しく規則に適って」なされなければならないとし、教職者の固有の役割を保持した。ジェームス一世は「新しい長老とは、旧来の司祭を単に拡大したに過ぎない」と報告を受けている。

ルターとカルヴァンの、神の民としての教会におけるそれぞれのクリスチャンの位置づけに関する洞察は、メノ・シモンズと再洗礼派によって、さらに綿密に理解された。メノナイト的伝統の始祖であるメノ・シモンズは、言明している。

霊と愛と生命とにおいて、キリストと共にある福音に生きる人のメッセージは、キリストによって彼らに託されたことを教える。すなわち、悔い改めと平和的な恵みの福音で、それはキリストご自身が父から受けて世に教えた福音である。

それが強調しているのは、主要教派における職階制の教義が、宗教改革で設定された形式に陥り、信徒の神学を窒息させる傾向があることだ。H・H・ウォルツは、世界教会協議会の『エキュメニカル・レヴュー』への文章で、信徒の神学の促進のための新約聖書のいっそう大掛かりな理由づけは、教職の神学に関する以上であると主張した。「ラオス」という用語は、信徒という言葉の語源であって、聖書的術語に頻繁に現れる。それは「民」を指して言う。新約聖書における「ラオス」は、「新しい神の民」という意味をおびている。「聖職者」の用語は、キリスト教文書において後まで現れない。それは、「聖職者」と「信徒」が二つの集団と見なされだした時で、その中でも「聖職者」が優越的になった時だった。

マーティン・ルーサー・キング・ジュニア

一般的に黒人解放の神学者としては認められていないけれども、マーティン・ルーサー・キングは黒人解放の神学の先駆者であった。キングは、南部キリスト教指導者会議の議長に選ばれたが、一九六三年、アラバマ州バーミングハムで、ついに非暴力公民権運動になった闘いのスポークスマンとなった。

一九六三年が近づいていたので、奴隷解放宣言から百年目を、黒人の奴隷身分からの解放記念日として祝うために諸計画が作られていた。とはいえ、黒人の一部には大きな幻滅感があった。マーティン・ルーサー・キングが書いたのは、奴隷解放宣言の後からの百年間、黒人がいまだに、「巨大な貧困の大海の真っただ中で経済的不安定の孤島」に生きていることだった。黒人は、肌の色と貧困に基づく両面で、牢獄に捕らえられていた。キングにとって、このような人種差別は耐え難いものだった。アラバマ州バーミングハムで非暴力運動の大動員を行う計画は、密かに進められた。バーミングハムは南部でもっとも黒人が差別された都市だった。地元の人種差別主義者は、黒人に脅しをかけ、大勢で襲いかかり、殺害し、罰せられないままだった。公安委員長の「ブル・コナー」は、連邦政府の権限を無視して、横暴な支配を行った。

綿密な組織化によって、抗議は行われた。ランチカウンターでの座り込み、市役所での行進、教会で跪くこと、図書館での座り込み、差別のある店への不買運動などだった。たくさんの人々が逮捕された。しかし、陽気に、非暴力で運動を続けた。ついに、イースターの直前、マーティン・ルーサー・キングと共同代表のラルフ・アバナシーは、都心部の「立ち入り禁止地区」でデモ行進し、自らが逮捕された。キングは二十四時間にわたり独房監禁され、妻の面会も許されなかった。それは、彼の妻がケネディ大統領に電話するまで続いた。大統領がキングのために介入した。

良く知られた「バーミングハムの獄中からの手紙」でキングは、バーミングハムの八人の教職者の、キングの行動への批判に対して、自分の行動の論理的根拠と信仰原理について答えた。彼がバーミングハムになぜ来たのか、外部の人間としてこれらの事件に干渉するのかという問いに対して、こう答えている。

わたしはバーミングハムにいます。なぜなら、不正義がここにあるからです。ちょうど、紀元前八世紀の預言者たちがその村を離れて、「かくのごとく主が言われる」ので、彼らの故郷を遠くかなたにしたように。それで、わたしはわたしの故郷の町を離れて、福音を携えて歩むことを余儀なくされています。……いかなる場所における不正義も、あらゆる場所における正義を脅かします。

白人教職者はさらに問うていた。「なぜ、座り込みと直接行動なのか？　どうして交渉ではないのか？」これにキングは答えた。「交渉のための呼びかけは失敗だった。直接行動をすれば、地域がこの問題に向き合わざるを得なくなり、意味ある交渉へとつながるのだ」。

キングが、逆説的に見えるかもしれないと認めていたのは、人々を説得して、学校での分離を禁止する最高裁判決に従うようにすすめながらも、同時にバーミングハムの法律に従わないことをすすめたことだ。その答えとして、彼は言った。法には二つの法がある。正しい法と正しくない法だ。人は、正しい法には従う道徳的な責任がある。しかし、正しくない法には従わない道徳的な責任もある。

キングは、一九六八年四月四日にメンフィスで暗殺された。黒人解放の闘いの殉教者だった。

マーティン・ルーサー・キングの生涯と言葉は、わたしに根本からの感銘を与えた。あらゆる形の抑圧を除くことへの彼の情熱と、根本からの変革をもたらすための積極的な非暴力のやり方への彼の献身、それら両方が、わたし自身の思想と行動のための導きになっている。キングの模範は、わたしをして、平和のため、また、不正な現状に反対するために、日本とカナダのどちらであれ、街頭デモに熱心に参加するようにさせた。

グスタボ・グティエレス

わたしの信仰の旅で一つの重要な出会いだったのは、ティム・ライアン神父が、わたしがとった講読科目でグスタボ・グティエレスの著作を紹介したときだった。それは一九七五年の本国活動の間だった。グティエレスは、著書『解放の神学』の序文で言う。

本書は、抑圧され、搾取されているラテンアメリカの地で解放の過程に関わる人々すべての体験と、福音とに基づいた考察の試みである。現代に横行する不正の情況を排除し、より自由で、より人間的な、現状と全く異なる社会を建設するために解放の過程に携わる人々の努力を、我々も分かち合って、本書のような神学的な考察を生み出したのである。〔関望・山田経三訳『解放の神学』序文より〕

グティエレスは、「発展」と「解放」という用語を識別する。多くの西洋諸国や教会組織は、「南の諸国は、西洋のように発展することができることでだけ、うまくいく」と考えている。ところが、「発展主義」は、グティエレスがそれを訴えるように、ラテンアメリカにおいては軽蔑すべき用語になった。なぜなら、高い望みにもかかわらず、それは起こらなかったからである。貧しい国々が気づくことになったのは、未開発とは、富める国々と貧しい国々の間に存在する不平等な関係の副産物に他ならないということだった。貧しい国々が気づくに至ったのは、自らの発展は、富める国々や自らの国内の特権階級の支配を打破する闘いを通じて以外にないだろうということだ。このことは、所有システムの根本的な変革と、搾取された階級の力とのアクセスと、新しい社会への変革を考慮する社会革命によってだけ成し遂げることができる。この理由で、「解放」と言うのが、発展と言うよりもふさわしいと思われる。

グティエレスが提案するのは、解放がふさわしいのは、単に社会学的意味にとどまらず、聖書的意味でもあるということだ。聖書は、イスラエル人奴隷のために、エジプトではもう少し親切な厳しい監督が必要だと、語っているのではなく、イスラエル人奴隷の解放を語っている。預言者たちは、民衆や恵まれない人々を搾取することを激しく非難する。そして、変革を求める。それは、新たな経済的・社会的秩序への変革である。

そのように根本的に、グティエレスと、その他のラテンアメリカの解放の神学者たちは、貧しい人々のための具体的な実践を考える。神学者たちが作り出した新しい言葉は、「貧しい人々のための神の優先的選択」である。貧しい人々のため、旧・新約聖書の神は、貧しく搾取されたすべての人々の側に立つ者として啓示される神である。そして、神はわたしたちを同様にするように呼び出す。

ラテンアメリカの教会でも、解放の神学者は政治的過ぎると批判する人々がいた。しかし、グティエレスが指摘するのは、現状維持を支持することもまた、きわめて政治的だということだ。教会は既成の秩序を支持するためにその影響力を行使するつもりなのか。過去にそうしてきたように。それとも、革命的な過程に支持を与えるのか。その過程が大多数を占める膨大な人々に解放をもたらすのに？

数多くのラテンアメリカの諸国で、貧しい人々の解放の課題に従事した神父たちは、殺人者に殺され、または残忍な独裁者たちによって「行方不明者」にされた。エルサルバドルのロメロ大司教は、一九八〇年三月二四日、聖堂でのミサの司式中に殺されたのだが、もっとも著名な一人に過ぎなかった。

迫害にもかかわらず、解放の神学はラテンアメリカ中を通じて、とりわけ、貧しい人々と一緒に活動した神父や教会の働き手の間に普及した。ほとんど自発的に、幾千の聖書学習グループが、「基礎共同体」と呼ばれて、南米中を通じて生まれた。基礎共同体は、聖書学習を用いるのに、社会状況を聖書に関連させて行い、参加者が気づいた自分自身に対する抑圧から自らを解放するために参加者を励ました。解放の神学者のメッセージへの、ラテンアメリカの多くの人が示した当然の肯定的反応にもかかわらず、ローマカトリック教会の上層部の大部分は、解放の神学者の働きを拒絶した。プロテスタントの神学校でも、解放の神学は主要な流れにはならなかった。せいぜい、解放の神学の科目が選択で提供された。わたしは、諸教会による解放の神学の中心的な趣旨の無視に、聖書の根本的なメッセージへの裏切りを見た。

わたしが確信するのは、解放の神学がわたしたち自身の社会、ここカナダにおいて妥当性をもっていることだ。ここでは、富める者と貧しい者の間の格差が増大し続け、富を握る会社が、次第に政府の政策を決定づけている。教会は、ここで、解放の闘いの最前線にいるべきだろう。

韓国の民衆(ミンジュン)神学

アジアで展開した解放の神学の一つが、韓国の民衆(ミンジュン)神学だった。韓国語の「民衆(ミンジュン)」は、韓国で抑圧される者や苦難を受ける人々をとくに指して言う言葉だ。民衆神学は、クリスチャンの学生、労働者、新聞記者、農民、作家、その他、迫害や法廷闘争を一九七〇年代の韓国の良心のために体験した人々についての神学的考察だ。

わたしは、この解放の神学の誕生に特別な関心を持ったが、それは、日本が韓国のすぐ隣国だからだった。一九六五年に、わたしたちの家族は、韓国で働くカナダ人宣教師の宣教会議に参加するために短期旅行をした。わたしたちが心を痛めたのは、日本と韓国の間の生活水準が対照的だったことだ。この時期は、日韓基本条約の署名に反対する大々的な学生デモの真っ最中だった。学生たちは、その条約を、日本のいっそうの支配のもとに、韓国を再び引き込む恐れがあるものと考えた。わたしたちは、通りに石が落ちているのを見たが、それは軍隊に抵抗して学生たちが投石した石だった。わたしは韓国で働いていたカナダ人宣教師と連絡をとり合っていたし、引き続いた抑圧体制に対する闘いを深く理解しようと努めた。

韓国に対するわたしの関心が高まったのは、義理の娘、鈴子を持ったという事実によってだった。彼女は、日本で生まれて育ったが、韓国国籍だった。彼女とその家族を通じて、わたしが気づかされたのは、韓国人が日本で直面した差別だけでなく、日本占領期の心痛む話や戦後期の腐敗した韓国政府による韓国民衆への迫害だった。わたしが気づいたのは、解放のための韓国民衆の闘いは、個人としても、国民としても、それらのことを民衆神学に関連づけた眼識を通して、もっともよく解釈できるということだ。徐洸善はこの方法で民衆神学について述べている。

民衆神学は、韓国キリスト者の直感的で鋭敏なキリスト教使信の認識から展開しました。政治的かつ宗教的な両方としてのキリスト教的使信であり、抑圧された民衆の解放のための良き知らせと希望としての使信です。

韓国民衆は抑圧の長い歴史をたどっている。一九〇五年、韓国は「被保護国」として日本に国家を奪われた。そして、一九一〇年、日本は韓国を公式に併合した。韓国民は、国を失い、日本の支配に隷属する臣民になった。すべての韓国の社会的かつ政治的な組織は閉鎖された。韓国人は自らの言語で新聞を発行できなかった。韓国の歴史や文化を教えることもできなかった。韓国人は日本の天皇に礼拝を捧げることを強制され、自らの民族名に代えて日本名を与えられた。さらに、学校や公的な場で韓国語を話すことを禁じられた。軍隊は、土地を没収し、漁業権、森林伐採権、鉱山採掘権を奪った。抑圧にもかかわらず、韓国人は自由と独立のための闘いを続けた。

一九四五年、韓国は日本の植民地支配から解放された。しかし、この解放は韓国人自身の努力の結果とは言えなかった。韓国は冷戦の犠牲者になり、国は南北二つに分断された。

わたしは、北においてキリスト教会に何が起こったのかについて知識を持たないので、南の大韓民国の範囲で述べることにわたしの見解を限定しなくてはならない。米国は、南で日帝の支配を引き継ぎ、米国亡命者の李承晩を米国の認めた指導者として連れてきた。李体制は、反共主義の熱狂、警察の残虐行為、不正選挙、賄賂によって特徴づけられていたが、社会不安と大々的な学生デモに至った。李がやっかい者になった時、米国は彼を免職すると決めた。米国の後ろ盾によって、朴正熙将軍が軍事クーデターを起こし、学生指導者を逮捕した。その学生たちは南北再統一を支持してデモをしていた人々だった。朴は李以上に抑圧的だった。彼は反共法を制定し、その下で、すべての反対者を逮捕し排除した。朴の厳重な支配の下で、海外企業は、韓国の反動的な労働組合やストライキを禁じた法律につけ込んで、工場の組み立て流れ作業をする労働者たちを、食べるのもままならないような賃金で働かせた。

このような抑圧の下で、民衆神学は、解放と自由と民主化の闘いをめざして生まれた。数多くの韓国のキリスト教指導者たちが民衆神学の促進に役割を担った。わたしは、金芝河の生涯と著作を引いてみたいと思う。彼は、詩人で投獄と苦難に耐えた。その詩と著作のためだった。もっとも明白に民衆神学の精神を実際に示した人物だった。

金芝河は、一九四一年に南朝鮮で生まれた。彼は一九五九年に国立ソウル大学校に入学し、一九六四年に政府の政策に反対する学生運動の活動に参加した。彼は投獄され拷問を受けた。一九七〇年に彼は風刺詩「五賊」を発表した。それは、韓国の特権階級の不正と腐敗について風刺していた。朴は金芝河を再び拘束した。理由は反共法違反だった。金は結核を患いながらも、監獄から逃れた。一九七一年、彼は、故郷の全羅道で六百人のカトリック教徒による街頭デモを組織した。彼は一九七四年に再び拘束された。詩集『民衆の声』を出版した後だった。『民衆の声』はパンフレットの形で韓国中に広まった。この時、彼は戒厳軍事法廷に引き立てられ、国家保安法違反で告発され、死刑判決を受けた。しかし、彼への死刑判決は後に終身刑に減刑された。「金芝河救援」国際委員会が設立され、委員会はジャン・ポール・サルトルやノーム・チョムスキーを含んでいた。その結果、予期しなかった一時釈放に至ったが、結局、一九七五年に金は再逮捕され、その時に彼が共産主義者だったと認めるように拷問されただけだった。終身刑の判決はのちに撤回された。その後の法廷は彼に懲役七年の刑を科した。

金芝河は、投獄と酷い拷問にも負けない不屈の精神を持っていた。監獄の中で書かれ、彼の独房から密かに持ち出された「正義具現全国司祭団」への手紙で、彼の苦難の幾分かを、それに耐えながら伝えた。

わたしは、暗い監房で独房監禁の中にあり、書くことも読むことも、聖書を読むことさえも禁じられています。わたしは、薄暗い壁に囲まれながら黙想に一日を費やします。それにもかかわらず、わたしの霊は、以前よりも主に近くあります。自由へのあなたたちの呼びかけに元気づいて、わたしの精神は監房の外に飛び出し、刑務所の高い壁を越えていきます。必死の闘いの中にあなたたちと共にいるためです。主がわたしのそばにいる限り、あなたたちは、恐れを知らない運動をそこで続けます。わたしはこの試練について恐れてはいません。これは、主が、聖なる意志の徴としてわたしに贈った試練です。

彼の民衆精神の精髄は、「良心宣言」のなかに表れている。それも、密かに監房の外に持ち出されたものだった。

わたしは、細かにこの約束の地をことばで言い表せません。わたしの仕事は、民衆が自分の運命を形作るために、自らの手に力を握るまで闘うことです。わたしが欲するのは、真の民主主義、完全な言論の自由の勝利です。この意味で、わたしはラディカルな民主主義者であり自由主義者です。わたしはまた、カトリック信者であり、大韓民国の抑圧された市民の一人です。そして、特権と堕落と独裁権力を嫌悪する青年です。

金芝河が主張するのは、彼の思想にもっとも大きく影響したのは、一九七一年以来、韓国キリスト者の人権運動、つまり民衆神学運動に参加したことだ。この経験は彼に確信を与えた。つまり、韓国の抵抗と革命の伝統は、否定的な環境の下で独特の活力をともなっている。それは、人間解放のための貴重な材料だということだ。

詩と演劇で作られている金のもっとも力強い宣言は、政府を激怒させた。わたしは、金芝河の詩の言葉の中に、聖書の現代的メッセージを見いだす。それは、わたしたち自身の時代に対するイエスの言葉と精神を語る。金は、韓国と第三世界に向かい解放の神学の真理と精神を表現する。しかし、彼のメッセージは、わたしたち自身の国でも同じく人々の堕落と無感覚について語っている。

韓国民衆の闘いは、ある部分は民衆神学と金芝河のような人の貢献によって奮い立って、報われないままではなかった。一九七三年、独裁者朴正熙大統領は、彼の部下の金載圭中央情報部長によって射殺された。朴の死の後で、短期的な数人の大統領がいた。彼らは光州の民衆蜂起に至るまで弾圧を続けた。光州では数多くの抵抗者が虐殺された。抵抗者たちは、最終的に民主的政府の実現を導いた。一九八〇年、金芝河の判決は減刑され、刑務所から釈放された。

さかのぼること数年、一九七三年、韓国の政治的反体制派の金大中が、韓国中央情報部員によって日本で誘拐された。朴政権に反対する活動のためだった。彼は船で韓国に連行されソウルで自宅軟禁され、一九八〇年の釈放の後、政治に積極的に関わり、ついに大統領に当選した。金大中は数多くの進歩的思想を持ち込んだ。また、北朝鮮と平和の話し合いを始め、北朝鮮の人々との間の家族再会の訪問を手がけた。

金芝河は、今日、韓国民衆の解放のための彼の努力の正しさを立証したと感じながら、ソウルからほど近い蔚山の町に静かに暮らしている。時々、詩集を出版している。

韓国と世界は、金芝河の貢献と苦難に対する大きな感謝の念を彼に抱いている。彼は民衆解放のための忍耐を示した。彼の生き方で、彼は民衆神学の真の精神を表現した。

ジェームス・コーンと黒人解放の神学

ジェームス・Ｈ・コーンとのわたしの最初の出会いは、彼の著書『解放――黒人解放の神学（*Liberation, A Black Theology of Liberation*）』を読むことを通してだった。一九七五年～一九七六年の本国活動の期間だった。わたしは彼の本に刺激され、とても考えさせられた。彼はわたしに社会的かつ神学的洞察をもたらしたが、米国の黒人抑圧だけでなく、世界中の周縁化された人々すべての抑圧についても、そうだった。何年もたった後で、わたしは、サスカチュワン州フォートカペルのプレイリー・クリスチャン・トレーニングセンターのスタッフをしていた時、コーンが週末セミナーを解放の神学に関して指導するように手はずを整えた。この催しがかつてなく有意義だったことは、参加した学生の多くがカナダ先住民族の学生だった事実だ。学生たちはドクター・ジェシー・ソト・リソース・センター〔先住民族の神学校〕で学んでいた。学生たちは、米国黒人に対する差別と、カナダの先住民に対する抑圧とを対照して思い描くことができた。

わたしがはっきりと憶えているのは、あるワークショップで、一つのグループが短い寸劇をみせることを頼まれて、学生たちが知っていた抑圧の場面を取りあげたことだ。先住民のグループは、腹を抱えて笑うほどの寸劇をした。しかし、寄宿学校についてのとても痛烈な寸劇だった。寸劇の中で、学生たちは役割を逆にした。先住民が寄宿学校を白人のために指導した。先住民の求めたことの中にあったのは、白人は全員が髪を三つ編みにしなければならないこと、クリー語だけを話すこと、もしも英語を話したら罰を受けることだった。白人は学校の中で孤立させられ、一年間に一回だけ里帰りを許された。見ていたわたしたちには、鮮やかな学習の体験だった。

わたしたちは、ジェームス・コーンが、頭の良い魅力的なリーダーだと分かった。抑圧された者の状況と、具体的行動のための聖書的かつ神学的理論との双方で、彼の理解は、強い感銘を与えた。彼は、ニューヨークのユニオン神学校の組織神学教授で、この時までに、黒人解放の神学に関する著書を五冊書いていた。

ジェームス・コーンは、一九四〇年代〜一九五〇年代の間、アーカンソー州ビアーデンで育った。ビアーデンというとても人種隔離的なコミュニティで、彼は白人の不正で容赦ない現実に出会った。その不正は日毎に黒人のコミュニティに加えられた。同時に、彼の信仰は、マセドニア・アフリカン・メソジスト監督教会で養われた。

その教会は、彼の言うところでは、彼に人格と尊厳を保たせた。白人の残虐性にもかかわらず。

この背景と緊張があって、コーンの黒人解放の神学が育った。教会、家庭、学校で、彼は抑圧と不正義に抵抗することを教えられた。彼の父は、人権を訴え、真実を語り、そのための困難を恐れない人だったが、その父から強い影響を受けた。彼の母は、マセドニア教会の支柱ともいうべき一人で、神の正義を固く信じる人だった。彼はその家族と教会によって養われ、神は、自分たちの側にいて、白人支配の邪悪な力に反対していると考えた。

コーンは、一九五八年にイリノイ州エヴァンストンのギャレット神学校に入学した。初めは、米国北部では人種関係は、故郷とはかなり異なるだろうと信じていたが、彼の世間知らずは乱暴にも粉砕された。彼が白人の理髪店に行って椅子に座ると、理容師にこの店では「黒んぼうの髪は切らない」と言われた。後にコーンは「わたしは、実のところ、あの体験からまったく立ち直ることがけっしてできていない」と語っている。

彼の最初の著書『黒人神学とブラックパワー（*Black Theology and Black Power*）』にコーンは表明している。

白人の人種差別主義は病です。それに弁解の余地はありません。わたしたち黒人は、われわれの人間性の一かけらをもって、それに対抗できるだけです。黒人の子がネズミにかじられて死ぬ時、黒人男性がその存在から弱らされてきた理由のために苦しむ時、黒人女性が家族の安定を無くしたゆえに泣く時、だれがその「理由」をどのように強調できますか。その時、ブラックパワーは希望を強調します。それは、白人が抑圧状況を変えてくれるだろうという希望ではありません。むしろ、黒人の人間性のうちにある希望です。

コーンは言う。「自由を今」は、これまでも、今もなお、すべての公民権運動グループのスローガンであると。

ブラックパワーは、解放のためのこの進行中の運動の一部である。コーンが強調するのは、今まで、黒人クリスチャンは、白人としてのイエスと神のイメージと共に育まれてきた。黒人と共にある神を知るための唯一の道は、黒人としてイエスと神を見ることである。『黒人神学とブラックパワー』で彼は問う。

キリストは彼の民をどこに導くのか？　それはゲットーの中だ。キリストは、黒人がいるところで、黒人の一人になって、黒人に出会います。わたしたちは、黒い顔と黒い大きな手をして、通りでぶらついて時を過ごしている彼に会います。

米国の人種状況において黒人であることは、あらゆる種類の抑圧の象徴になる。キリスト自身が抑圧されている。なぜなら、抑圧されているから彼もまた黒人だ。教会の道はキリストに従うことである。それは苦しむところに行くし、黒人になることでもある。具体的な言葉として、これは、白人教会にとって何を意味しているのだろうか？　それは黒人に向けて、世界における白人の姿を根本から再解釈することを意味する。それが意味するのは、白人教会が変わらなければならない側で、局外中立の状態を捨てて、抑圧された黒人に共鳴することであり、さらに、自ら抑圧される痛みを味わうことである。

解放と神の国

わたしが、さきに述べたことだが、神の国は、エディス・フェアバアンと賀川豊彦にとって重要なことだった。彼らは、神の国を正義と平和を基礎とした新しい社会秩序として語った。賀川が、具体的に追究したのは、労働組合、農民協同組合、さらに貧民街の貧しい人々を通して、神の国を創ることだった。コーンは、これらの実践を神の国の一端として認識しただろう。しかし、もっと具体的に、黒人に向けられた巨大な差別によって特徴づけられた社会に必要なこととして、神の国を認識しただろう。彼が言うには、神の国は物質的な安全の達成だけではなく、聖なるものとの親しい交わりだけでもない。それは、人間存在の質を伴う。人間存在の質とは、個々人の気づくもので、人格は資産以上のものだという気づきだ。それは、黒人が白人の抑圧の鎖を振り落とすことを意味する。

コーンは、もっぱら、黒人に対する抑圧について語るのだが、彼はまた、他の世界の抑圧された人々を含めて語っている。彼は、抑圧された人々とは、黒人貧民街、先住民居留地、ヒスパニック居住区、その他、白人的なものが悲惨を創りだしているところに暮らす人々であると言う。コーンはそれをすっかり明らかにして言う。なぜなら、白人は一つの階級として、黒人の奴隷状態にきわめて密接に関わっていたからである。その奴隷状態をいまだ様々なやり方で続けている。真の和解の希望は、その前途はきわめて暗い。彼は断言して言う。悔い改めなしに赦しは存在しない。信仰の賜物なしに悔い改めはない。抑圧された人々の自由のための、そして共に闘うための賜物なしには。

支配的人種のだれにとっても、〔和解に向けて〕前進するのは、抑圧が蔓延する社会ではどこでも、容易ではない。しかし、それは犠牲を払うに値する。ジェームス・コーンは、わたしにとって、数多くの神学的課題をもたらした。いまだ葛藤している様々な課題である。わたしたちは、不正義に反対して立つのに、それが社会に蔓延しているだけでなく、教会においてさえもそうであるのに、どのようにすればよいのだろうか？　どちらの側に神がおられ、わたしは、神の御意思と共に自身がどちらに立つのか？　いかに、わたしは個人として、教会として、過去と現在の不正義を悔い改められるのか？　たとえば、カナダの先住民の人々に対してどうするのか？

フェミニストの解放の神学

わたしは、一九七五年～七六年の本国活動の間にフェミニストの解放の神学者の著作を読み始めた。それまで、カナダや世界における女性差別について、よく気づいてはいなかった。わたしが遺憾に思った事実は、カナダで女性の給与は同じ職種の男性の七〇パーセント余りに過ぎないのに、わたしは、それについてなすべきことを分かっていなかったことだ。カナダ合同教会は、一九三〇年代に女性の按手を認めた。それで、ドリーンはオーヴィル牧会区で実り多い職務を担った。わたしはといえば、女性の抱える問題の重要性に、ほんとうには気づいていなかった。女性の貧困と女性に対する暴力の問題である。

日本に行った時、わたしが気づいたのは、家父長制と女子の地位がカナダよりも劣悪だったことだ。わたしは、カナダをロールモデルとして見る傾向があった。一つの出来事が名寄に引っ越して間もなく起こった。そのことが、女性に対して日本社会が持っていた認識の欠如を表していた。

名寄教会牧師の田村氏が、わたしはレストランでの晩餐に招かれたと伝えた。そのレストランは教会のメンバーがオーナーだった。わたしが当然のことと考えたのは、ドリーンとわたしは二人で、名寄教会へ協働宣教師として任命されたのだから、ドリーンも招かれたということだった。ドリーンはとても喜び、町での晩餐に出かけるのを楽しみにした。彼女は、自分のことだけでなく一歳の乳飲み子のデニスのことで、晩餐に出かける準備に忙しかった。ところが、そのときにミセス田村から電話を受けた。彼女は、ドリーンが行く準備をしていると聞くと、「いいえ」、招待されたのはわたしだけだと告げた。ドリーンは落胆し、わたしは怒った。しかし、わたしたちの職務の始まりに、一つの場を作らずにおいてしまって何をするのか？　そのときからずっと、わたしたちは、日本の女性に対する偏見を打ち破ろうと試みて働いた。そして、家庭でロールモデルを作ることを試みた。ある夫たちは、わたしたちがすることを茶化した。彼らにとって、わたしたちと同じように家で彼女たちを手伝わないという不平を、妻たちが言うのは、きつかったのである。

三愛塾で、農家の青年たちのために、わたしたちは、夏の二泊の行事を「家庭作りパーティー」と呼んだ。そこで、わたしたちは、家庭での協働の在り方や、家庭での女性と男性の役割を扱った。わたしは、ローズマリー・リューサーとレッティ・ラッセルの著作を読んだ時に、女性が体験する抑圧には様々な形があり、その抑圧を新たな次元で全体として知った。それは外国のことだけでなく、カナダと米国においてもそうである。

ローズマリー・リューサー

わたしがありがたかったことは、ローズマリー・リューサーと会えたことで、それはプレイリー・クリスチャン・トレーニングセンターが、彼女を招いて、フェミニストの解放の神学の週末研修会のワークショップの指導をしてもらった時のことだった。彼女は、とても明瞭に考えを表現できて、その講義は優れた学問に裏づけられていた。

ローズマリー・リューサーの著書『解放の神学』において、わたしが知ったことは、なによりも先ず、女性に対する抑圧は、見方の狭い逐語主義者の聖書解釈によって、補強されたものの中にあるやり方だということだ。「キリスト教は女性嫌悪主義者か？　教会における女性解放の失敗」と題する章で、彼女が輪郭を記述するのは、キリスト教が支配的だった時代を通じて、女性と女性の身体が中傷された、そのやり方である。一方で、聖書の中に、数多くの女性が、イエスに従う者たちの中に数えられた。そして、新約聖書の初期の教会の指導者のある者たちは、女性だった。それが、より権威化した教会に変わった。たとえば、テルトゥリアヌスは、紀元二世紀の神学者で、「悪魔の門」として女性の役割を語った。女性の性格を女性の特別な罪によって不変に印づけられているると見る。その性格は、男性の原罪の原因となり、キリストの死の必要の原因となっていると見る。

聖アウグスチヌスは、紀元四～五世紀の神学者だが、原罪の原因に女性の自然の劣等性がもっと関係しているとみる。女性について、彼は、「肉欲的」特質、狭量、官能性、物質主義、悪意の原因を帰し得ると考え、男性には、貞節、忍耐、知恵、節制、不屈、正義の美徳の原因を帰し得ると考えた。教会教父たちすべてにとって、性は汚らわしい言葉である。女性は、節制を欠いていて、そのようなものとして、その性的行動は、愛の伝達としての思想ではけっしてあり得ない。むしろ、それを生殖のために用いるだけである。女性のための救済の最高の形は、物事のこの秩序の下では、処女の一生を選ぶことだった。

まったく馬鹿げているように思えるのは、こんな男と女の教理が、ローマカトリック教会で何世紀にもわたって影響力を維持してきたなどということだ。それは、女性たちが男性たちに服従させられてきたやり方の一つだった。その影響は、いまだに、カトリック教会だけでなく、プロテスタント教会の中にも見られることだ。たとえばわたしは、あるメソジストの宣教師は、彼の妻がベッドに入る時はクローゼットの中で着替えをし、セックスは夜に、暗やみの中で、ベッドカバーの下でだけするべきだと強制したと聞いた。

聖書の中にある明白な家父長制と聖書本文の狭量な逐語的解釈のために、多くのフェミニストたちは、解放の根拠としての聖書をすべて拒絶してきた。ローズマリー・リューサーは聖書を拒絶しない。しかし、クリスチャンフェミニストにとっての神学的根拠を見いだす方法として、イエスの物語の再評価を呼びかける。彼女はこう説明する。

現代のイエス研究者は、教理的付け加えがなされたイエスの物語を根本から丸裸にしてきました。それは、イエスの人生が、フェミニストの解放の神学に打てば響くような共感を呼び続けることを露わに示してきました。つまり、ひとりの男性が、（彼は主ではなく、兄弟なのだが、）その彼が意見を異にしたのは、宗教的かつ社会的支配組織でした。それらの支配組織は、貧しい人々や、蔑まれた人々、ほとんどがとりわけ女性たちを周縁化していました。彼が宗教的かつ政治的権威の激怒を招いたのは、その破壊的な教えと実践のためでした。権威者たちは、彼を黙らせようとして、公然と死に至る拷問を加えました。

一九七五年に六年ぶりでカナダに帰ってきた時、わたしは、いまだ、男性形代名詞を用いて神に言及していた。わたしがローズマリー・リューサーの説明で感銘を受けたのは、聖書の用いる男性形の、つまり家父長的な、そういうものではない違う神のイメージだった。たとえば、ヘブル語聖書は、ヤーウェの無辺の慈悲と無条件の愛とを描きたいと思うと、母の比喩に頼っている。イザヤは、陣痛の女性のように大声をあげる主を描く。女性の比喩は、ヤーウェが生み出す知恵を述べるのに用いる。知恵は、創造の業に協力し、世界における聖なる臨在を代表するものとして仕える。その著作を通じて、ローズマリー・リューサーは、このヘブル的比喩を用いている。女性に負担を強いる不正義に対して闘う解放者としての神、女性が人間性を実現するのを育む母としての神、女性を真理と意味ある存在に導く聖なる知恵としての神について述べる。

福音の物語の中で、彼女が指摘するのは、世界における神の働きを描くのに両性を用いる物語である。たとえば、ルカ福音書で、神の国を建てあげる神の働きは、農夫が種を蒔くこと、そして女性がパン種を発酵させるという両性の働きにたとえて言及される。イエスは、社会的禁忌を破って、公の場で女性に話をし、マリアとマルタと共に宗教について対話をした。神は性差を越える、とリューサーは強調して言う。わたしは、彼女の主張をまったく積極的に受け入れ、今は、神に関わる事柄に言及する時には、性差を示す用語を用いない。

リューサーは、制度としての教会を大いに批判するが、それをすべて一緒にして拒絶しない。そうではなく、フェミニスト基礎共同体と制度教会との間での創造的な弁証法的関係を求める。これは、フェミニスト共同体が創造的に教会制度を用いることを可能にする。その間に次第に教会制度を変革して、解放された人間性の信頼できる証拠や、すべての家父長的諸制度に対する闘いに役立つ機関としていく。

教会の変革をめざす基礎共同体を通じた活動の哲学は、わたし自身の探求してきたことの一つだった。わたしが赴任して行ったところではどこでも、わたしが試みたのは、「細胞（セル）」とわたしが呼んだ小グループで、教会の変革をめざすモデルと連携することや、増やすことだった。この探求は、教会の範囲ではある程度の肯定すべき結果をもちえた。それにもかかわらず、時に幻滅や、教会の多くの古臭くなった教理や慣習に不満を感じることになったのだが。

レッティ・ラッセル

レッティ・ラッセルもまた、フェミニストの解放の神学者の一人で、わたしは、フェミニスト神学に最初に直面した時期に、彼女の著作を読んだ。ローズマリー・リューサーが、神学者の神学者として語られるであろう、その一方で、レッティ・ラッセルは、解放の諸問題で活動した彼女自身の広い体験から、いっそう実践的な側面を展開する。彼女が書いたのは、米国とインドでの彼女のＹＷＣＡへの関与である。彼女は、彼女の牧会体験を述べるのだが、その働きを、貧しい人々、イーストハーレム・プロテスタント教区での黒人やプエルトリコ人の間で担った。その著書『フェミニスト展望の神学における人間の解放』を書いた時、彼女はイェール神学校の実践神学教授だった。ラッセルはフェミニストの解放の神学を次のように記している。

第三世界の解放の神学のように、フェミニスト神学は、社会における抑圧の体験から記述されます。それは、救済の探求を自由に向かう旅、共同体における自己解放の過程で、神の約束のうちに希望の光を他者と共にする過程として解釈します。自由を求める他者と皆が共に、女性は、その人々の中にある希望について語りたいと願います。彼女たちが世界に向かって言いたいのは、彼女たちは人間を解放する神の計画の一部なのだということです。

女性たちは人間を解放する神の計画の一部なのだと世界に向かって語ることとは、教育／実践の過程に参加することだ。パウロ・フレイレからのヒントを語って、彼女が「意識化」の過程と呼ぶのは、女性自身が抑圧の性格を認識する気づきを得ることと、男性がその目を開いて意識的にも無意識的にも女性を抑圧している男性のやり方を見ること、それら両方である。

女性にとって、家父長制を受け入れてしまう危険がいつも存在する。これは二つの仕方でそうなる。第一は、女性が文化的伝統の役割を受け入れることだろう。それは「幸福な奴隷」として特徴づけられる。女性が自らを見るのに、母、秘書、下僕、セックスシンボルの役割を受け入れて満足することである。彼女は、脅威として

「ウーマンリブ」を見て、いっそう防衛的になるだろう。

第二は、社会における女性抑圧に女性自身が目を閉じてしまう仕方で、抑圧者と張り合うことである。女性は、すべてのエネルギーと注意を、激烈な競争社会の中でだけ、前に進もうとすることに注ぎきってしまう。その社会は、よく考えれば、しばしば「男の」世界である。

ラッセルが警鐘を鳴らすのは、教育や意識化をきわめて重視する姿勢である。解放の課題を担う新人を募るには、フェミニストの宣伝活動の形式を採り得る。それは、フリーサイズのフェミニスト的なイメージに女性たちを創造することを目ざすもので、それなしに、神の愛がそれぞれ一人ひとりの女性たちの人生に受肉したことを受け入れはしない。

わたしたちの社会で女性への差別と抑圧に男性の自覚を引き起こす時、課題はさらにいっそう困難になる。勧め得る接近の仕方は対話を通じてである。しかし、抑圧者グループとの対話は、平等と信頼の状況が存在する時だけに起こり得る。「もし、あなたが、わたしと話したいなら、わたしの首からあなたの足を外しなさい」。ラッセルが勧めるのは、抑圧された者が、相互の支援、新しい帰属意識、新たな共同活動の可能性を基に、自らの力を発揮することである。

男性たちは、自分たちが抑圧階級に属しているという事実を認識するにつれて、自分たち自身を自由にするために努力することもできる。そして、女性と男性の両方にとっての解放をもたらすために、女性たちと力を合わせることもできる。いったん、わたしは女性への抑圧の本質に目覚めると、自分を「男のフェミニスト」と呼んで、女性の利益になるように、その支持者であろうと努めた。

ラッセルは、さらに有意義な指導の役割に教会を解放する仕事を扱う。彼女が指摘するのは、世界中の女性の社会的解放のために圧力をかけることは、教会における性差別主義者の慣習を暴露することだというのである。女性と男性とが共に合唱する声は、性差別主義者の慣習に対して、ひるむことなく新しい見方をするように呼びかけている。それは、世界における教会の職務と宣教の意義を、すべての人々の正義と解放を求める点に見ている。数多くの教会が、いまだに教職按手礼から女性を排除している。しかし、女性への按手を開いている諸教会でさえ、いまだに、女性の才能と技量を十分に認識することには、大きな壁がある。わたしは、二人のカナダ合同教会の教職の妻に聞いたことがあった。彼女たちによれば、会衆は男性の教師を好むのだという。なぜなら、男性牧師は説教壇で女性よりいい声をしているからという。わたしたちは、教会の指導において大半の教会が十分な両性平等を達成するのに、いまだ長い道のりを要する。

ラッセルが求める教会職務の新しいモデルは、わたしの教会職務の概念と共鳴する。わたしのそれは、神の民全体に属するもので、世界における解放の神の宣教に基づく広範で多様な役割を伴っている。彼女は、実践と省察との永続的な過程を求めるが、それは彼女が「行動の神学（doing theology）」として言及するものだ。彼女は、僕（しもべ）であることの新しいモデルを思い描いているが、それを始めたであろう前提は、すべての神の民は教師であり、それぞれが彼／彼女の奉仕の賜物を発揮する道を見いだすのを支援する、ということだ。

レッティ・ラッセルは、わたしたちがひとつの世界のために働くように挑戦する。そこは、男性と女性が平等な世界であり、多様なやり方で彼や彼女の生き方を表現できる世界だ。彼女が思い描く世界は、世界の抑圧された人々が共に歩みを進めて、性、人種、階級の障壁を取り除くことができることだ。それらは、人々から自由な生を実現する機会を剝奪している。フェミニストの解放の神学をいっそう深く理解することは、わたしが、社会のすべての領域にある障壁を取り除くことを目標と考えるのを助けてきた。

解放の諸神学の役割

解放の諸神学が果たしてきた重要な役割があった。それは、伝統的な神学的解釈にいのちの息吹を与え、世界における神や霊性との関係について新しい展望を与えたことだ。わたしが大学で神学を学んだ時、学んだ神学のほとんどは非常に学問的で、世界が抱える課題とはほとんど関係がなかった。そこで語ったのは、わたしたちは、非熱狂的信奉者であらねばならず、いつでも両側面から検討するということだ。学説や教理を検討する時、必要なのは、変化と成長を考慮に入れる開かれた精神を持つことだ。しかし、生と死、差別、抑圧、人格の尊厳の諸問題について、いつも必要なのは、味方につくことだ。

わたしがこの章で検討した解放の諸神学は、わたしの思想と実践にもっとも大きな影響をもたらした諸神学なのだが、多くの共通の基盤を持っている。互いに異なった強調を示しながらである。ラテンアメリカの解放の神学は、政治的かつ社会的抑圧の課題について語る。ラテンアメリカの解放の神学は、多くの社会分析をマルクス主義に基づくというより、むしろ、正義と解放についての聖書の中心にある立脚点に基づいて行う。その立脚点は神学者によって、あまりにしばしば黙殺されてきた。ラテンアメリカの解放の神学が現状肯定に挑戦するからだ。

黒人解放の神学は、具体的な人種主義の醜聞、政治体制の荒廃を取りあげる。それは、米国だけでなく他の多くの社会についても取りあげる。聖書のメッセージは明白だ。人種や肌の色を根拠にした差別や抑圧は、耐えるべきでなく、根絶されなくてはならない。

韓国の民衆神学は、金芝河によって代表されたように、民衆の精神が、外国の占領と独裁社会の堕落に抵抗できる道を示す。拷問と死の脅威の中で、金芝河の勇気と不屈の精神が示すのは、時に求められる献身の深さを示す。

フェミニストの解放の神学は抑圧の領域を暴いた。その領域は、ほぼすべての社会で組織的になり、いまだ広範に男性支配的な社会と教会にそ知らぬふりをしている。フェミニストの解放の神学が高唱する根本的な原則は、解放のための主導権は、第一に、抑圧されている共同体それ自身から生まれなければならないことだ。とはいえ、ひとつの必然の結果として、同時に、抑圧された共同体もまた、抑圧する集団からの公然とした支持を必要とする。そのような抑圧集団が支持と援助をするためだ。解放運動の指導者たちは、人間解放に使える理論と実践を展開する先駆者だ。この章で触れてきた具体的な抑圧の事例だけでなく、数多くの他の社会や、世界中で自由のために叫んでいる集団の先駆者だ。

ゲイ／レスビアンの解放へのわたしの覚醒

わたしたちの社会のひとつの領域が解放を必要としている。わたしは、長年の間、そのことを分かっていなかった。ゲイとレスビアンの兄弟姉妹の苦難と抑圧がそれだ。それらの人々の多くは、教会や自らをクリスチャンと称する人々の厳しい非難によって苦しめられてきた。性的指向という問題は、わたしが育ってきた間には、ジョークを除けば、ほとんど話されなかった。巨大な不正義に対するわたしの最初の現実的な認識は、それは長年にわたって延々と続けられてきた不正義なのだが、個人的な体験から生じた。日本で、わたしたちは、青年を募集して、二、三年間、道北センター英語学園で英会話を教えるようにした。それらの青年の何人かは、日本にいた間、わたしたちと一緒に生活した。その一人のアラン・マックレーンは、トレント大学を卒業し、わたしたちの家族の一人のようになって三年間余りを過ごした。一九七〇年代初期の名寄でのことだった。

神学研究のためにカナダにもどった後、彼はわたしたちに次のように手紙を書いた。大きな葛藤の後、彼は、自分はゲイだと気づき、わたしたちの絆が変わらないことを望むと書いていた。わたしたちが書いたのは、わたしたちの愛は、いつも彼と共にある。彼は、わたしたちの息子のような存在で、わたしたちは彼を心から支えるということだった。わたしたちは、もっとよく学びたいとも書いた。

アランは何冊かの本を送ってきた。それを読みながら、わたしたちが、次第に恐怖でぞっとしたのは、異なる性的指向の人々に、不正義が山と押しつけられていることだった。わたしたちがさらに読んだのは、聖書から二、三の断片的な章句をとった狭量な解釈についての本だった。その解釈は、ゲイやレスビアンの人々を強く非難して、差別と迫害と死に追いやろうとする。それよりはるかに重要な聖書の章句は、愛することとすべての人を受け入れることを呼びかけているのに、まったく見過ごされてしまってきた。

この不正義について何かすることを試みる機会は、わたしたちがカナダにもどった時に来た。わたしは、一九八二年にサスカチュワン州フォートカペルのプレイリー・クリスチャン・トレーニングセンター（ＰＣＴＣ）のスタッフの職を受けた。わたしが知ったのは、センターはすでに性的指向に関する教会のための学習案内を準備するかなりの働きをしていたことだ。スタッフは、今や、その関わりを拡大するのを待っているところだった。その関わりは、ゲイとレスビアンのクリスチャンのための特別な週末の研修会をセンターでもつことだった。わたしたちは、この会を開催することはできるが、その前に考えることがあった。なぜかと言うと、幾つかの教会の会員たちの中で、この実施からかなりの予期せぬ結果が起こるかもしれなかったからだ。わたしたちは、センターの理事会に相談しなければならなかった。理事会の会議で、わたしたちは、性的指向の問題を取り上げる研修と、それに対してあり得る否定的と肯定的の反応について説明した。それは、このような研修を行うことで生じさせると思われる反応だ。かなりの議論の後で、理事会メンバーは言った。「わたしたちは、批判があることを承知しています。しかし、行うことは正しいことだと思いますので、話を進めて、取り組みを実施してください」。

その行事は、サスカチュワン州とマニトバ州の合同教会を通じて宣伝された。一緒に他のＰＣＴＣの一九八三年春の行事も宣伝された。ゴードン・ジャーディンは、円滑に進めるのに最高の技能を持つスタッフで、参加メンバーの中でただ一人の異性愛者だった。およそ十五人のゲイとレスビアンの参加者が登録した。その人々の多くは、自らの家族にも「カミングアウト」していなかったし、教会では孤立させられていた。参加者は非常な恐れと共にやって来た。ある参加者は、ゴードンがそこにいたことに居心地の悪さを感じてさえいた。ところが、週末が終わる頃には、参加者は、ゲイやレスビアンの友人たちとの分かち合いの体験にわくわくさせられ、ゴードンの円滑な進行をとても喜んだ。参加者が言った。「わたしたちは、来年、もう一度、この会をもちたい。その時には、支えてくれる異性愛の友人を招くこともしたいのです」。わたしたちは、この年間行事を、「ケアの仕方の探索」と呼んだ。ゴードンがセンターのスタッフを離れた後、わたしも、指導の手伝いをして、これらの行事がＰＣＴＣでのわたしの体験の中で最高のことだったと分かった。

第一回の行事の後、わたしの仕事は批判の手紙に答えることだった。十五通余りの手紙があり、ある手紙はわたしたちの活動を強く批判し、ある手紙はＰＣＴＣから援助を引きあげると脅かした。わたしはこれらの手紙に、できるかぎり、思いやりと理解をもって答えた。わたしが指摘したのは、わたしたちの行為の聖書的根拠、そして、愛と受容の必要を見るということだ。ウィルマ・ウェッセルは、わたしたちの取り組みの三人目のスタッフメンバーで、サスカチュワン州とマニトバ州のゲイとレスビアンのグループのための支援を組織化していた。二、三年以内に、ゲイとレスビアンのクリスチャンたちは、グループを組織していた。そのグループを「アファーム（肯定する）」と呼んだ。合同教会の中でゲイとレスビアンの権利を肯定するグループだった。ウィルマは、そのグループの支援者たちのグループを組織するのを手伝った。そのグループは「アファーム友の会」と呼ばれた。同時に、同様のグループがカナダの他の地域でも組織され始めた。これらの二つのグループは、次第に融合して、「アファーム連合」になった。

カナダ合同教会の本部は、諸教会に研修教材を送った。同性愛者に関する資料も含む、性に関する課題の扱いについてのものだった。幾つかの合同教会の地区と教区から、決議が合同教会総会に送られた。ゲイとレスビアンのキリスト者の完全な権利を承認するように求めるものだ。大きな反対に直面した中で、ひとつの決議が一九八八年の総会を通過した。その決議の中で、このように宣言した。

性的指向を問わず、イエス・キリストを告白し、神に従うすべての人は合同教会の教会員であり、また教会になるように歓迎されている。

この決議が地方教会に持ち帰られると、ある教会では大変な騒ぎになった。合同教会の会員であることを辞める人たちや、この課題を避けて合同教会を離れる地方の教会もあった。しかし、合同教会が感じたことは、こうするのは正しいことで、それがある会衆のうちに痛みを引き起こしたとしても行うべきだったということだ。この行動は、すべての人に否定的に受け取られたのではなかったことが分かった。教会を見限って離れていた人たちがいたが、決議は勇気ある態度だと感じ、もどってきた。そして、他教派の会員で、教会の包括的在り方を見て、合同教会に加わった人たちもいた。

同性愛者の兄弟姉妹の完全な解放に向かうためには、いまだに、長い道のりがある。教会でも社会でもそうだ。しかし、いくらかの進展はなされている。わたしが嬉しいのは、この機会に闘いの前線で人間解放の局面に身を置き続けてきたことだ。しかし、この闘いは続いている。ピーターボロー地区に来た後、ドリーンとわたしは、地元の「アファーム」グループ作りを支援した。そのグループは、月毎にわたしたちのレイクフィールドの家で会合した。ドリーンが亡くなった一九九二年の後、このグループは、しばらくの間、新妻シーラとわたしのピーターボローの家で集会を続けた。それは、グループが大きくなり、月毎の礼拝をセントアンドリュース合同教会で行うことを決めるまで続けられた。それらの礼拝と交流のための集会は、ゲイとレスビアンたち、その家族と友人たちのためのものだったが、参加したすべての人にとって、真実な励ましの源だった。礼拝の司式担当は交代で行われたので、形式ばらない多様な礼拝がささげられ、お互いの分かち合いや参加者全員の支え合いがあった。これがひとつの場となって、そこで、シーラとわたし、参加者のみんなは、まことの霊的な養いと親しい交流を、教会の新しい形として見いだした。

わたしがそこに見いだしたのは、ひとつの挑戦が、多くの人々の解放の闘いに関わって、この地域と世界に行われていることだ。つまり、貧しい人々や恵まれない人々のための闘い、わたしたちのただ中にいる有色人種の人々の解放、カナダ先住民の権利や多くの国々の先住民族の闘い、女性の平等な権利のための闘い、ゲイとレスビアンと彼／彼女らの同性婚の受容である。それらの、また他のグループの解放のために働くことは、わたしの信仰遍歴のすべての営みだ。それは絶えず変化する。しかし、けっして終わらない。

第十一章　異なる宗教者たちとの対話

わたしたちは、日本に暮らしながら、人口の一パーセント以下のクリスチャンしかいないため、クリスチャン以外の人々の信仰の起源や本質を探求する必要に気づいた。わたしはこれを二つの方法で行った。他の信仰の人々を個人的に知ること、そして、日本の諸宗教についてもっと広範囲に学ぶことだ。わたしが予約定期購読した季刊誌が、宗教間対話を取り扱い、様々な宗派やセクトのメンバーが寄稿した論文を収めていた。これらの論文から分かったことが、わたしの試みを大いに助けてくれて、諸宗教と日本の人々の心理を理解できた。

日本の二つの伝統的な宗教は神道と仏教だ。日本人家族の多くが、自分たちを帰属させているのは、神道の神社、仏教の寺院、あるいは、数多い「新宗教」のひとつである。新宗教のことは後で述べたい。このことは、すべての人々が、その属する宗教について多くを知っているとか、実際に頻繁に関わりを持っているという意味ではない。時々、わたしたちが青年たちに、何という宗教にあなたは属しているかと聞く時、青年たちは答えたものだ。「わたしの家族は仏教（あるいは神道）です。でも、個人的には、わたしはどの宗教でもありません」。とりわけ、戦後間もない時期、これは、多くの青年の態度だった。その青年たちは、戦時のプロパガンダに幻滅を感じていた。その時期、国家神道があらゆる人々に強制されていた。このことが一つの理由となって、数多くの日本人は新宗教に転向し、ある青年たちは教会に来て、人生の新しい方向を模索した。

神道

わたしたちが一九五三年に名寄に引っ越した時、わたしたちの家は、町の北の端に建てられた。わたしたちのもっとも近いお隣の栗栖さん一家は、酪農家で、名寄神社の氏子だった。栗栖さんたちは、その信仰について多くを語らなかった。栗栖家は神社に寄付を献げ、祭礼日を守っていた。

わたしたちがクリスチャンだという事実は、栗栖さんたちにとって何の影響も及ぼさなかった。栗栖さんたちは、わたしたちを、両手を広げて歓迎し、トウモロコシやその他農場の産物を贈ってくれた。デニスは、栗栖さんの農場を歩き回るのが大好きだった。牛を見たり、二輪車に乗ったりした。その二輪車は、馬が引く荷車で地元のミルク工場に牛乳を運ぶ時に使った。栗栖さんの妻に頼まれて、ドリーンが料理教室を始めたので、近所の人々とその友人たちは西洋料理を学ぶことができた。一時期、わたしたちだけが近所で電話を持っていたので、人々は、頻繁にわたしたちの家に来て、電話をかけた。わたしたちは、人々とたくさんの親しい会話を楽しんだ。

わたしたちが着いてから数か月後、栗栖さんたちは、栗栖家の人々を地元の墓地までわたしのジープで連れて行ってもらえるだろうかと頼んできた。戦死した栗栖さんの弟さんの記念式を行うためだ。弟さんは満州で日本陸軍に従軍していた。戦争が終わると捕虜となって連行され、ロシアの収容所で亡くなった。彼の遺骨は持ち帰られなかったが、名寄墓地の栗栖家の墓に名前が刻まれている。わたしは喜んで栗栖さん一家を墓地まで乗せて行った。お墓でロウソクをともし、お皿に弟さんの好物だったものを盛って墓石の傍に置いて、拍手を打って祈りを唱えた。

数年後、栗栖さんの娘さんが、名寄教会の高校生会に友人と参加するようになり、礼拝にも時々出席した。家族は、娘さんが教会に通うことを拒まなかった。娘さんは洗礼を受けて教会員になることはなかったが、教会での交わりを楽しんだ。わたしたちがカナダに帰った後、栗栖さん、つまり一家の家長が亡くなった。わたしが一九八八年に日本にもどった時、わたしたちは娘さんに呼ばれ、実家に行って、神道の「神棚」の前でクリスチャンの祈りをしてもらえるだろうかと頼まれた。神棚には彼女の父のことが記念に記されていた。わたしはこの依頼は大切な意味があると考えた。それは、彼女はキリスト教への関心を抱き続けていること、そして彼女の意識では、神はすべての宗教の中に臨在しているということを示していた。わたしの祈りの中で、わたしは栗栖さんの生涯と友情に感謝し、家族みんなの慰めを祈った。わたしにとって幸いだったのは、娘さんと共にこのささやかな祈りの奉仕をする機会をもったということだ。わたしたちは、栗栖さん一家の友情と支援に対して、ことのほか感謝している。ご一家は、わたしたちが名寄で暮らしている間ずっと、それを与えてくれた。

「神道」は「惟神の道」を意味する。それは、もっとも古い日本の宗教で、多くの汎神論的な要素を伴う神話に基づいている。神道は、草木、川、海の中に諸霊が宿ることを認め、自然の美に敬意を払う。この伝統があるので、多くの日本人は、自然への愛をいだき、人の手を加えないものの鑑賞を楽しむ。ほとんどの神道の神社は、美しい林の中に鎮座している。

日本の天皇は、古代の伝統によれば、「太陽神」の子孫であり、過去には、その神聖な肖像があがめられた。一九三〇年代、軍事政権は、神道を国家宗教と宣言して利用し、すべての日本国民、さらに、韓国と台湾の被征服国の国民が、天皇の神聖な肖像を礼拝するように強制した。学校の生徒たちは、毎日、天皇の肖像に忠誠を誓うことや、国歌斉唱を強要された。兵士たちは、天皇と国家への貢献のために、その生命を差し出すように強要された。このようなやり方で、軍部は、軍部自身の国家主義の目的のために神道を悪用できた。大戦の終結後、新憲法の制定によって、信教の自由と政教分離が保証された。神道は特権的地位を失い、一つの独立した宗教として自らを維持しなければならなかった。東京の靖国神社に国家の財政支援を得ようと幾度か試みがなされてきた。靖国神社は戦死者の記念施設だった。しかし、この試みは、仏教徒とクリスチャンによっていつも強く反対されている。とはいえ、ほとんどの町や村は、夏の神道の祭日を守っている。色とりどりの行列が、お神輿をかついで、太鼓の響きと踊りを町中に運んでいる。

仏教

わたしの仏教徒の伝統との個人的なつながりは、佐々木さん一家だった。お父さんと息子さんが名寄の法弘寺の僧侶だった。彼らと知り合った時に、もっとも印象深かったことは、自然に対する深い愛だった。お寺の庭の周りすべてに、多種多様な地元の野生の花々を植えていた。父親の方の僧侶、佐々木隆秀（りゅうしゅう）さんは、野の花を描くことが趣味だった。ある日、わたしが訪ねると、彼は葉書に野の花を描くのに忙しかった。彼はその一枚をわたしに渡して、説明してくれた。これらの葉書を書くのは、彼の葬儀の告知として発送する準備なのだということだった。ところが、彼は冗談に、「わたしは自分の葬儀の準備を配り続けるために、死ぬ暇もないほどです」と言った。わたしが、最近、聞いたのは、隆秀さんが二〇〇二年三月に九〇歳を越えて亡くなったことだ。わたしは、彼の生涯と、このような献身的で霊的な人格に出会う機会を得たことに感謝している。

老僧侶と若い僧侶と両方との対話で、わたしが気づいたのは、彼らが聖書についてとても良く知っていて、その教えを敬っていることだ。わたしが出会ったほとんどの仏教徒は、発見される真理がどこにあっても、それを受け入れる用意があるという態度を持っていた。一九八八年に、わたしはグループを連れて日本を訪問した。名寄で、一行を連れてお寺を訪問した。そこで、わたしは、佐々木劉元(りゅうじ)さんに頼んで、彼らのお寺と、宗派の基本的な教えについて、話をしてもらった。名寄での宣教の働きの後任者であるロブ・ウィットマーが、通訳をした。その内容は、一行にとって、いささか難しかったけれども、みんなはお寺の訪問を楽しみ、仏教信仰の概説に魅せられた。

お寺の通常の働きのかたわら、息子の方の僧侶の劉元さんは、地域社会の諸事でとても活動的だった。わたしが彼に最初に会ったのは、名寄―リンゼイ姉妹都市友好委員会だった。彼は活動的な委員で、長年にわたって、わたしたちは、親しい友人だった。劉元さんとお父さんは、一九八一年に、わたしたちがカナダに帰ると聞くと、劉元さんが、わたしたちの家に、美しい額縁に入ったカタクリと色とりどりの水草の水彩画を持ってきた。それは彼のお父さんが描いたものだった。絵の裏にお父さんが、日本式に縦書きで書いていたのは、英語で「PRESENT」だった。わたしは、この絵を宝物にして、わたしが執筆している机の前の壁に掲げている。

日本には多くの伝統的な仏教宗派がある。それらは中国に起源をもっている。もっとも古いものは、紀元六世紀に伝来し、日本の文化形式に受け入れられた。天台宗と真言宗は、九世紀に創設された。仏教が大衆的な宗教になったのは、十二世紀~十三世紀で、浄土系宗派、禅宗、日蓮宗の創設によった。浄土系宗派は、阿弥陀仏への帰依による救済と、「南無阿弥陀仏」の名号を唱えることを強調した。禅宗が強調したのは、座禅を通した神秘的、直感的な悟りだった。禅から、生け花、茶の湯、弓道が育まれた。それらは、日本の文化的生活に大きな影響を与えた。日蓮宗は、法華経の考察を根拠に、より排他的で、その教えに対する「折伏」の勝利に積極的だ。日蓮宗から、二つのもっとも広く普及した二つの「新宗教」である創価学会と立正佼成会が生まれた。それらについては後述したい。

日本の新宗教

日本の「新宗教」は、その大部分は過去百年間のうちで、その多くは大戦後に伸張した。それらは、たいがい、カリスマ的な指導者を中心に集まった。指導者は、伝統的宗教から脱出した人物だ。指導者は、しばしば、神道、仏教、時として、キリスト教の要素さえも結びつけようとする。

一般化するのは危険ではあるが、新宗教の急速な拡大の主な理由の一つは、とりわけ大戦後の時代、より古くからの既成の仏教や神道の宗派が、あまりにも形式化してしまっていたことだ。多くの部分について、教化の取り組みとしてその宗教の基本的な教義を、宗派の会員に説くことができなくなっていた。その点で、それらは、ここカナダの多くのキリスト教会の会員に似ているかもしれない。その人々は儀式を守っているが、聖書についてはほんの少ししか知らない。

既成の神道と仏教の宗派にとり、中心は、死者の崇敬に置かれてきた。これはそれなりに評価に値することであるが、死者のために祈りを唱えることが、しばしば、神官や僧侶が主として専念する事柄になった。その働きの良い部分と思えるのは、家から家に訪ねて、死後五周年などの記念の祈りをすることだ。他のことには、ほとんど時間がないように思える。わたしが、僧侶の佐々木親子に魅力を感じる一つの理由は、彼らが教えを説くことと地域社会の奉仕に時間を用いていることだ。

日本で興味深い現象は、事実として、結婚式は神社で催され、葬儀は一般的にお寺で行うことだ。わたしは、機会があって、結婚式と葬儀の両方に参加し、その儀礼をよく観察した。ある日本人は、神社で結婚式を挙げ、仏教の儀礼で葬られ、さらに機会があればクリスマス礼拝に出ることもある。それは、多分、どの宗教も経験してみたいということだと思う。

生長の家

日本の人口の九五パーセント以上は、キリスト教以外の信仰に属しているので、わたしたちのすぐ隣の人々は、ほとんどすべて仏教のお寺、名寄神社、あるいは新宗教の一つの、いずれかに加わっていた。あるお隣の家族は、「生長の家」と呼ばれた新宗教で活動的だった。そのお隣さんは、自分の家で定例の集会をもっていた。わたしたちは、どの集会にも参加したことはなかった。しかし、その家族の子どもたちとわたしたちの子どもたちが遊んでいたので、時々、その家族を訪れた。わたしは、生長の家の背景を学ぶことに関心があった。生長の家は、新宗教のもっとも折衷的なものだった。生長の家の創立者は谷口雅春で、彼は、仏教、キリスト教、心理学、クリスチャンサイエンスの教えを取り込んだ。彼は、とくに聖書の使徒ヨハネの文書を好んで、ヨハネ福音書の注解を出版した。身体的かつ心理的な健康が、この宗教の中核を構成していて、癒しの働きが大きく強調された。『生長の家』という月刊誌は、その中心の教えを掲げて、「七つの光明宣言」に要約している。その教えは、キリスト教にたくさんの並行を持ち、次の信念を含んでいる。「吾等は生命の糧は愛にして祈りと愛語と讃嘆とは愛を実現する言葉の創化力なりと信ず」。

生長の家は、一九三〇年代以来、増え続けてきた数ある新宗教の一つの実例に過ぎない。

創価学会

もっとも急速に成長した新宗教は創価学会だ。これは日蓮宗の支流の一つで、他の日本の宗教に似ず、教条的、不寛容、時には正攻法とは思えない手段で改宗を迫ることに積極的だ。それは、今日のテレビによる福音派伝道者といくぶん較べられるかもしれない。戦前に活発だったが、戦中は抑圧され、戦後、新指導者の戸田城聖（一九五八年に死去）と、池田大作のもと、目を見張るような成長をした。一九七五年に、文部省は、創価学会の会員として一千六百万人以上を数えた。もっとも近似のライバルである立正佼成会の四倍だった。

創価学会は、その成功を、厳重な軍隊に似た構造と、改宗者獲得の方法に負っていた。組織構造は、家庭から始まり、班、ブロック、地区、支部、本部で、それぞれ決められた責任領域があった。改宗化の方法は、「折伏」と呼ばれ、頑（かたくな）な議論、行き過ぎと思える約束、恐ろしいほどの警告によって、抵抗を打ち破ることに熱中する。これは、通常、個人よりもチームによって行われる。『現代日本の宗教』という本にクラーク・オフナーは、次のように書いている。

> 参加する人には、世界を約束することで、参加しない人には、不幸を約束することで、創価学会はとりわけ、中小企業の未組織労働者、たとえば、九州の炭鉱労働者に広がっていった。。
>
> 信仰を通じた霊的な治癒は、創価学会の教えの重要な部分だ。しかし、病気が学会の治癒行為によって良くならない時には、病者は、しばしば、その信仰が十分に強くないと言われて打ちのめされる。

創価学会は、政治的に権力を得る願望をいだいてきた。「公明党」と呼ばれる新しい政党を立ち上げて、しばらくの間、衆参両院の選挙で目を見張る躍進をした。重大な恐れとなったのは、もしも公明党が多数派となると、独善的な宗教原理主義の政府を作るかもしれないと、憂慮した人々は少なくなかった。しかし、この恐れは無くなった。公明党は、いまでも政府の重要な一員ではあるが、政府を引き継ぐにはとうてい程遠いと考えられている。

立正佼成会

わたしがとても感心している新宗教の一つは、立正佼成会で、その名称は「正義と友情促進の立正のための協会」を意味している。わたしはある時期、立正佼成会について、たくさん聴いたり読んだりした。とても興味深かったのは、教えや教育方法や世界平和のための幾つかの活動だった。一九八七年に、わたしは日本訪問の一行を連れて行き、東京杉並区にある立正佼成会の大聖堂を訪れた。この建物は、一九六四年に一一〇〇万ドルの費用で完成し、一度に三万人の礼拝者を収容できた。

わたしたちが、たちまち感嘆したのは、巨大な建造物で、それはピンクのタイルで建てられ、大きなドームを頂に持っていた。わたしたちは歓迎を受けて、七階建ての建物を回って観覧した。広く様々な設備を持ち、巨大な礼拝堂から広がって、三つのバルコニーが囲んでいる。そこは「法座」というグループがカーペットの床の上で会合ができる。その建物は、大きなカフェテリア、宴会場、エレベーター、壮大なドイツ製パイプオルガンも備えている。至聖所の中心には金色に塗られた「久遠実成大恩教主釈迦牟尼世尊」の印象的な像がある。

わたしたちは、立正佼成会の多くの活動の一部をビデオで見せられた。それは、日本中、そして世界での平和活動だった。わたしたちは名誉なことに、創立者で指導者の庭野日敬氏に会った。彼は僧侶ではなく信徒指導者で、平和と正義と超宗派関係への情熱を持っていた。彼が、とくにわたしたちに語ったのは、世界平和のための彼の活動だった。彼は、「核兵器廃絶宗教指導者平和代表団」の代表として積極的に海外渡航した。彼は国際連合にも積極的で、教皇に謁見した。わたしが感じたのは、彼は真に謙遜な人物で、すべての人間に愛と共感を持つ人だということだ。

庭野日敬氏は、彼の信仰に真に宗派を超える次元を持っていた。彼が書いた「一仏教徒の平和へのアプローチ」という論文に、つぎのように述べている。

宗教的な協力は、わたしの唱道するところでは、異なる宗教の人々が握手して終わることではありません。むしろ、目標としてある段階に達するように向かうことです。その段階は、多様な宗教の意味を深く学ぶことによります。人間はそれぞれの宗教に共通する真理を見極めることができます。そして、この共通の真理を把握することで、おのずと一致を理解します。

わたしは、また、それぞれの宗教は、真理の一部であり、わたしたちは、お互いを尊敬し理解する必要があるという理解に至った。わたしたちが生命と宗教について発見した真理の交流が、わたしたち自身の個人的信仰を拡大へと導き得る。

わたしが、とりわけ感銘を受けたのは、立正佼成会が祭司階級を持たないことだ。全員がリーダーである。全国役員、礼拝指導者、説教者、法座指導者、教学者、全員信徒である。教義は法華経が基本である。しかし、信徒のために信徒によって平易な言葉に訳されている。それぞれの礼拝で、以下の容易に理解できる立正佼成会の会員綱領が唱えられる。

立正佼成会会員は、本仏釈尊に帰依し、開祖さまのみ教えに基づき、仏教の本質的な救われ方を認識し、在家仏教の精神に立脚して、人格完成の目的を達成するため、信仰を基盤とした行学二道の研修に励み、多くの人々を導きつつ自己の練成に努め、家庭・社会・国家・世界の平和境（常寂光土）建設のため、菩薩行に挺身することを期す。

組織は、大聖堂を中心にしている。その会員は、大聖堂にしばしば巡礼することが期待されている。日本全国を通じておよそ二百二十の教会がある。地元のグループはすべて、訓練された信徒指導者を持っている。組織はピラミッド構造に形成されていて、本部当局と直結した垂直線で結ばれている。これはかなり典型的な日本人の社会的仕組みだ。

わたしがもっとも関心を引かれたことは、「法座」を通じた教えとお世話の方法だ。法座は、十二人から十四人の小さなグループで、そこで、教えとグループメンバーの個人的問題の分かち合いと、それら両方が行われる。法座の目的は、仏教の教えを、日常の諸問題に適用することだ。たとえば、大群衆が大礼拝堂に礼拝に来た時でさえ、数百もの小グループの輪が集い、大聖堂のバルコニーのカーペットの床に座る。同時に集ったグループすべてが、グループの絆を感じられる。子どもたちさえ、歓迎され、出たり入ったりして楽しむ。

各法座は、よく訓練を受けた信徒指導者によって、必要なものを与えられる。信徒指導者は教師でありカウンセラーだ。法座の集いは、メンバーの実際の問題を解決するのに力を注ぐ。そして、時には、個人的な証しが、必然的に伴う。どのように、信仰がその人の生活に影響を与えたかという証言だ。この点で、法座の集いは、西洋のグループセラピーの集いと似ているかもしれない。各グループでは感情的な受容があり、同様にグループを越えてもお互いに支え合う。これらの集いの参加者の大部分は、女性で、彼女たちの語る話しは、しばしば、家族関係のことになる。リーダーとグループは、解決を見いだすことを分かち合うことができる。これらの解決の多くは、仏教の教えの何かに関連するようだ。しかし、これらは抽象的に扱われない。むしろ、具体的な問題に関わって手が届くように扱われる。

興味深いのは、創価学会と立正佼成会との対照的なことだ。両方とも日蓮宗の仏教に起源を持つ。しかし、全く異なる二方向に進んだ。つまり、創価学会は、頑固で、排他的で、攻撃的な傾向があり、立正佼成会は、より柔軟で、超宗派的で、受容力に富む。創価学会は世界に奉仕活動を行う。しかし、ほぼ改宗者を勝ちとるためであり、世界中で追従者の獲得という点での取り組みは、とてもうまくやってきた。立正佼成会は、世界中で平和のための広い範囲にわたる活動をしている。しかし、民主的な社会を作るために社会構造を変革する意識の中に、「社会的福音」の要素が見られない。創価学会と立正佼成会の目的は、双方とも、個々人の人格を強くするということではない。むしろ、人々が社会に適応できるのを助け、その過程を幸福にすることだ。法座は、「調和の輪」として描かれる。もっとも重要な働きの一つは、人々が、その属する社会の中で、くつろぎを感じられるように助けることだ。

法座という方法には、権威主義的で教訓めいたやり方と似た要素があると思えるので、西洋社会ではピッタリしないだろう。しかし、わたしの考えでは、キリスト教会は法座の目標と進め方から学べることがたくさんある。それらのあるものを、わたしたちは道北センターで農民青年の「三愛塾」に適用した。わたしたちは、参加者に、聖書がわたしたちの人生と働きの大切な基礎だと知ってもらうようにしたが、それはだれにもけっして押しつけなかった。聖書は朝の集いで自発的に用いられ、聖書の研究は、いつでも、個人の何かのことや、わたしたちが議論していた社会や国家の諸問題に関連させた。

法座が実際に示してくれたのは、教えることやカウンセリングのために訓練された信徒を用いることが効果的なことだ。これは、わたし自身が持っていた教会での新しい生活のためのヴィジョンの一つだった。その理由の一つは、プレイリー・クリスチャン・トレーニングセンターのスタッフ時代に大いに努力を傾けたことだ。それは信徒の指導力の訓練だった。スタッフとしての最後の年に、わたしは、「活動する信徒」と呼ばれた信徒研修コースを展開するのを手伝った。それは立正佼成会モデルから学んだ原則の幾つかを土台にした。参加者は、教会と社会における自分たち自身の価値と他にはない職務への意識を発展させて、新たに発見した自分自身の課題の喜びと充実感を見いだした。

カナダでの宗教間対話の発展

日本で他宗教の人々との意義ある出会いを得たおかげで、カナダに暮らすために帰国した時、わたしは、宗教間対話と、異なる宗教グループ間のより深い相互理解を促進したいと、しきりに望んでいた。この機会は、わたしがプレイリー・クリスチャン・トレーニングセンターのスタッフとして奉仕した時にやって来た。一九八二年から一九八八年のことだった。

わたしが促進させるのを手伝った取り組みの一つは、年間シリーズの週末行事で、カナダと世界の教会の宣教に関することだった。それらの多くのために、わたしは、ロイス・ウィルソン牧師のアシスタントを担当した。ロイスは、同時にトロント超教派フォーラムの幹事でもあり、後に、彼女は、女性で初めてのカナダ合同教会の総会議長になった。これらの催しの一つが、「他宗教の人々との対話」だった。わたしは、ユダヤ人、ムスリム、バハイ教徒、クリスチャンをサスカチュワン州リジャイナから一緒に連れて行った。これら四つの宗教に共通していたことは、四つの宗教のすべてがアブラハムを創始の父として主張していたことだ。

それぞれの宗教グループの代表が分かち合ったのは、それぞれの宗教者にとって何がもっとも重要な意義を持つのかということだ。わたしたちは、共通するものと異なるものについて議論し、もっと効果的に一緒に働ける道を論じ合った。わたしたちが決めたのは、最善の道は、異なるもののことで身動きが取れなくなるのではなく、むしろ、活動することの中で、他の宗教伝統の人々を知る機会とするということだ。わたしたちが、さらに、目標の一つとして定めたのは、実施企画の中で協力することだ。その企画は、より広い社会正義と世界の平和をもたらそうということだ。

わたしが宗教間対話の次の機会を得たのは、一九八八年にプレイリー・クリスチャン・トレーニングセンターを離れた後、四か月間、当座の超教派フォーラム主事としてトロントにいた時だ。フォーラムの方策の一つは、宗教間対話を促進することだ。この方策を実施するためのわたしたちの役割として、依頼されたのは、トロントでムスリムとクリスチャンの関係に関する北米規模のイベントの準備をするために、団体の組織化を支援することだった。著名なムスリムとクリスチャンが米国とカナダから、ある週末にトロントで一堂に会した。この催しの興味深い呼び物の一つは、ムスリム研究の背景を持つクリスチャンが、彼が理解したムスリムの信仰を紹介し、キリスト教信仰の知識を持つムスリムが、彼のキリスト教理解を紹介したことだ。これは、活発で実りある討論に導いた。もう一つの興味深い対話は、ムスリム／クリスチャンの結婚という課題だった。ムスリムの日毎に数回の祈りを守るために、ムスリムは、信心のため他の部屋に退いた。これは、ムスリムの信仰における祈りの大切さを実際に示すものだ。

超教派フォーラムのスタッフを退いた後、わたしは頼まれて、『魚眼レンズ』と呼ばれたフォーラムの定期刊行物の編集者を続けた。一九八九年六月の「平和のための宗教間交流の展望」に、わたしは、クリスチャン、イスラム教徒、仏教徒、ユダヤ教徒、バハイ教徒、マルクス主義者の代表たちの声明を含めた。それらのそれぞれが、その信念から生まれる平和への堅固な関わりを示した。たとえば、全日本仏教婦人連盟の理事長・会長山本杉(すぎ)は、こう述べている。

わたしたちの平和の話には、いつでも、正義を含んでいなくてはなりません。飢えている人や死にゆく子どもは、干魃、戦争、あるいは、他の災害であろうがなかろうが、平和に関心を持つことができません。むしろ、生き残るための闘いだけに関心があるのです。

パキスタン出身の世界ムスリム協会のイナームッラ・カーン博士は、報告している。

イスラムは平和のために立ちます。それは、すべてのための平和、差別なき平和、正義の土台の上の平和です。

バハイ教徒のウード・シェーファーはこう述べる。

平和と正義は、人類の霊的再生の実りでしょう。それは、新しい人の意識の完全な変革、新しい秩序と建設の労働の過程です。

ロシア出身のＹ・ツィーリンはこう言う。

平和はただ戦争がないということではありません。その維持は、国際的な安全保障の全体を包括する組織をぜひ必要とします。それは、世界規模の不屈の努力、現実的な軍備縮小への決意をもった促進、政治的対立を減らすこと、論争の交渉的解決、すべての領域での国際協力の発展をぜひ必要とします。

それぞれの信仰の展望は、わたしたちの平和の洞察を広げて、より平和で公正な社会のための共同の行動へと押し出す。なぜ、わたしたちは、自分たち自身で正義と平和の課題に関わる行動を、何としてもやり通すべきなのか。わたしたちは、その行動が可能な時に、異なる信仰背景の人々と一緒に行動することによって、より効果的な行動になるからではないか?

カナダ先住民の霊性

プレイリー・クリスチャン・トレーニングセンター（ＰＣＴＣ）のスタッフだった時期、わたしは、ドクター・ジェシー・ソト・リソース・センターの活動と交流する光栄を得た。このセンターは、サスカチュワン州とマニトバ州の先住民教会の先住民出身牧師の研修を行っていた。同センターの所長のアルフ・デュモント牧師は、時々、ＰＣＴＣのスタッフに幾つかの科目の指導を手伝うように依頼した。このつながりで、わたしは独自の研修の形を理解する機会が与えられた。その研修は、仕事を持ちながらの研修で、学生は先住民教会で週末に奉仕して、研修のためにセンターに平日の三日間やって来る。教える中で、アルフはクリスチャンの信仰と先住民の霊性を調和することを促進した。クリスチャンの典礼を学ぶことに加えて、学生たちは、スウェット・ロッジ〔訳注：先住民が儀式用の小屋で行う儀礼〕に参加して、伝統的な先住民長老の教えを傾聴した。

ピーターボローに来てから、わたしは、近くにあるカーブレイク居留地出身の人々とたくさんの関わりを持った。伝統的な先住民長老のメリット・テイラーは、宗教間交流の礼拝を指導するのを手伝った。先住民のスイートグラスの儀式で始める礼拝だ。「スイートグラス」は、燃やしたときに鼻にツンとくる匂いを発する草だ。煙がスイートグラスから立ち上ると、それは運ばれて円陣の周りをめぐり、参加者は煙を杯状にした手の中に入れ頭にかける。清めの儀式である。先住民の長老は、次に祈りを口にする。最初にオジブウェー語、つぎに英語で祈る。創造者に自然の美と生命の賜物のゆえに感謝する。

メリットは、さらにオジブウェー語と先住民の文化をレイクフィールドの公立学校で教えている。わたしの二人の孫が、レイクフィールドに住んでいて、彼の授業を受けて、とても喜んでいる。わたしもまた、先住民の霊性について彼の話を聴き、わたし自身の信仰についてとても価値あることを知った。それは、大地についての先住民の理解や、すべての被造物に対する愛と尊敬から教えられた。わたしは、また、日の出前に黙想の時をもつ毎日の規律を、彼が持っていることにも感銘を受けた。

わたしは、スウェット・ロッジの儀式にも参加した。儀式は、先住民の長老とローレンシアン大学教授のハーブ・ナビゴンが指導した。この儀式は、狭く囲われたテントで、熱した石を真中に入れたくぼみがあるところで行われる。その石の上に水が灌がれて水蒸気を起こす。参加者は、完全な闇の中で、円くなって座る。指導者が黙想と祈りを執り行い、参加者でその喜びと重荷を分かち合いたいと願う人を招く。この儀式は、身体と心と霊の浄化を与え、しばしば、自分についての新しい理解や、人生の新しい方向を見いだすことに導くことができる。わたしは、ここに述べたような先住民の霊性と教えは、クリスチャンの教えと実践に加えるべき多くを持っているということを確信した。

他の信仰の人々を個人的に知り、他宗教について学ぶ、あらゆる機会を持つことによって、わたしは、すべての宗教の中に真理を見る見方を広げた。わたしの意識は、研ぎ澄まされて、自らの信仰と他宗教との肯定面と否定面の両面を見るようになった。たとえば、キリスト教とユダヤ教を含めて大概の宗教は、非常に家父長主義的だ。カリスマ的な個人に多くを頼りすぎて、信徒指導者に重要な役割を与えない。少数の日本の新宗教は女性の創設者を持っていたけれども、ほとんどすべてが男性によって指導された。教会において女性は、つい最近になって「聖職者」として受け入れられた。ある教派では、いまだに排除されている。しかし、キリスト教において、また多くの世界の宗教において、否定的な局面にもかかわらず、わたしたちが無視できない真正なものの流れが存在する。伸び行く霊性であり、それは制度と教条の限界を超える。

わたしがかつてよりも明白に思えるのは、もしも、わたしたちの世界の平和と不正義の巨大な課題に取り組むのに成功したいならば、わたしたちが孤立していては、けっしてそれができないということだ。むしろ、世界規模でわたしたちの努力を一つにしなければならない。これは、他宗教から学んだ何某かの洞察であり、わたし自身の信仰の旅の生き方だ。

信仰の共同体

わたしが幸運だったのは、信仰の旅の多くの時間、親密な信仰共同体の支えを得たことだ。信仰共同体は、わたしの洞察を明晰にし、わたしの信仰を強めるのを助けてくれた。

ピーターボローに来た後、わたしは金曜早朝の諸教派協力の礼拝や黙想のためのグループ、共同聖書研究、それらの深い分かち合いに参加していた。諸教派協力のグループは、広い範囲の多様な人々から成っていて、その人々は、教会と地域共同体の多くの側面の働きに関わっていた。また、わたしに深いレベルの霊的糧を与えてくれて、それは、形式的な礼拝によって与えられる以上のものだった。およそ十五年前、カトリック信徒の支援グループとして、このグループは集まり、幼い子どもを持つシングルマザーの住宅を供給することを始めた。グループは拡大して、聖公会員、合同教会員、長老教会員、ユニテリアン教会員、仏教徒、それに、どの個別の宗教にも属さない人々が加わった。

わたしは、このような小さなグループの共同体から、日毎の挑戦に立ち向かう強さと支えを与えられることを体験した。共同体の人々は、わたしがでこぼこ道に至った時、孤独といらだちの時期を乗り越えるのを助けてくれた。

新しい愛する伴侶との関係

一九九四年一一月一九日の結婚によって、わたしの新しいパートナーとなってすぐに、わたしに金曜朝の諸教派協力のグループを紹介した人が、シーラだ。わたしたちの出会いと友情は、興味深い偶然だった。

ドリーンとわたしが、プレイリー・クリスチャン・トレーニングセンターを引退する準備をしていた時、フォートカペル・プラウシェアズ平和グループ会員のヘーゼル・ジャーディンが、ウォータールーでのプラウシェアズ事業全国会議に参加した。コンラッド・グレーベル・ユニバーシティ・カレッジで彼女の同室となった友人がシーラ・ナビゴンだった。ヘーゼルは、ドリーンとわたしが引退して、オンタリオに引っ越すことを計画していて、デニスとスーザンという子どもたちの家族の近くに行こうとしていると話した。ピーターボローにもどるとすぐに、シーラは、ドリーンとわたしに手紙を書き、「ピーターボローに来て、わたしたちのプラウシェアズグループに加わってください。わたしたちは新しい仲間が必要です。腕を広げてあなたたちを歓迎するでしょう」と招いてくれた。わたしたちは、七月初旬にオンタリオにもどり、初めはトロントに住んだ。それからピーターボローに近いレイクフィールドに落ち着いた。

わたしたちは、シーラと連絡をとり、時間を調べて、次のプラウシェアズの集会に備えた。すぐに、わたしたちは新しいグループの友人を得た。とりわけ楽しみだったのは、シーラに会うことだった。彼女が温かい招待をわたしたちに寄せてくれたのだ。シーラは、ドリーンとわたしの親しい友人になった。

ドリーンの死後、わたしは、打ちひしがれ、とても孤独だった。カワーサ・プラウシェアズのメンバーは、力強い支援グループだった。二年間を超えて、シーラとわたしの友情は深まった。わたしがしばらくの間思いめぐらせたのは、結婚を考えるには、わたしたちの歳の差があまりに違いすぎるのではないかということだった。しかし、わたしたちは、平和、正義、国際関係などについてたくさんの共通点を持っていたから、年齢は壁にならないと考え、最後に決心がついた。彼女がローマカトリックで、わたしがプロテスタントだという事実は、二人の考え方が超教派的だったので、なんら心配にはならなかった。一九九四年春に、わたしたちは結婚を誓約した。しかし、夏の間はテスト期間とすることに同意した。夏の間、シーラはジャマイカ自助支援会の夏期事業でジャマイカに行っていた。わたしは、家族を訪ねて日本に行っていた。わたしたちは帰国し、結婚の日を決めた。それは、一一月一九日、レイクフィールド合同教会で、ジョージ・アディソン牧師を司式者として行われた。グルメな持ち寄り晩餐に、およそ一二〇名の来客者があって、ケン・ラムデン楽団のスクエアダンスが続いた。結婚式はほんとうに楽しい場になった。

わたしたちの結婚式の招待状で、リクエストしたのは、結婚の贈り物ではなかった。それぞれ世帯を持っていたので、家具は十分あったからだ。贈り物をしたい人には、プラウシェアズの事業か、カナダ・カトリック発展と平和協会（CCODP）か、ジャマイカ自助支援会への支援を、提案した。

シーラとわたしは、一緒にとても幸せな時を過ごした。地域社会の事業に二人で関わり、事業によっては、それぞれ別々に活動することもあった。カワーサ・プラウシェアズは、二人で関わりを続けた。しばらくの間、わたしが共同代表で、シーラが書記だった。わたしたちは、ピーターボロー市議会と一緒に開催した核兵器廃絶に関する二つのフォーラム、地雷除去を推進する活動など、カワーサ・プラウシェアズの主催する特別な運動に参加した。地雷によって起きた惨害をマルチメディアで報告する活動は、世界大戦戦没者記念日に、幾つかの教会とレイクフィールド高校と共に行った。わたしたちは、一九九九年にオタワでの地雷廃絶に関する世界大会にも参加した。カワーサ・プラウシェアズは、湾岸戦争とイラク民衆に対する制裁措置への反対運動を継続して行った。イラクでは百万以上の人が死んだ。わたしたちは、パンフレットの制作を手伝い、政府の指導者たちや新聞社にこの問題に関してたくさんの手紙を書いた。一九九七年に、シーラとわたしは、二人とも、ピーターボローYMCAから平和メダルを受けた。ピーターボローと世界の平和のためのわたしたちの働きに対するメダルだった。

二〇〇一年六月、シーラはピーターボロー市から地域社会向上賞を授与された。彼女の「地域社会のための傑出した貢献」に対する賞だった。

シーラは、難民と移民の支援に大いに活躍していた。彼女は新カナダ人センターと協力して、毎月の持ち寄り夕食会を開設した。そこでは、移住した人たちが互いに親しくなり、カナダに移り長年生活している人々とも交流することができた。これは本当に移民の必要を満たした。しばしば、十五か国もの異なった国籍の人々がいた。二〇〇一年の秋に、シーラは、新たにカナダ人になった人々への奉仕に対して、新カナダ人センターから表彰状によって栄誉を与えられた。

わたしは、ピーターボロー社会正義連合の共同代表を務め、シーラはＣＣＯＤＰ企画委員会の代議員を務めた。わたしたちは、二人とも、超教派で「グローバル正義のプログラムのための十日間」に参加していた。二〇〇一年に、この全国プログラムは、カイロス――カナダ超教派正義構想の中に再編された。わたしたちは、再編の一部になって、継続委員会のメンバーになった。シーラは、数年間、ＣＣＯＤＰのピーターボロー教区の代表だった。それから、彼女は、全国ＣＣＯＤＰ顧問に選ばれて、頻繁にモントリオールに外出することが必要になった。ＣＣＯＤＰとのつながりを通じて、シーラは、カナダ教会協議会から、二〇〇一年夏、南アフリカのダーバンにおける反人種差別会議の代表団の一人に選ばれた。カナダにもどると、彼女は、その体験を、多くの教会や地域社会のグループと分かち合った。

数年の間、月毎に一度、ゲイとレスビアンのクリスチャンのために、わたしたちの家で、アファーム合同教会支援グループの集会を開催した。その後、グループは毎月の礼拝をセントアンドリュース合同教会でもつことを決め、わたしたちも参加した。

フロイドとシーラ

わたしたち二人は、新しく拡大した家族を喜んだ。クレムとアラーナ・ナビゴンは、わたしの義理の息子と娘になった。デニス、ピーター、スーザンは、シーラにとって家族になった。彼女はまた、九人の孫を受け継いだ。孫たちは彼女を「シーラおばあちゃん」と呼ぶ。

シーラとわたしは、互いに愛し合い、共に生活することに、新しい充実を見いだした。そして、わたしたちがお互いを見いだしたこと、一緒にピッタリ息が合って働くことができることに感謝している。

第十二章　信仰への挑戦を続けて

わたしの日本での人生や信仰の旅路をふり返ってみると、幾つかのテーマがあって、それが人生を支配し、信仰を強めたことに気づく。それらは、わたしの信仰の新たな側面を育む啓示だった。わたしが、けっして持たなかったし、今も持っていないのは、達成したのだという思いだ。あまりにもたくさん、学ぶことや体験することが、わたしの信仰の旅にはある。歩んできた道には、いつも興味が尽きず、新たな挑戦と期待に満ちていた。

二〇〇一年九月一一日、精神的大打撃というべき事件となったニューヨークの世界貿易センターとワシントンの国防総省ビルの崩壊が起こり、それは平和と正義をめざす運動の大きな妨げになった。それは信仰者にとっては新たな挑戦だ。米国大統領ジョージ・ブッシュは「テロリズムとの戦争」と呼び、わたしたちのためではなく、敵対者のために、彼の声明は、来るべき歳月の絶え間ない戦争の可能性を開いた。わたしの見解では、石油に魅かれた者や、武器製造業者が、いまやホワイトハウスで堅固な地位を固めて、対テロリズム戦争を軍備拡大と世界の石油資源を支配するための機会と見なしている。アフガニスタンの後、彼らはイラクを標的にした。その国は、すでに十二年間の制裁と空爆で、百万人を超える死傷者を出して苦しんできた。

平和は、聖書において、多面的な顔を持つ言葉だ。フィリピ書四章七節で、パウロは、「あらゆる人知を超える神の平和」を語る。わたしたちは、ほんとうに、平和のすべての諸相をとらえることはできない。平和とは、数多くの指導者たちや先導者たちにとって、生涯をかけて情熱を注ぐべきものである。わたしがもっとも尊敬したエディス・フェアバアン、ジェームス・フィンレイ、賀川豊彦もそうだった。フェアバアンとフィンレイは、二人とも彼らの生涯を第二次世界大戦に反対する路線に置いた。フィンレイが、その行動によって、わたしたちに示したのは、戦争に反対するだけでなく、戦争の犠牲者に奉仕するために関わるようにしなければならないことだった。賀川豊彦は、良心のゆえに投獄と拷問に耐え、しかし、彼はまた、単純に戦争に反対することではなく、戦争と平和の問題を解決するのは戦争そのものではないだろうと主張した。経済問題という条件を抜いて実際の戦争を処理するなら、わたしたちは、平和な世界を築く試みに失敗するだろう。一つの道は、賀川が改革された経済体制と見たもので、個人の利益よりも愛を基盤とした協同組合を通して示された。このために、賀川は、彼の生涯の努力の多くを、協同組合運動を促進することに注いだ。その運動を農民、労働者、消費者の間で、信用組合を通じて進めた。彼はまた、日本の社会主義政党の創設を助けた。その活動を通じて、賀川が示したのは、平和の働きのためには、わたしたちもまた、経済と政治の両方の課題に関わらなければならないだろうということだ。

飛行機がニューヨークで国際貿易センターのツインタワーに飛び込んだ後、報道の中で、小さな少女がお母さんに、「どうして、あの人たちはわたしたちが嫌いなの?」と聞いていた。これが、おそらくもっとも的をえた、わたしたちが問うべき問いだろう。偶然ではなく、テロリストたちは、貿易センターを第一の標的に選んだ。北と南の間にある経済格差の広がりにより、また、多国籍企業を基盤にした、主には米国による第三世界諸国に蔓延する搾取によって、北の豊かな国々は憎悪されるようになった。憎悪はテロリズムを生じ、テロリズムはテロリズムを増強した。反体制派のテロリズムが、アフガニスタンで、かつてよりも残忍なテロリスト戦争を導いた。

その戦争は、二〇〇一年に米国と英国やカナダのような米国追従の諸国によって始められた。

わたしたちは、世界貿易センターの攻撃の犠牲者家族が直面した精神的打撃が分かる。しかし、どうして、アフガニスタン人家族の痛みを感じられないのだろうか。愛する者を失ったというのに？　軍事行動もまたテロリズムの行動ではないのか？

この本〔原著作〕の刊行を予定している二〇〇三年五月末に、米国、英国、その他の数か国が、ちょうどイラク占領を始めた。すでに明らかにされたのは、侵略を正当化するのに用いられたテロリズムと大量破壊兵器についての宣伝が、どちらもごまかしだったことだ。

戦争の脅威は、グローバルな平和運動に衝撃を与えて、世界中で何百万人もが抗議デモや活動で結びついた。ピーターボローと地区の平和活動者の連合は、その行動の一部をなし、百人以上が毎週土曜日の午後に集まって、街頭デモをして、反戦歌を歌い、嘆願書に署名し、カナダ政府にあててイラクの民衆に対する戦争に加担しないように要求する手紙を書いた。これは、米国指導者からの強大な圧力にもかかわらず、戦争への直接の加担からカナダを守る努力だった。

カワーサ・プラウシェアズ平和グループは、この連合の主な指導団体のひとつだった。これが、三年間を超えた毎週の平和的な抗議集会の最高潮で、地方選出の連邦議会議員事務所の前で制裁措置に抗議したものだ。その制裁は、イラクで百五十万人を超える死者の原因になった。連邦下院議員ピーター・アダムスは、議会にわたしたちのメッセージを伝え続けることを助けてくれた。

主要教派の教会指導者たちは、戦争に反対する強い声明や政府への働きかけを行ったけれども、残念なことに、同じことは、多くの各地の教職者や会衆に語られなかった。多くがたしかに平和のために祈った。しかし、戦争賛成の立場をとった会衆を遠ざけることを恐れたように思える。ほんの少しの教職者が抗議と平和集会に参加した。いまだ、たくさんの平和教育が、戦争をすることは、けっして平和をもたらさないという街頭行動のために必要とされる。わたしたちは、非暴力的な戦略を展開するためにもっと頑張って活動しなければならない。平和に導くことができる戦略の展開のためだ。フェアバアン、フィンレイ、賀川は、いまも多くのことをわたしたちに教えている。真の安全保障は、すべての人々がその権利と基本的必要を保証される時にだけ、達成することができる。

正義

正義なしに平和はない。正義の追求は聖書の主要なテーマだ。預言者ミカの第六章八節の言葉で実例が示される。「主が何をお前に求めておられるかは、お前に告げられている。正義を行い、慈しみを愛し、へりくだって神と共に歩むこと、これである」。

わたしが社会の不正義にはっきりと気づかされたのは、日系カナダ人に対する残酷で不正な取り扱いを見た時のことだ。第二次世界大戦が勃発した時、ジム・フィンレイの指導に従って、わたしは、仲間であるカナダ人の支援に身を投じた。その仲間は、ただ人種を理由にして収容所に入れられた。

差別された日系カナダ人と一緒に働く体験は、人種主義と他国民への迫害に反対するわたしの感性を鋭くした。マーティン・ルーサー・キング・ジュニアとジェームス・コーンは、黒人アメリカ人の正義のための闘いを紹介した。宮島利光は、その著『チキサニの大地』で、アイヌ民族に対する日本人の迫害を、いっそうよく理解させてくれた。彼らの洞察は、わたしがどの形態の人種主義にも、人間を傷つけるいかなる国においても、反対して闘うための備えになった。

二〇〇二年七月、カナダ先住民市民会議の全国代表マシュー・クーン・カムは、「先住民族市民統治法」のためのカナダ連邦政府の提案の写しをテレビで引き裂いて見せた。連邦政府は、先住民族に関する政府委員会の一九九六年包括報告を無視した。その報告は、本来的に備わっている自治政府の権利を語っていた。その権利はカナダ先住民族が、先住民市民内部の問題に関して、自分たち自身の主導で法律を作ることを認めるものだ。そのことに連邦政府の承認は必要なかった。マシュー・クーン・カムとその他の先住民族の首長たちが、連邦政府の行為によって激怒したのは、驚くべきことではない。

先住民市民会議は、多様性と社会正義の価値を信じるすべてのカナダ人に、この法律を拒否するように呼びかけた。この政府の要求は、その他にもまだある見え透いた不正義の一例だ。カナダの諸教会は猛烈に反対する必要がある。同時に、先住民に最大限の支援を与えることだ。先住権の完全な承認のためのその闘いにおける支援である。正義なしに、自分の故国としてカナダに受け入れられたわたしたちと、カナダの先住民族たちとの間に、平和はあり得ない。

愛

愛がなければ、正義も平和もあり得ない。愛が、世界の平和と正義のためのわたしたちの努力に、しっかりした基礎を与えなければならない。愛は、聖書の抜きんでたテーマだ。愛は、またカナダでも日本でも、わたしの恩師たちの生涯と働きを支えていた。賀川豊彦は著書『愛の科学』で、「生命の動力」として愛を定義している。彼自身の生涯は愛の動機を示していた。彼は愛の動機で、進んで神戸の貧民街に暮らし、彼の乏しい生計を道端にたたずむ人々と分かち合った。

マタイによる福音書五章四三節～四五節で、イエスは、わたしたちに愛と平和の間の緊密な関わりを示した。それは、彼が、「敵を愛し、自分を迫害する者のために祈りなさい。あなたがたの天の父の子となるためである」と言う時だ。わたしにとって、「神は愛」と「愛は神」とは、同意語反復以上のことだ。それは、神が知られるようになった道を記述している。神はけっして定義されない。愛の行為を通じてだけ神の愛を例証できる。日本の多くのわたしの同労者たちは、このような自分を与える愛を示した。アルフレッド・ストーンの生涯と死や、士別と和寒の教会で自分を与える奉仕をした細海光子、名寄教会の女性信徒の塩見さんの人知れずに担った働きを思い出すだけでいいだろう。それらの人々は、行動の中に愛を認め、神の本質と存在を照らし出した。世界の中でのわたしたちの平和と正義の働きは、いつでも、すべての神の民にとって、愛によって、しっかりした基礎を与えられなければならない。

聖書の役割

聖書は、わたしの信仰の中心に常にあった。しかし、わたしは、聖書にどちらとも決めかねる深い思いもまた感じていた。わたしが感謝するのは、人生の早いうちに、エディス・フェアバアンとノースロップ・フライが、わたしを聖書のテキストを文字通りに解釈するアプローチから解放してくれたことだ。彼らがわたしを助けてくれたのは、わたしが、聖書の中に豊かなものがあるのを知ることだった。聖書には、種々の物語が書かれた、ある時代の偏見と倫理的慣習が、しばしば表れている。そこを割り引いて考えなければいけない。その多くは、家父長主義的、性差別的、君主制的だ。旧約聖書のある個所は、復讐を正当化し、戦争を賛美する。新約聖書のある個所は、反ユダヤ主義に解釈される。しかし、聖書を全体的に通じて、愛、正義、平和という中心的テーマが繰り返されている。それは、聖書のメッセージに、割り引くことのできない真正性を与える。

ノースロップ・フライは、わたしが、神話や隠喩を通した解釈の意味を手がかりに、文字通りのテキストを超えて行くのを助けた。学生キリスト者運動の小さな研究グループの一員だった頃、彼の研究室に座って、聖書で繰り返される神話や隠喩を追跡調査した。わたしたちは、聖書を散文というより詩文として見始めた。聖書が偉大な文学書であることを認識すると同時に、それは偉大な文学書以上のものだということも分かった。聖書の神話と隠喩は、わたしたちを生かす言葉となった。それらの言葉は、わたしたちのためにだけ作用したのではなく、むしろ、視野を広げて、他者への洞察に進みたいと願うように導いた。

わたしは、信仰の糧をもっぱら預言書、福音書、詩編の中に見いだしてきた。わたしたちがイエスの人格と教えに知り得ることは、倣うに値する人生の道を指し示されることだ。この世の悪魔に対する彼の応答や、迫害の下で復讐を追い求めるよりむしろ苦難に備えた心構えは、ひとつの原型なのだ。後に従うのは難しいけれども、たしかに、わたしが努めるための目標だ。わたしは、「神の子」、あるいは「世の救い主」としてだけのイエスについての聖書の主張を受け入れられない。イエス自身が、もっぱら「人の子」としての自分について言及した。イエスが持っていた期待は、わたしたちのすべてが、神の子になることだ。彼が言うのは、神の霊は、慈悲、共感、赦し、分かち合い、正義のために働くこと、平和のために働くこと、それらの人間的な相互の交わりの中に明らかに存在するということだ。わたしたちが、それらのことを行うとき、神の霊はわたしたちの中にいる。イエスはさらに言う。クリスチャンだけでなく、神の霊はすべての人を通して働く。愛、喜び、正義、平和が明らかなところはどこであっても、そこに神がおられる。

フライが言うのは、福音は神話の形式の中でイエスの生命をわたしたちに与える。文字通りに受けとるのではない、しかし、「従って生きるための神話として」受けとるということだ。その理由で、わたしたちは、イエスの誕生と復活の物語の中心的なメッセージを保持することができる。これらの「神話的」物語は、わたしたちの再生の可能性を指し示す。それは、新しい生の方向を受けとるように、そして、平安と共に死に直面することを学ぶように指し示す。わたしたちは神の愛を体験し、その大いなることを知ることで、恐れることは何もない。未来に待ち受ける何ごとも恐れない。

教会の的外れ

多くの教会は、教会員をとても良く牧会し、新会員とも親しく交流しているにもかかわらず、大抵の場合、世界に深く関わるということについては、的を外している。それは、あたかも、教会の人々が、温かな覆いの内側で幸せに暮らし、自分たちを取り囲む世界の危険やストレスから守られていたいと願っているかのようである。しかしながら、わたしたちは自分たちに問うてみる必要がある。その忠実な働きは、福音がわたしたちを招いているもっとも重要な宣教の使命なのか?

J・C・ホーケンダイクがわたしたちに気づかせたのは、教会中心的な宣教思想は、軌道を外れた中心の周りをまわっているという事実だ。これと反対に、世界と神の国が、わたしたちの宣教の神学の中心でなければならない。これは、神の国運動における賀川豊彦の神学と実践だった。その運動は、日本社会のほぼすべてのそれぞれの分野の実際的な必要に仕えることを求めた。これは木俣敏の助言でもあった。その時、木俣が言及したのは、ほとんどの日本の教会が、「都会の現代的生活のアクセサリーとしてそれぞれの地域共同体を飾る切り花」以上のものではないということだ。彼が加えて言ったのは、教会は、その地域社会の日常生活に深く根を下ろさなければ、成功できないということだ。木俣の助言に従って、道北センターは、地域社会の現場での活動を展開した。それは諸教会の壁を越えた。とくに農村青年と共にセンターの活動を行った。

カナダにもどった時に、わたしが気づいたのは、多くの教会が、同様に自分本位の奉仕の罠に捕らえられていたことだ。それは、自分自身の必要と欲求を第一に牧会することだ。教会を取り囲む社会が必要を叫んでいることや、世界の貧困と戦争の問題に関わることなしにそうしている。二つの実例が心に浮かぶ。ひとつは、地域共同体の関わり、もう一つは国際的な課題のことだ。

一つ目として、合同教会ピーターボロー中会の中で、とても活動的な宣教委員会は、各地の地域社会のもっとも急を要する幾つかの課題で行動を共にするように努力していた。委員会は、教会が注意を払うべきだと感じた三つの優先的課題への取り組みを共に行った。その課題とは、手ごろな価格の住宅がとても不足していること、精神病者の困り事に答えること、刑法裁判制度に再審裁判を可能にする修復的司法だ。宣教活動支援の協議会が、地区の幾つかの場所で開かれ、それぞれの協議会のために、三ないし四つの教会をグループにした。協議会は、それぞれの課題について有識の発表者を用意し、とても良い討論の機会だったにもかかわらず、聴衆はとてもお粗末だった。論じられたすべての課題は、地域社会全体にとって非常に関連性の高いものだったが、教会員たちは、それらの課題について聴くための準備がなかったようだ。その課題について、何か行動を起こすとは、考えられなかった。

二つ目として、国際的な課題に関する実例は、イラクの人々に対する抑圧的な貿易制裁措置の影響に関係していた。わたしもメンバーだった、カナダ合同教会世界宣教部委員会が、ベイ・オブ・クインティー教区総会に、

「カナダ政府が、国連への影響力を用いて、イラクの人々に対する制裁措置を解除するための決議案」を提案した、この教区は、オンタリオ州東部の諸教会からの五百名を超える代表で構成されていた。その総会決議は、優先されなかったし、時間不足だから後で考慮するということになり、執行部に付託された。執行部は協議し、情報不足のために決断ができないと決定した。この決議案について、教区総会で再度協議され、可決するのに一年間かかった。それから総会決議は連邦政府と各地の教会に送られたが、制裁措置の解除という問題を優先してとりあげた教会があったという話は、聞かなかった。

合同教会議長としての三年間に、ビル・フィップス牧師は、英雄的な努力で、教会がその責任に目覚めるように試みた。それは、カナダと世界で富む者と貧しい者との間で拡大している格差の問題を扱う責任だ。大胆に語りかけながら、カナダを横断して諸教会を旅して、諸教会に「道徳経済」の研修会を地域共同体の中に組織するように促した。わたしは、カナダ全土の教会でこの課題を学ぶという挑戦をどう受けとめたのかは知らない。しかし、ピーターボロー中会の一つの教会だけは、道徳経済研修会を開いた。悲しいことだが、大半の教会は正義、平和、愛の課題をなおざりにした。それこそが聖書のメッセージの中心であるのに。

教会は組織なのか、それとも旅する共同体なのか?

わたしは、いつも、組織制度としての教会を受け入れるのに困難を覚えた。わたしが教会の牧師になることが嫌だった一つの理由は、わたしが制度的教会の偽善に目覚めて苦しんだからだ。第二次世界大戦に反対する立場をとることに教会は怠慢だったので、エディス・フェアバアンは、すべての教会は「背信者」であると告発した。彼は、「背信者」をその土台から離れ、相応しい基準に従っていないこととして定義した。彼の著書『背信のキリスト教（*Apostate Christendom*）』で彼は述べている。

初期キリスト教徒の共同体の持つ本物の衝撃とは、直感的に自ら二つの具体的な抵抗をはっきり示したことだ。それは、金の支配に対する抵抗と、戦争への従軍に対する抵抗だ。現代のキリスト教徒は、自ら進んで戦の神マルスと金の神マンモンの戦車につながれることを許してしまう。

教会内で、いまもカナダの軍備増強と戦争参加に対する反対の意見を堂々と語っている人がいるけれども、全体としての教会は残念ながら沈黙している。クリスチャンが経済システムに反対の声を叫び、変革をもたらすことを追求するとき、多くの教会がその抗議を支援しない。経済問題は「政治的過ぎる」と言う。フェアバアンが制度的教会を背信者として記述したことは、まさにわたし自身の体験だった。大半の教会は「土台を離れていた」。

信徒の役割についてのわたしの研究もまた、わたしの思想に重要な影響を持った。わたしは、内村鑑三の著作に感銘を受けた。彼は、日本の「無教会」運動の創設者だ。内村は強調して語っている。

教会主義から自由な教会——友愛であって制度ではなく——魂の自由な親交であって組織や機関ではなく——イエス・キリストを除いて誰のことも監督や牧師と呼ばない、教会なきキリスト教。

「教会なきキリスト教」という彼の考えは、実現が難しいかもしれない。いつでも指導者は必要だろう。しかし、「教会主義」を教会から取り除くことを彼が必要としたことは、依然として意味がある。問うべきは、わたしたちがほんとうに欲する指導性とはどのようなものかということだ。すべてのクリスチャンが職務や教会の主要な働きを担い、それぞれのクリスチャンの職務を同じものと見なし、その職務を果たすのを手助けするべきではないのか？　聖職者の白いカラー、教会の式服、聖職者の称号、それらに何の場所があるのか？　それらは、教会の中で、聖職者と信徒の間の秩序という壁をまさに築いているのではないか？　わたしたちは、聖霊の賜物を実現することを、とくに愛と謙虚の賜物を、わたしたちの指導者にむしろ期待するべきではないのか？

ほとんどの教派の中の不平等が明らかになるもう一つの場は、全国規模の教会組織の官僚制だ。たとえば、合同教会は、大規模な組織再編の過程を、ちょうど終わったところだ（二〇〇〇年～二〇〇一年）。残念なことに、それは企業のモデルに従って組織再編された。その再編は、経営層と労働者・事務員組織によって補償額にかなりの差があった。

幾つかの教会や地域社会組織は、プレイリー・クリスチャン・トレーニングセンターのスタッフを含め、協同組合モデルを試みた。わたしは、企業モデルに慣れている社会の中で、共同組合モデルを維持するのは難しいであろうと、認めないわけではない。しかし、もし、教会が本当に平等な共同体であるとするならば、わたしたちの理想に一致する教会機構のために努力するべきではないのだろうか？

事実、以前教会員で、教会に幻滅を感じた多くの人々は、みな教会を離れた。他の人々、わたし自身のような者たちは、やはり不満はあったけれども、くじけずにがんばって、教会の中で変革をもたらそうと試みている。しかし、感じるところとしては、いっそう異国の中にいるようで、帰属を持たない人のようだ。しかしながら、多くの人が制度的教会を離れても、これは、その人々が、霊性や人生の新たな意味の探求を捨てたということではない。わたしたちは、充足と新たな方向を見いだすのに、どこに行けるのだろうか？新しい道を見いだすために、教会の構造と過去の信仰を批判することが必要だ。そうすることで、わたしたちは、危なげなく捨てられるものと、保持するべきものとが、いっそうはっきり分かる。

多くの人々が、究極的かつ決定的な答えを探しているところだ。それが、ある人々が根本主義の教会に魅かれる一つの理由だ。これらの教会は、お定まりの宗教の類だ。それはお定まりの救済を提供し、もし、人がお定まりの教義一式をただ信じ、お定まりの価値一式を実行するならば、それに与る。それらの宗教は、天国、あるいは、人生の終わりの至福の境地を約束して、「来世の空の上のお菓子〔絵に描いた餅〕」の信仰の類を提供する。

わたし自身の経験と学びで、わたしが信じないのは、わたしたちは、いつも確実性を持って生きることができるということだ。わたしたちは、常に、追求し、探求し、変化し、成長し続けなくてはならない。もし、わたしが身動きせずに立っていようとすれば、わたしは停滞する。わたしたちは、自分たち自身にも他の人にも言わなければならない。「ここは、わたしが、いま信仰の旅で歩んでいるところです。わたしは、いま持っている知によって行動しています。もし、わたしが間違っていると分かったら、誤りを認めて、新しい洞察を得ようと進み続けます」。

わたしの探求に意味あるものとして、ディアマッド・オマフの著作に非常に多くの助けを見いだした。彼は、カウンセラー、そして社会心理学者として英国で働いている。彼の著書、『放浪の宗教（*Religion in Exile*）』で、彼は制度的教会に幻滅し、新しい形の霊性の探求を育んだことを述べる。それをキリスト教的伝統とその外部の伝統の双方から育んだ。彼は宗教と霊性との間にある隔たりを指摘した。数多くの文化や階級の出身の人々に出会い、それらの人々は、特定の宗教を持たないが、しかし、その生活は、明らかに聖なるものの感覚に接していたと指摘した。

オマフの主要な論議が関わっているのは、クリスチャンの宗教のみならず、世界の大部分の宗教が、致命的欠陥として、それらが家父長制に依存していることだ。彼は、わたしたちは家父長制を超えて行かなくてはならないと見る。霊的存在としての自分たち自身を認識することによって超えて行くのだ。わたしたちは、霊的に高められた世界に帰属する存在だ。これは創造の霊性の基礎だ。その霊性は神を創造者として見て、わたしたちを神との共同創造者と見なす。お互いの中に生きて働く神の霊というこの思想は、霊感を受けた教師とか家父長への依存から、わたしたちを解き放す。この思想は、魂を自由にし、究極の真理を見いだす。真理は、教師や政治家や聖職者にあるのではなく、むしろわたしたち自身の心にある。これは、多くの人にとってとても驚愕すべきことだろう。それは大きな責任を、真理を探究する中で、一人の人格の肩に負わせるのだから。しかし、もし、わたしたちの信仰に存在意義がまだ残っているのなら、それは採らなければならないリスクだ。

その発見の旅は、オマフが記述したように、わたしたちが、創造へのわたしたちの参与、関係性の動物というわたしたちの根本的性格、協働創造の神の力に対するわたしたちの信仰を取りもどすのを助ける。もし、わたしたちが、神は、地上に人類が存在した最初期から人類に関わりを持っていたと理解するなら、当然にも、真の受肉は、神がわたしたちと共にあるという意味で、その時期に起こっている。そして、イエスにおいて受肉したものとして神を神学的に考えることは必要がなくなるのが当然の結論だ。イエスにおける神の受肉という神話はすべて、幾つかの空想的な神学上の推論に導く。たとえば、三つの位格における神、世の罪を取り除く贖罪的犠牲としてのイエスの役割などだ。

イエスにおける神の受肉の教理を拒否することは、イエスの生涯と死の中に、神の愛のユニークな啓示を、わたしたちの人生の原型になり得るものとして見るのを妨げるものではない。現代神学者のジョン・ドミニク・クロッサンが主張するのは、イエスの死は、強固な預言者的立ち方によって招いた政治的出来事として考えるべきだということだ。預言者的立ち方とは、イエスが人間性を代表することを受け入れたことだ。この光の中でイエスの死を見ることで、わたしたちは、イエスの預言者的使命のうちに彼に従う挑戦をうける。この解釈は、わたしに強力なアッピールを与えた。イエスがわたしの信仰と生活の中に持つべき場を、わたしが見いだすべく闘うようにというアッピールだ。

わたしたちは、イエスの教えの中心が何かを発見するために福音書を調べる時、イエスの熱情と確信となった展望は、バシレイアにあると分かる。バシレイアは、神の王国（Kingdom of God）とか神の統治（Reign of God）と訳されるが、わたしはオマフが好んで呼んだように、神の同胞の国（Kindom of God）という訳語の方がとてもピッタリすると思う。これなら、王制主義者や王制的なものを含意した信仰共同体に強調点を置くことを避けられるからだ。

イエスの神の国が重要であることの現れとして、この用語は百四十回、四福音書に見られる。イエスが、その言葉を通して密かに告げようとし、神の国について教えたようとしたこと、それらすべてを要約することは、ほとんどできない。しかし、根本的に、わたしは、それらの中に変革の進行のためにすべての責任を受け入れるという挑戦を見る。その変革は、イエスに始まりイエスを通して進み、わたしたち自身を世界秩序の建設に引き渡すのだ。その世界秩序は、正しい関係の同胞の国を建設することであり、それは正義と愛と平和を土台にする。たしかに、エディス・フェアバアン、ジェームス・フィンレイ、賀川豊彦の生涯と宣教において、同胞の国のメッセージは、中軸をなし、彼らは、その中心性を正義と愛と平和のための彼ら自身の生涯の証しとして表現した。

同胞の国の神学（kindom theology）を実践の中に置く

ピーターボローでの引退生活以来、わたしは、意図して、わたしのボランティア活動のほとんどのエネルギーを地域社会に注いで、教会関係の活動には注ごうとはしなかった。わたしはこのことを一つの義務と見なした。もし、わたしが宣教の神学を実践するべきならば、それは、世界に関わることであって教会に関わることではない。それは、イエスの宣教の中心と同様である。わたしが教会で行ったボランティア活動とは、世界宣教部委員会と「グローバル正義のための十日間」への参加を通してのもので、教会の世界宣教をよりいっそう全面的に覚醒しようとするのが目的だった。しかしながら、わたしは時々、まるでこのメッセージが無視されているように感じた。

わたしがピーターボロー地区に引っ越して間もなく、ピーターボロー地区労働協議会の代表ディーン・シューリングが、昼の集会を一九九一年〜一九九二年の時期に組織していた。目的は、労働協議会が、地域社会全体の直面している課題にもっと気づいて関わりをつくることだった。わたしはこれらの集会に参加し、一九九二年の集会の一つに、わたしたちは、オンタリオ社会正義連合のメンバーのメリー・アン・オコーナーを特別講師として招こうと、それとなく言った。彼女は、地元の社会正義の連合が、社会正義への関心をまとめるために必要だと語った。この提案の結果として、地域研修会が、「ピーターボロー社会正義連合」に向けた活動の目的で計画された。

この研修会は、広く多様な地域団体の代表を含んでいたが、社会正義連合の形成に賛成し、その団体の社会正義の優先を確認した。わたしは、共同議長に選ばれた。ケイト・エイッコーンが、その他の共同議長の一人に選ばれた。彼女はトレント大学の女性学研究の学生だった。その後の共同議長は、オンタリオ公益調査グループの主事のジル・リッチーとマーニー・イーブスだった。オンタリオ公益調査グループとのつながりは重要で、それはトレント大学の学生社会活動だった時からのことだ。これは、町での社会活動と大学キャンパスでの社会活動をつなぐのを助けた。運営委員会は、グループの声明を作成し、次のように書いた。

> ピーターボロー社会正義連合は、広範な基盤を持つ社会活動のグループであり、それらのグループは、わたしたちの地域社会における正義と平等をめざして働くことに関わっている。それが貢献するのは、社会的かつ経済的政策を唱道することである。その政策は、完全な雇用と適正な社会福祉に導くものである。それはまた、質の高い教育、保健医療へのすべての人のアクセス、老齢年金の向上、環境保全、女性の平等な権利をめざして働くことに関わっている。

連合の最初の大きな行動は、北米自由貿易協定（ＮＡＦＴＡ）に反対する街頭劇場の準備だった。上演は、最初はピーターボローの公園で、次にオタワの全国集会だった。数台のバスいっぱいの連合からの人々が、ピーターボロー労働協議会と他の地域の団体が、オタワ集会に参加した。

連合は共同主催者だったので、ピーターボロー労働協議会と協力して、一九九六年六月二四日の地域行動の日にオンタリオ州政府の政策に反対した。それらの政策は、社会的セーフティネットを破壊し、教育の質を落とし、労働組合の活動を誹謗するものであった。数千人の人々が野外集会に参加した。

数年間にわたり、連合は、広範で多様性に富んだ市民集会や地域社会活動を主催した。そのほんの二、三にだけ言及しておく。一九九七年秋のピーターボロー市会議員選挙の前に、一つの催しが開かれて、国際貧困根絶日を覚えた。その催しで、連合は人々が貧困を体験するのに無料のランチを提供し、市議会議員立候補者を招待した。この食事の間に、富の分配の偏りについて痛烈な風刺劇を上演した。続いて政治家との対話の機会をもった。市長のシルビア・サザーランドが、後に言ったのは、この催しが彼女の就任期間に、その優先順位を変えたということだ。

一九九八年一月に、連合は、一日がかりの「討論集会」を多国間投資協定（ＭＡＩ）のテーマで催し、トニー・クラークが講演した。連合は、また、毎年の研修会を主導し、研修会で連邦予算と州予算の両方の立案を同時にするための予算代案について学んだ。

連合は、さらに、他の地域団体によって主催された市民行事を積極的に支援した。たとえば、ピーターボロー社会計画協議会によって、子どもの貧困に立ち向かう活動、「今日の活動のための教育」が支援した「教育費削減についての市民研修会」などだ。連合のメンバーは、さらに今日的課題について地方紙に多数の「投書」を書いてきた。連合がもっとも成功をおさめてきたのは、広範で多様性に富んだ地域団体を、わたしたちすべてに影響する課題に関する活動のために、連帯させるという目標を果たしたことだ。

五年間、わたしは、カワーサ世界問題センター委員会に奉仕した。委員会は世界の問題に関して、学校や大学や地域社会で市民教育を行った。わたしは、さらに五年間ピーターボロー社会計画協議会のメンバーになって奉仕した。メンバーになったことを通して、委員たちが食糧保障や適正価格の住宅の不足の問題を扱うのに加わった。

わたしは、地域社会から認められることを期待したのではなかったけれども、わたしが地域社会で担った奉仕活動は、報われなかったわけではなかった。二〇〇〇年六月、わたしは、ピーターボロー市によって、その年のボランティアとして功労章を授与された。二〇〇一年に、わたしは、ピーターボロー地区労働協議会から地域社会奉仕に対する記念額で表彰された。二〇〇二年六月、わたしは、名誉の殿堂入りをし、「地域社会のサマリア人」として、デル・クレーリ公園の散歩道にわたしの名前が標識に刻まれた。この最後の賞の際に、わたしは、わたしが奉仕した地域団体のなかで感じたことを述べた。それは、わたしは、よりたくさんのことをそこでなし得た。わたしがそこでなし得る以上のことだったということだ。わたしが強く勧めたのは、他の人たちが、わたしたちすべてに影響のある社会正義の課題に関わり、それに加わることでもたらされる喜びを得てほしいということだ。

癌との闘い

一九九九年一〇月五日に、慣例の胸部レントゲンの検診をして、わたしの肺に病害が見つかった。生検の後で、それらは非ホジキンス腫瘍と確認された。細胞をリンパ腫がおおっていた。おおわれた細胞は、軽度のリンパ腫であると考えられ、進行は遅かったが、切除はほぼ不可能だった。

この告知はシーラとわたし自身に大きなショックとなった。最初、わたしは、自分自身の死を免れないことについて深刻に考えた。しかし、パニックにはならなかった。シーラとわたしは、わたしたちの自由にやれる方法で癌と闘うと決めた。わたしたちは、食餌療法による代替治療の情報を得た。それは、健康全般を増進して、免疫システムを強化するものだ。医師で、わたしの兄弟でもあるモーリスが、わたしたちに多くの有益な情報を送ってくれた。

次の二年半の間、わたしは低用量の化学療法コースに二〇〇〇年から通った。化学療法の新薬、リツキサンの点滴を、二〇〇一年春に受けた。これらはある程度の好ましい効果をあげた。しかし、癌を取り除くことはなかった。二〇〇二年の冬、一連の放射線治療が呼吸困難を大いに取り除いた。わたしは、さらに酸素吸入の治療も受けた。

この厳しい試練を通して、何が、わたしの心理的、そして霊的な応答になっただろうか？　心理的には、わたしはとても欲求不満を感じていた。わたしが当たり前にできていたことの多くができなくなっていた点だ。これは、わたしが広い庭の中に行きたいと思った時にはっきり分かった。わたしは、きつい仕事が何もできないと気づいた。高校生の手伝いによって、庭の作物を得ることができた。シーラもまた、以前よりさらにたくさん働いた。とくに花壇で働いた。わたしが心配になったのは、わたしが家の周囲の仕事が分担できないことや、シーラにとても負担がかかっていることだった。わたしは、シーラがわたしに与えてくれている多大な支えに感謝している。わたしは、また、わたしの家族や地域の多くの人々の愛と支えに感謝している。現在、二〇〇三年三月、わたしの癌専門医が言うところでは、癌はとてもゆっくり広がっているが、治癒の見通しはない。わたしたちは、癌との闘いを続けるが、病状の進行をとどめられるという保証はない。しかしなお、わたしたちは、希望を捨てていない。

霊的には、わたしは、なにが起ころうとも、それに備えていると思う。わたしは、死を恐れてはいない。可能なかぎり長く生きたいと願うにしてもだ。地域社会でも、世界でも、もっとしたいことはある。平和のために働くことだ。わたしは、ひとつの目的を見いだしたが、それは「教会教を越える」ことを終わらせるために働くことだ。もし、それが平和と正義のために働く他の人々の信仰と意志を強めるのに、何ほどか用いられるならば、わたしは満足を得られるだろう。

わたしは、心から信じている。愛のゆえに、わたしは、愛の神はどんな環境であっても現臨していると知っている。わたしは、死後の「天国」という保証は必要ないが、心から信じるのは、わたしたちの霊が、この世界で、他の人々の中に生き続けることだ。

わたしは感謝をささげる。わたしは、充実した実りある人生を得た。わたしは、二人のわたしの兄弟、モーリスとラルフの愛と支えによって祝福されてきた。デニス、ピーター、スーザンは、それぞれが充実した仕事を見つけた。大切な社会正義の広がりを伴った仕事だ。わたしの九人の孫たちは、それぞれの歩みで、人間性と自分たちの生きる世界への関心を示し始めている。とりわけ、わたしはドリーンとシーラの包み込む愛、惜しみなく与えた支えと励ましに感謝する。これ以上、わたしは、何を求めることがあろうか?

フロイド、孫のハンナとナオミと共に

孫のハンナとナオミと遊ぶフロイド

原著あとがき

非ホジキンスリンパ腫との長い闘いの後、わたしの父、フロイド・ハウレットは、二〇〇三年六月二八日に亡くなりました。わが家で、愛する家族と友人たちに囲まれながら。

この本の企画で、わたしの父と一緒に仕事ができたのは、ほんとうに賜物でした。三年間以上、父は各章の原稿を書き、わたしたちは書いたものについて話し合いました。その過程を通じて、わたしは、父の生涯と信仰の旅について、いっそう深い理解を得ただけでなく、わたし自身の政治的かつ信仰的な確信の多くが、どこに由来するのかを発見しました。わたしの父は、優しくて情熱的で、しかし、毅然としてもいました。彼は継続して正義の権利のために働く活動をし、最後にまで至りました。たとえ、一、二ブロック歩くためだけでも、平和行進にでかけました。父が亡くなる前の日曜日、聖書研究の話し合いを指導して強く訴えました。それは、「アファーム」の集会で、テーマは和解でした。そして、彼はこの本を書き上げることを決心しました。亡くなる前の週、わたしたちは、出版社から受け取った編集原稿を読み直しながら、長い週末を過ごすことができました。父はこの本の発刊に立ち会うことはできませんでしたが、完成間近の原稿レイアウトを見ることができました。

この本によって、読者が、平和と正義の働きや、文化や宗教間の理解を続ける道へと導かれることを願っています。それは、わたしの父にとって生涯を通して大切なものでした。そして、わたしは祈ります。この本が、教会の刷新のための闘いに寄与するものであるように。また、この本によって、読者が、自分を守ることよりも、世界の中で愛と平和と正義への呼びかけの証人であることを願うようになるようにと。

デニス・ハウレット

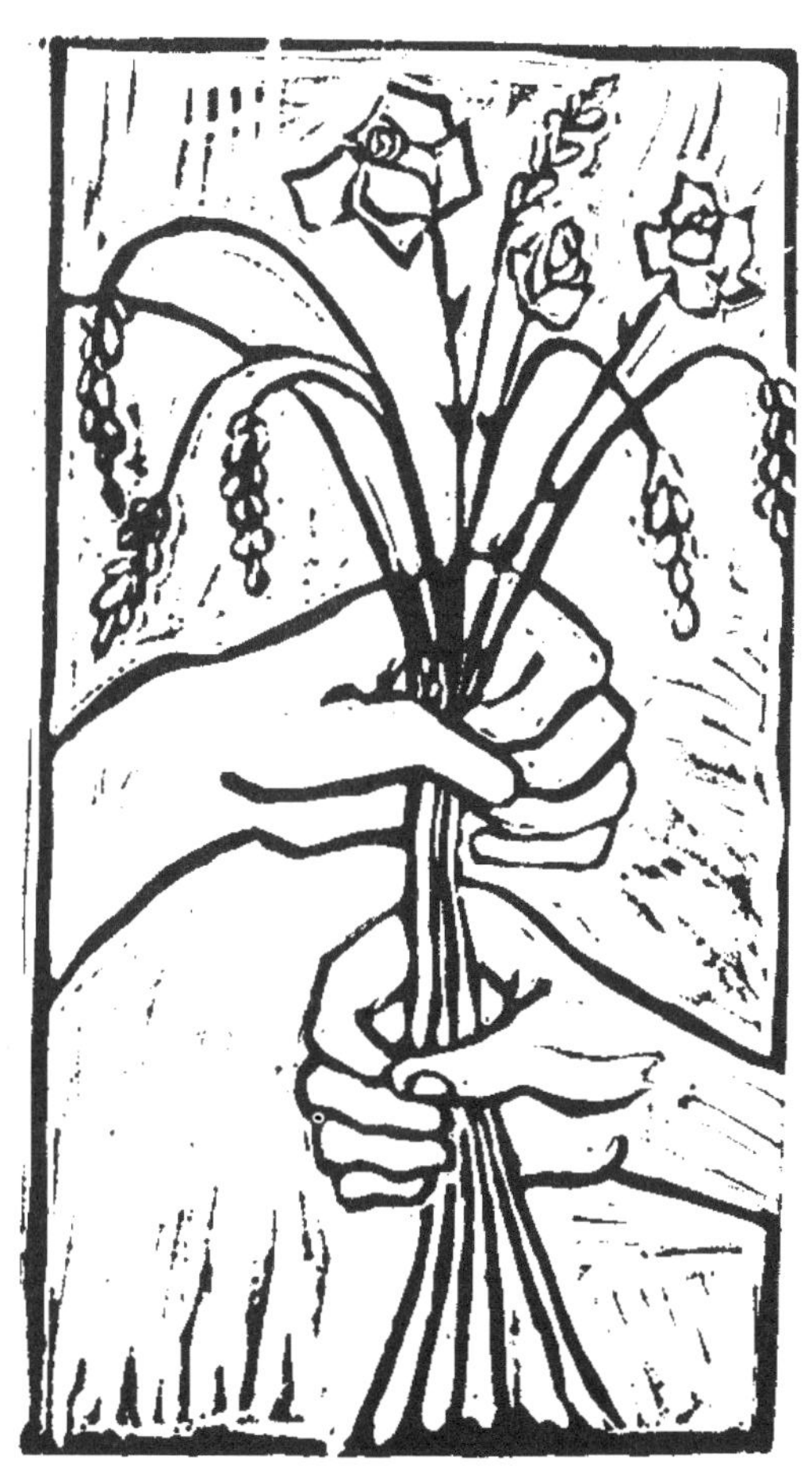

「パンとバラ（Bread and Roses）」
スーザン・ハウレットのエッチング作品

訳者あとがき

本書の原著は、Floyd Howlett, *BEYOND CHURCHIANITY, Insight from Japan for a World-Changing Christianity*, Hybrid Publishing Co-op Ltd., Winnipeg, Canada, 2003. である。本書はその全訳である。著者フロイド・ハウレット（一九二一年〜二〇〇三年）は、日本基督教団との協定に基づいて、カナダ合同教会の宣教師として、同じく宣教師である妻ドリーン（一九二〇年〜一九九二年）とともに来日し、一九五一年〜一九八一年まで日本宣教に従った。カナダ帰国後は、カナダ国内の幾つかの地で、宣教活動を続けて活躍し、ドリーンは一九九二年五月二九日、フロイドは二〇〇三年六月二八日に、それぞれの生涯を終わった。

二人は、来日当初、およそ二年間の東京での語学研修を除けば、そのほぼすべての時を、北海道北部の主要な地方都市である名寄市に居を構えて、名寄市はもとより、道北地方のほぼすべての日本基督教団の教会、伝道所を支援し、日本人教師や教会員たちと宣教活動にあたった。さらに名寄市の道北クリスチャンセンターの創立と運営に中心となって働いた。

その活動は、従来の伝道観の枠を超えて、地域社会の文化事業、市民教育、市民運動、市民外交などの多岐にわたった。さらに、特筆すべきは、広く道北の農民と農村の育成に関わる様々な課題を積極的に担おうとして働いたことである。二人の三十年間あまりの宣教は、名寄と道北の地に根をおろし、地域に密着しながら、視野は日本全国にも及んでいた。その宣教の在り方は、確実に次代に継承され、その事業と活動は現在にまで及んでいる。それらの内容は、著者の本文によって、直接に読み知っていただきたい。

本書の大きな特色として、それがフロイドの「和解をもとめて冒険する信仰の旅」の記録でもあることをあげておきたい。彼は、その青年期から、自らの信仰を自省的に深く問い返す姿勢と資質を示すキリスト者だったことが分かる。とりわけ、彼は、平和と正義におけるキリスト者の信仰の真実を根本的な姿勢とし、それゆえに引き裂かれた人々同士の和解を重視した。その点から、教会と宣教とを、自分を含めて批判的に追究する視座が育まれ、それが彼の生涯の思索にも一貫している。

彼は、第二次世界大戦下のカナダ合同教会が、当初の反戦・平和支持の立場から戦争支持に変貌していった様を、信仰の根幹にかかわる変節として批判と憤りを抱いた。彼が宣教師を志した時にも、強く抱いた使命感は、カナダが敵国として戦った日本で、戦後の新たな平和の構築と共に日本人との和解と奉仕を担いたいとの熱い思いと、戦争になし崩しに妥協した教会への反省を踏まえて、教会とその信仰の刷新を日本宣教の中で具体的に試みていくという決意だった。

以上のことは、フロイドの宣教の実践の合間にも窺うことができるが、本書の後半に至って、彼は、まとまった神学的考察の章を設けて語っている。その詳細を直接に本文に接して理解していただきたい。ここでは、彼が、解放の神学の諸伝統に出会い、それらから多くを吸収して、平和と正義の課題と、それを担う宣教、そして教会の刷新に関する「和解をもとめて冒険する信仰の旅」の軌跡が到達した神学的見識を語っている。その到達点の一つの表現が『教会教を越えて』という本書のタイトルなのである。ここでは、それらのことを指摘しておくにとどめる。

訳出にあたって、「そのことは後で語ることにする」（本書一〇一ページの本文中）とありながら、その後原著では該当する書き加えが見られない点があった。著者晩年の執筆で病気と逝去とにより、それを果たし得なかったものと推測される。併せて著者の記憶違いや説明が不十分と思われる個所も幾つか散見された。それらは、可能な限りファクトチェック等に努め、幾つかは修正した。しかし、なお訳者の力が及ばなかった点もあると思う。さらに、訳者としては、本書のなかに差別意識を背景にした表現と見なさざるを得ない点や、賀川豊彦の全体像を見落としていると思われる高い評価、キリスト教自身の反省を抜きには公平と思えない創価学会に対する厳しい評価などに、今日からみれば、とうていそのまま同意し難い点を指摘できると考えている。それらの側面も批判すべき点として留意した上で、日本宣教史の一断面を理解するためには貴重な時代的証言の一つだと理解したい。同時に本書の価値はそれだけにとどまっていない。東京などを中心に見た場合という意味で日本の周辺と見なされてきた地域の教会と宣教の現場にとっては、それぞれの歩みの現在と未来を考えるうえで、様々な励ましとチャレンジに富んだ実践的なモデルとなり得るだろう。私はその期待をもって訳業を終わることができた。

本書の訳出は、多くのみなさんの助けがなかったならば、とても仕上げることはできなかった。道北センター現主事の藤吉求理子さんは、しばしば的確で心強い助言をくださった。最初に本書の価値を教えてくださったのも藤吉さんだった。カナダの社会と教会、道北センターに関わる様々な点に関して、農村伝道神学校長のロバート・ウィットマーさんと圭子・ウィットマーさんが、貴重なご教示をくださり、訳出のうえでとても多くのことを学んだ。ロブさんと圭子さんはカナダ合同教会宣教師として、ハウレット宣教師夫妻の意志と事業を継承したお二人でもある。また、著者のお子さんたち、デニスさん、ピーターさん、スーザンさんの御理解と写真や版画の提供などのご協力を得られたのは幸いだった。第七章の史実の訳出に関しては成田空港建設反対闘争をはじめとして山本光一牧師（日本基督教団、以下、教団）の該博な知識、第十章の「ゲイ／レスビアンの解放へのわたしの覚醒」の訳出では平良愛香牧師（教団）の的確な指摘に助けられた。教団出版局の秦一紀さんには、校正上の適切な助言をはじめ本書全体を仕上げるまで、終始お助けいただき、上梓の準備を滞りなく終えることができた。

出版について久世そらち牧師（教団）から貴重なアドバイスをいただいた。出版は本書の刊行に意義を認め、『教会教を越えて』を出版する会を立ち上げて応援してくださった大竹陽子さん（道北三愛塾）、清水和恵牧師（教団）、下澤昌司祭（聖公会）、日向恭司牧師（教団）、禿準一牧師（教団）、さらに、先の山本牧師、平良牧師、久世牧師によって具体化できた。本書の翻訳を心待ちにして励ましてくださった名寄教会や道北諸教会、そして道北センターの関係者のみなさん、お名前を逐一あげないが、多くのみなさんの応援が支えてくださった。すべてのみなさんに心から感謝したい。

最後に故フロイド・ハウレット、故ドリーン・ハウレットさんに深く感謝を覚えている。訳出を進めながら、カナダ留学中にトロントでお会いした最晩年のフロイドさんの穏やかな笑顔を思い出していた。当時の私は、それまでご夫妻と直接の面識がなかったこともあって、多くを知らなかった。それでも、日本でのお働きに感謝の思いをもう少しでも言葉にできなかったのかと、今更ではあるが、心残りの思いにかられた。遅ればせながら、ここに感謝の言葉を述べたい。フロイドさん、ドリーンさん、ほんとうにありがとうございました。

二〇二一年八月　札幌にて

大倉一郎

ら行

ま行

た行

な行

は行

さ行

索　引

あ行

か行

大倉一郎　おおくら　いちろう
1950年、函館市に生まれる。日本とカナダで教育学、神学を学ぶ。神学博士（同志社大学）。日本聖公会札幌大谷地伝道所、日本基督教団川崎戸手教会、溝ノ口教会、川和教会、真駒内教会の牧師、フェリス女学院大学教授、農村伝道神学校の教師として働く。現在、日本基督教団札幌北光教会員、日本基督教団北海教区宣教研究委員長。
著書
『河原の教会にて――戦争責任告白の実質化を求めつづけて』（新教出版社、2000年）、『私が変われば、世界は変わる――フェリスのボランティア』（共著、フェリス女学院大学、2014年）、『ポーボの風を受けて――「ラテンアメリカ・キリスト教」ネット運動10年史・エッセイ・史料集』（共編著、ラキネット出版、2020年）　他
共訳書
レオナルド・ボフ、クロドビス・ボフ『入門　解放の神学』（新教出版社、1999年）、G.グティエレス『いのちの神』（新教出版社、2000年）、セロ・H.パウルス『この時代を見分ける――歴史・聖書・教会そして今日の宣教』（新世社、2001年）　他

フロイド・ハウレット
教会教を越えて　ハウレット宣教師が北海道で見つけたもの

2021年10月25日　初版発行

訳　者　大　倉　一　郎
発　行　『教会教を越えて』を出版する会
発　売　日本キリスト教団出版局
〒169－0051　東京都新宿区西早稲田2－3－18
電話・営業03（3204）0422、編集03（3204）0424
https://bp-uccj.jp

印刷・製本　開成印刷

ISBN 978－4－8184－5555－9　C0016　**日キ販**
Printed in Japan